"第九届社会政策国际论坛暨系列讲座"文集

The 9th International Symposium and
Lectures on Social Policy

当代社会政策研究(九)

朝向更加公平的社会政策

Contemporary
Social Policy Studies Vol.9

主　编　杨　团
副主编　房莉杰

社会科学文献出版社
SOCIAL SCIENCES ACADEMIC PRESS (CHINA)

目录

社会政策理论

欧洲福利国家开支大紧缩：新型社会风险下社会投资取得的部分

　成功…………………………………………… Peter Taylor – Gooby / 3

社会政策、社会质量和中国大陆社会发展导向 ………………… 林　卡 / 33

经济理性与人文关怀 ……………………………………… 唐　钧 / 49

社会投资的理论与实践

　——十国社会投资政策比较与启示 …… 张佳华　王　鑫　刘鸿方 / 62

社区政策网络：结构、特征与路径依赖 …………………………… 郫　啸 / 77

社会组织、社会工作与社区服务

台湾非营利组织福利化现象之探讨

　——福利多元主义观点 ……………………………………… 吴明儒 / 89

社会组织的社会资本和政治参与的实证研究 ………………… 胡孝斌 / 113

资源依赖视角下政府对农村社会

组织的政策支持研究 ……………………………… 李熠煜　佘珍艳 / 132

农村老年社会工作：发展困境与可能路径

　——基于江西的调查 ………………………………… 兰世辉　丁　娟 / 142

反贫困与社会救助

社会救助对象"瞄偏"成因与"纠偏"举措

    ——以最低生活保障制度为例 …………………… 赖志杰 / 161

可持续生计框架下关于农村社会救助的思考 ……………… 朱海平 / 173

农村低保"指标化"管理的影响、原因与对策

    ——以贵州省为例 ………………………………… 李振刚 / 181

社会福利与老年服务

中国流浪未成年人的干预制度与实施障碍

    ——对贵州毕节事件的反思 ………………………… 祝西冰 / 197

家庭福利政策缺失：农村留守老人福利之痛 …………… 银平均 / 213

养老金双轨制的路径依赖、困境及其出路 ……………… 刘　慧 / 223

失独老人的生活状况与社会福利政策的应对 ……… 姚兆余　王诗露 / 237

医疗与工伤

中国医疗保险制度整合研究 ……………… 王超群　李　珍　刘小青 / 259

农村基层医疗卫生机构综合改革：一条改革新思路 ………… 张奎力 / 275

农民工市民化进程中的工伤保险制度研究 ……………… 游　春　康　营 / 294

后　记 …………………………………………………… 309

社会政策理论

欧洲福利国家开支大紧缩：新型社会风险下社会投资取得的部分成功

Peter Taylor – Gooby[*]

摘　要：当前，欧洲国家正面临福利开支大紧缩的问题（a "big squeeze"）。在资源受到限制的同时，已有的健康照护和养老金将需要更高的支出，其背后的原因是人口老龄化所带来的日渐增长的日常支出，以及预期值的日益提高。与此同时，年青一代也提出了新的需求，集中表现在三个领域：①促进相关儿童照顾、家庭友好型工作环境，以及反性别歧视的立法建设，从而保障妇女进入劳动力市场，获取平等工作机会；②由于技能和就业之间的联系更加密切，所以需要加强培训和就业支持，以提高就业质量；③在不平等加剧的社会背景下，为底层提供更多的福利和工资。相比为年轻人提供的服务，老年人所享受的服务开销更大，不过建立得还算完善，也受到选民的支持。给年轻人的福利资源投入却在不断缩减。2007 年金融危机之后，紧随其后的经济停滞和开支紧缩加剧了资源投入的压力。在这种情况下，积极（activation）和社会投资型项目是非常有吸引力的，因为这些项目不仅支出少，而且会很有经济竞争力。这些项目通过儿童照顾、教育、培训和职业支持服务，帮助妇女和年轻人获得工作机会，并通过提高技能减少贫困。欧洲经验是，在应对性别和家庭问题时，社会投资项目表现出一定优势。中国目前也正经历着人口老龄化过程，为了应对各方面压力，刺激国内消费，社会支出也在不断增加，未来中国是否会发生和欧洲相似的问题我们还不得而知。如果我们的目标是在

---

[*]　Peter Taylor – Gooby，英国肯特大学社会政策学院教授，本文由房莉杰、陈维佳译。

平等的框架下实现公平，那么就需要重新考虑积极政策的局限性。

关键词： 新的风险　公平　大紧缩　社会投资型策略

一　背景：不同的欧洲福利国家对于公平的不同观念

欧洲福利国家各不相同。传统的权威研究曾将其分为三种类型的福利资本主义：社会民主主义、保守主义，以及自由主义。每一种体制的合法性都是被其背后关于平等的不同假设所决定的（Esping-Andersen，1990，1999；Pierson，2001；Arts and Gelisson，2002）。这种分类主要关注消费，也就是关注资源分配的原则，而非生产。其中的核心概念是"去商品化"，安德森认为其是一个相对的概念而有别于劳动力商品化的绝对概念。其体现的是个人对市场的依赖程度，如果个人在不参与市场的情况下仍然可以拥有社会所认可的生活标准，那么其就具有非商品化特征（Esping-Andersen，1999：43；参见 Polanyi，1944 and Offe，1984）。

社会民主主义福利国家（典型例子是北欧诸国）发展出的是以公民权为基础的福利体系，这一体系具备较高的社会融合水平，服务补贴涵盖所有的日常生活需求，比如幼儿和老年照顾。其公平理念强调平等。欧洲大陆福利国家（典型例子是德国）延续的是俾斯麦的福利模式，社会保险在其中扮演着重要角色，所以人们的福利资格主要是通过就业而跟其社会贡献联系在一起。公平更多地跟回报联系在一起，也就是说更多的是你赚取的，而非通过公民权赋予的。更多的自由主义模式（美国和其他盎格鲁—撒克逊国家，英国是欧洲国家中最典型的）从市场化的角度理解公平，认为是通过劳动报酬所获得的权利；国家福利更为有限，只能通过审查手段提供给有需要的人。

上述分类都是理想类型，但是它指出了欧洲福利国家嵌入在福利体系中的原则性区别。后来对于这种类型划分又有一些修改。由于南欧福利国家在 1960 年以来发展很快，一个地中海分类形成，在这一类型中包含了庇护主义（clientelism）的成分，它在减贫领域投入的资源相对有限（Ferrera，1996）。苏联和中东欧社会主义的解体使得又一种福利国家类型出现，它的公共供给的水平很高，且非常注重产业工人（Potucek，2008）。福利国家同样出现在东亚以及南美。东亚的中国香港、韩国、日本基本上是在二战后美国的统治辖区下发展起来的。它们经常被冠以"生产主义"或"生产导向"的标签（Holliday，2000；Gough，2004），因为它们的政府更看重经济发展，利用社会政策支持工业化政策，引导资源投向工业部门的工作者，以及学习德国的俾斯麦模式，建立社会保险体系。教育高度发达，公共卫生和住房在大多数情况下都是要应对工业化的需求，健康服务非常有限，并且依赖私立部门筹资和提供。南美福利国家倾向于将城市工人的需求置于首位，福利在大多数领域只是部分覆盖，它们在教育体系方面相对薄弱（Haggard and Kaufman，2008：5）。

图1显示了一些最近的数据，其中包括南欧、中东欧福利国家，以及一些东亚（韩国、日本）和南美（智利、墨西哥）的OECD国家。数据很明显地表明了支出的不同水平、盎格鲁—撒克逊国家的私立部门在开支中的主要角色、在欧洲大陆和中东欧国家中社会保险的重要性，以及北欧和东亚国家中服务的重要角色。

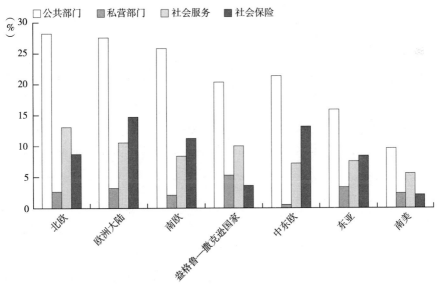

图1 福利国家模式：OECD国家指定领域的支出和收入（占GDP的比例％）

在实现公平的路径上，福利国家呈现不同的平等、回报、需求的组合，嵌入其中，这些国家在不同的环境中形成了各异的发展道路。这种标准化的划分关注消费，它用一些指标来测量在市场之外获得收入的去市场化程度（Esping-Andersen，1990）。对其最主要的两种批评都是跟生产相关的。

女性主义者指出，社会政策要结合性别进行理解：女性对资源的获得受到其从属于家务的程度、她们在照顾老人和孩子这些非市场工作中的角色，以及她们供给的家庭产品的影响。女性在劳动力市场中的地位，以及与男性同工同酬的要求受到其在家庭中的角色的强烈影响（O'Connor，Orloff and Shaver，1999）。劳动力的繁育强烈地依赖家庭（Lewis，1998）。对这些问题的认知导向了对公平的一些理论性思考，包括将性别视为一种生命历程（纵向再分配）和收入（横向再分配）的衡量维度。在实践层面，它导向一种社会政策诉求，即通过促进性别平等和服务供给，使妇女能够在公共领域做出贡献。这种视角将对生产的理解拓宽至主要由女性提供的、无工资的家庭劳动，并主张社会政策必须将性别的潜在含义考虑在内。公平具有机会平等和结果平等的双重含义。

另一种概念性的批评更关注正式的生产而非消费。它将"自由市场经济"与"协调型市场经济"（coordinated market economies）（Hall and Soskice，2001）相区别。与后者相比，前者更依赖市场协调经济，劳工组织较弱，劳资之间的合作协商机构是有限的，决策与筹资是相对短期的和利润导向的。在劳动力的计划和培训方面，产业政策和政府投资都是有限的。盎格鲁—撒克逊国家是其典型例子，以此区别于欧洲大陆国家和北欧国家。中东欧国家和南欧国家受到上述两方面因素的影响。东亚国家的典型特征是利用国家力量来推动工业生产的进程，将政府的强力协调者的角色与法人组织和公民社会的其他方面相结合，以提高在全球自由市场中的国家地位。这种情况目前可能面临来自组织化程度更高的工人的要求的挑战，而且这些压力伴随着1997年到1999年间的东亚经济危机以来的支出压缩而恶化。在南美，自由市场经济在很多方面倾向于主导，而经济和政治危机在新近导向了"左"倾，教育更加普及，横向再分配的福利也在扩展。

有关欧洲福利国家的研究，最初将重点放在国家对消费的干预，以及嵌入其中的实现公平的路径上。如今，更多的福利国家形式在发展中国家出现。新的理论视角一方面关注社会政策对妇女在生产和消费中角色的影响；另一方面关注社会政策模式如何与多样化的生产模式相关联，如何将生产议题放在首位。谈论公平，不仅要看社会政策如何与个人消费相关联，同样要看它与个人生产的关系。

中国比上述提到的任何一个国家都要大，其社会政策传统既包括了将公民平等视作公平的社会主义内容，同时也包含合作主义或生产主义的内容，即用社会福利维持经济增长，将福利作为对社会贡献更大者的回报。新近的市场转型导向了令人瞩目的社会变迁。比如，大量的流动人口涌入城市，产生了基本社会服务的诉求；财富的聚集产生了一个新的中产阶层，其中不乏非常富有者。如何应对国家承担更多福利责任的诉求，以及更高的社会支出会刺激内需的可能性，都是目前所面临的挑战。

二 欧洲福利国家的最新挑战：新老社会风险并存

在过去三十年中，欧洲福利国家接受了一系列挑战，为此也出台了许多新的政策。变化的压力主要来源于经济、社会和政治几个方面。

主要的经济问题有两点。首先，全球化是一系列因素的总和，包括金融、商品、能源市场越来越国际化和市场化；发生在欧洲之外的大量的工业、常规服务业，以及与此相关的就业的变迁；理念与创新在不同国家之间的传播速度越来越快。其次，信息技术的发展及其所支持的管理流程变革，使得生产方式方面发生了许多技术性变化，同时，生产行为的核心也从制造业转向服务业。这两方面的变化，不仅让工作的本质发生了变化，也让作为一支政治力量的工人的能力，发生了重要变化。

全球化和后工业化伴随着收入和财富不平等的分散化（Atkinson，2007）。图2显示了在过去二十多年里，部分国家在税收和福利再分配之前，单纯由市场造成的收入不平等情况，以及这种不平等是如何扩散的。图2显示，英国和瑞典的不平等在1980年代增长迅速，而近来，其他国家也在"奋起直追"。这个过程是一系列因素导致的结果，其中有两个因素

的作用特别显著：在更加市场化和范围更大的劳动力市场中一是技术水平
与收入之间的联系更加紧密；二是日益加强的资本的能力压制了弱势群体
的工资（Glynn，2006，Bailey et al.，2011）。

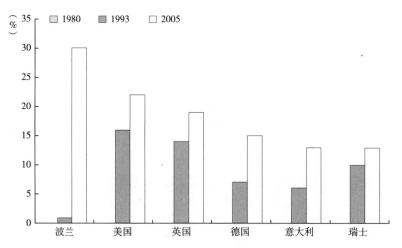

**图2　市场收入的不平等现象（从 1980 年到 1990 年有 10 个百分点
的增长，将 1980 年的收入调整为零）（Atkinson，2007）**

　　主要的社会变化有三点：一是第二波女权主义的出现，以及越来越多
的女性，尤其是已婚和有孩子的女性重返职场；二是在性别平等和性别反
歧视方面提出新的政治诉求；三是人口结构变化，主要涉及老龄化，以及
与全球化相关的移民潮。

　　随之而来的政治变化有两点：在政府层面，由于认识到在全球化的背
景下，国家控制核心经济问题（失业率、收支平衡、金融市场）的能力在
削弱，因此在很大程度上，监管应该被激励措施所取代；在公民社会层
面，出现的情况是后工业社会劳工组织影响力的削弱、妇女权利的提高，
以及更多其他零散的政治力量的上升。

　　对福利的影响是，福利国家不仅仍要处理其一直以来所面对的传统的
福利需求，还有一系列新的需求日益扩大，而与此同时却是福利国家的能
力并不足以应对这些需求。在工业化社会，工人不足以依靠自己的力量将
日常生活维持在一定的水准上，而传统欧洲福利国家正是为应对这种需求
而建立的。支出最多的福利项目是医疗、教育、养老金。传统观念认为，

大多数人是可以依靠工资养活自己的家庭的，包括由全职的家庭主妇养育子女和照顾老人，而传统福利政策正是建立在这一假设基础上的。这些出现于二战之后的福利需求可以被定义为"旧的社会风险"（Taylor-Gooby，2004；Bonoli，2005）。过去30年的变迁，尤其是老年人口比例的增加，使得医疗、老年照顾、养老金的需求激增，而由家庭免费提供这些服务的能力却在削弱（Pierson，2001）。尤其是实施现收现付制的社会保险的国家（事实上是大多数欧洲国家），它们从目前正在工作的人那里筹资，支付给已经退休的人，可想而知，这种人口结构的变化对它们的压力是非常大的（Myles，2002）。

另一个与社会服务（医疗、社会照顾、教育）相关的更大的压力在于，与其他经济部门相比，社会服务的劳动生产率的改善空间是相当有限的（Baumol，1967；参见 Taylor - Gooby，2013）。随着经济增长，制造业里发展较快的部门的工资就会提高，那么服务业的工资预期也会相应提高，否则人力资源必然会流向其他部门。这是一个严峻的挑战。

随着不平等的扩散，以及对技术水平较低的劳动力需求的降低，底层劳动力的工资变得很低，以至于不足以满足人们的预期。更加灵活的工作，培训、教育、就业质量之间的日益密切的联系（Green，2013），都增加了对教育、培训，及其他就业相关的支持性服务的需求。与此同时，大量的女性进入职场也释放出很多新的需求，包括如何满足家庭照顾的需求，如何平衡工作与家庭。伴随这一过程的还有对男女平等、反性别歧视，以及机会平等的更高诉求。这些"新的社会风险"所带来的新的诉求主要表现在三个大的方面：充足的收入，通过额外的福利补贴低工资者，更高水平的最低工资或者改善工作质量；通过儿童和老人照顾政策和家庭—工作平衡政策支持更多的女性从事全职工作；贯穿生命历程的，更好的教育、培训、就业支持政策（Taylor-Gooby，2004，ch 1）。

新的社会风险的出现改变了对于公平的理解。基于旧的社会风险所涉及的政策框架围绕平等（以公民权为基础的福利国家）、回报（社会保险国家）、机会（大多数自由市场国家）展开。新的社会风险从两个方向影响到公平观念。一种逻辑框架是从平等公民权的角度出发理解性别问题，认为相比男性而言，女性承受着更多工作—家庭的平衡，这是不公平的。这一视角还指向工资的不平等，以及底层群体的贫困风险。另一种视角关注回报和机会的延伸。这一视角将市场作用下的资源分配视作个人努力和责任的结果，因此更多地主张对个人进行能力建设，给个人更多机会，以使他们在一个不平等的社会中最大限度地实现自我。这一视角目前在欧洲居于主导。

福利国家面临的需求有两个层次：应对旧的工业社会的风险，扩展医疗、养老等相对支出较高的福利项目，以满足老龄化所增加的需求；与此同时，应对后工业社会所产生的新的社会风险。它在很多方面包含了福利和工作两个领域的结合，比如教育、培训和就业可及性问题，由于妇女进入劳动力市场而导致的家庭服务需求问题，底层工人的工资过低导致的贫困问题和不平等的扩展问题等。

更糟糕的是，生产领域出现的新问题使这些压力造成了更加严重的影响。为了在全球化中提高本国的国际竞争力，再加上 2007 年以来的经济衰退，各个国家的税收都是非常有限的，这就使得由国家提供的服务日益面临捉襟见肘的局面。新的需求与有限资源之间的矛盾是如此不可调和，以至于解决这一矛盾甚至可以被看作是"痴心妄想"（squaring the welfare circle）（Taylor-Gooby，2013b，Taylor-Gooby and George，1996）。不同的国家对这一问题的回应速度是不一样的，但基本的趋势都是一致的。

总体来说，在现实层面，福利国家需要做到以下几点。

——寻求应对巨大的医疗、教育、养老金需求的出路，这一任务伴随着老龄化、工资成本上涨，以及人们预期的上升而越来越艰巨。

——同时也要应对更加分散，但也更加紧迫的年轻群体的新的需求，包括工作—生活的平衡和性别公平，获得体面工作的可能性和就业者的贫困问题。而在应对这些需求的时候，面临的却是来自全球化市场的持续加大的压力，以及国内政府对经济控制的能力的削弱。

这些趋势的最终结果就是大紧缩（the big squeeze）：那些占到大部分

福利支出的纵向再分配项目，也是大多数公民在生命历程的某一个阶段都会使用到的项目，是高度普及的。其中的风险在于，现有的政策若想维持这些领域的开支就会大大加重目前劳动年龄人口中贫困者的压力；与此同时，收入不平等还在持续拉大，因此底层的需求也在增长。

三 回应：社会福利政策改革的两个方案

传统社会风险 过去 20 年间，福利国家进行了一系列旨在削减福利支出的改革。因此那种认为欧洲福利国家在 20 世纪 80 年代和 90 年代初期，迫于政治压力而呈现"福利僵化"的观点是不正确的。80 年代，面对经济压力和不断攀升的失业率，欧洲福利国家首先对其退休方案以及养老金缴费政策进行小幅调整。但是这些改革并没有取得预期效果反而增加了正在工作一代人的供养压力，不能够保证养老金政策的长期稳定性。90 年代初期，政府财政支持的转移支付福利项目开始扩张，而与此同时个人缴费的社会保险却在进行调整。90 年代末期，欧洲多国的社会福利政策呈现突出社会救济与加大个人责任的趋势（Palier，2010）。这些改革包括严格给付资格条件、根据人口变化趋势实行弹性给付标准、延迟退休年龄、提高缴费率等措施（Arza and Kohli，2007；Hinrichs and Lynch，2010）。医疗保健政策的改革主要集中于市场化，将公营医疗机构推向市场与私营医疗机构竞争以提高医疗服务的效率。英国的一项研究报告表明，通过明确目标、严格控制成本、优化管理体制，尤其是让多方参与市场竞争等"新自由主义"改革措施有效地提高了医疗服务供给的产出效率（Baird et al.，2010；Hardie et al.，2011；Jurd，2011；参见 Le Grand，2007）。

但是，随着人口老龄化趋势的发展，福利需求也日益递增，而且不同的国家情况不尽相同。图 3 显示的是人口老龄化背景下福利国家支出变化的情况（Ecofin，2012）。随着时间的推移，不确定性也在提高，而国家之间有着明显的变化（Taylor - Gooby，2013a）。图 3 总结了当前最权威的数据（例如 OBR，2012），同时将 2012 年底公布的政策变化考虑在内，包括

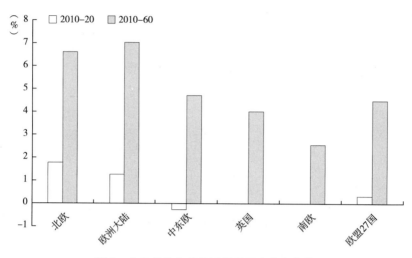

图 3　人口老龄化背景下福利国家支出变化

预期的迁移模型和人口老龄化对经济创新的影响。

　　通过图 3 的数据可知，未来福利供给的压力最大的是北欧和欧洲大陆福利国家，次之是中、东欧国家，最小的是"自由主义"福利国家模式的英国和南欧国家。这样的结果不足为奇，因为福利供给越慷慨的国家将承担越大的压力。同时因为福利刚性导致福利的紧缩，改革将面临较大的政治风险。而教育支出的削减主要是由年轻人数量减少导致的，其不足以改变福利国家的支出结构。但是，总体上看福利供给成本增加的压力短期并不是很大，这种情况以北欧和欧洲大陆国家为甚。另外，随着欧洲国家走出经济危机的阴影，重回经济增长的轨道，通过更高的预算开支来应对压力还是可行的。

　　之所以得出以上结论是基于三点：（1）选民总是倾向于支持财政转移支付的社会服务项目，这一点不仅限于欧洲国家。图 4 数据来自欧洲社会调查（European Social Survey），时间是金融危机刚开始的 2008 年，数据表明民众普遍认为国家对福利供给负有直接责任（ESS，2008）。在当时，医疗保险、养老保险和慷慨的社会服务（集中在生命历程的纵向再分配，而非贫富之间的横向再分配）主要是解决传统的社会风险。在新型社会风险中，比起为少数失业人群提供福利，国家更加支持为双职工家庭的儿童提供照护。

（2）过去半个世纪时间里，无论是面临政府更迭还是经济周期的变化，欧洲福利国家的福利规模一直都保持扩张的趋势。因此，可以预见未来福利扩张的趋势总体上不会逆转而是保持一个较低增长水平的态势。

（3）倘若欧洲福利国家重新回到年均 GDP 2.5% 的经济增长水平，经济总量将会在半个世纪内实现超过 3% 的增长。这样福利国家将有更加充裕的资源来实现福利供给水平 7% 的增长。

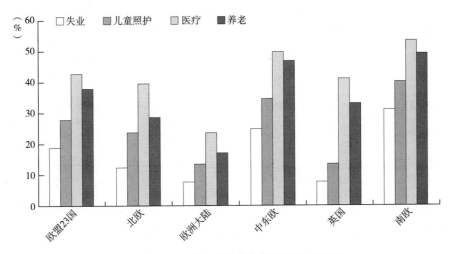

图 4　欧洲不同地区支持政府提供福利（ESS）

注：让受访者回答，他们认为政府在多大程度上应该对满足群体需求而负责任（11 点量表）。图中数据表示选择最高分的百分比。

以上的论点是在欧洲经济复苏以及政府有能力控制福利支出增长水平的假设基础之上做出的。但现实情况是，经济停滞给北欧和欧洲大陆福利国家的高额开支带来困难，南欧国家有可能持续到 2020 年的经济紧缩也给福利开支带来很大压力。这都导致政府开支进一步的削减。英国 2010 年执政的凯梅伦政府决定采取自由主义模式，福利支出势必将面临更进一步的削减。如果欧洲经济继续停滞不前，福利国家的福利政策改革，或者说整个国家金融财政体系的改革都将无法避免。假设我们能避免这样的结果发生，应对传统社会风险的压力将会比过去轻松一些，但应对新型社会风险开支方面的压力则会更加突出。

新型社会风险　比起养老金和医疗保险，新型社会风险要求开支的增长较为温和。更为重要的是，它们似乎为政府和那些受到影响的选民之间提供了双赢的解决方案。支持人们投入工作（尤其是给女性提供全职正式工作），通过提高技能和提升人力资本的终身学习，将会给予人们更多的就业机会。从长期来看，这会降低人们对福利开支的需求（越多的人有了稳定的工作岗位，越能通过更好的机会提高他们的收入水平），也能对经济增长有所贡献（劳动力市场更加成熟，更优秀的工人和更低的社会成本将有助于国家的生产：Bonoli，2012）。从某种程度上来说，新型社会风险强调通过福利的改善和提升底层工资水平来解决不平等和贫困问题。个人通过更好的收入获取更好的福利是确实存在的，但是在金融危机之下政府功能的回归则不那么明显。如果我们能用提高劳动技能、提升劳动力市场底层人群地位等长期政策来解决不平等问题，我们也许还能成功地减少福利开支，提高国家竞争力。这将引导新型社会风险政策转移到以工作为中心的领域当中去。

因此，积极的社会政策被政府所青睐，例如1999年德国社会民主党领袖施罗德的"新中间路线"和1999年英国首相布莱尔的"第三条道路"政策，以及2000年欧盟的里斯本战略。里斯本战略的目标是"在就业稳定，社会凝聚力强的可持续经济战略下，实现最有竞争力和活力的知识型经济"（EU，2000），寻找解决经济和社会需求的方法。最新的2020地平线计划维持该战略，旨在实现"最为明智的可持续和包容性增长""在更好的教育水平下帮助提升就业能力，在增进就业率的过程中减少贫困的发生"（EC，2010a）。在应对新型社会风险时，公平理念更多指向自由主义的"机会平等"和法团主义的"通过个人机会的平等所获得的权力"，而不是社会民主主义的"结果平等"。

四 新型社会政策的影响：福利开支的"大紧缩"

传统的和新型的社会风险代表了不同群体对于福利的需求，即传统社会风险面向的是老年人和低收入者，而新型社会风险面向的是有劳动能力的劳动者尤其是女性劳动者。经济和社会变化带来了很多新的需求，也削弱了政府满足这些需求的能力。

与传统社会风险相关的社会政策虽然消耗了欧洲福利国家大量资源，但是这些政策在选民中间有很高的支持率。因此，政府为了确保自己的位置，承诺维持福利的供给，并不断采取一系列举措来维持福利国家的稳定。其结果是资源集中用于应对传统风险，而限制了其他领域资源的使用。面对新型社会风险，局势更加复杂。目前主导的方法主要是向社会投资战略演进。

Bonoli 将积极的社会政策解释为"将人力资本投资和移除劳动力市场参与藩篱放在首位"的社会政策（2013：19）。可以通过多种手段实现这些目标，包括创造就业机会，支持工人职业培训（一般集中在刚开始进入劳动力市场的时候，后来延伸至整个工作生涯），提供学龄期教育、儿童早期教育，支持幼儿和老年人健康照护，给低收入人群提供额外福利等。积极的社会政策一方面反对被动的福利政策，即给主动失业者提供援助，而没有给他们就业机会的做法；另一方面，支持通过更严格的给付资格，削减福利待遇水平，迫使其从工作之中获取福利。

第一个创新改革的领域与儿童福利、创造家庭友好型工作环境相关。例如给父母提供产假和兼职机会。第二个则与劳动力市场准入、培训和对工作的支持相关。除此之外，在一些国家，特别是在市场收入差距较大的国家，目前已经出台了福利和补充工资的政策，旨在提高就业的灵活度，鼓励人们在不同工作中流动，而且也愿意从事低收入的工作（因为可以获得补充工资）（Bonoli，2013：14－15）。

与不断变化的经济环境相适应，积极的劳动力政策主要分为三个阶段。第一阶段是二战后初期，经济迅速增长，出现了劳动力短缺情况，因此政策的重心放在提高劳动力技能上。第二阶段是从 20 世纪 70 年代到 80 年代，经济增长放缓，产业结构调整导致大量结构性失业。积极就业政策主要用于提高就业率。现在是第三阶段，即在一个更加全球化的世界里，竞争的压力需要进一步提高劳动力技能，同时也要求进一步促进妇女的就业，以及对家庭政策的支持。有迹象表明，在 2007 年金融危机之后，许多国家施行了积极的就业政策来提高就业率（例如，德国、意大利、法国三个国家从国家层面上补贴劳动者三天的工作报酬）。但是不可否认，用于实施积极社会政策的资源在一定程度上仍然是不足的。

不同类型的福利国家，福利供给水平之间的差异是显而易见的。图5和图6显示了从2003年到2009年期间，不同类型的福利国家用于家庭福利，以及积极劳动力政策开支的具体情况（包括就业服务、工作机会的提供、培训、就业刺激，以及工资提供）。尽管经济危机对就业产生了严重的影响，从增长的幅度来看，家庭福利开支还是要比用于积极劳动力市场政策的开支迅猛得多。北欧国家和欧洲大陆国家在以上两个领域都居于领先地位。其次是中欧和东欧国家、盎格鲁—撒克逊国家，还有南欧国家。东亚和南美国家主要是家庭支出领域。南欧和东亚以前在积极劳动力政策方面的开支较低，但是近些年来资源开始投入这一领域，这表明积极的社会政策正在向欧洲以外的国家不断蔓延和传播。

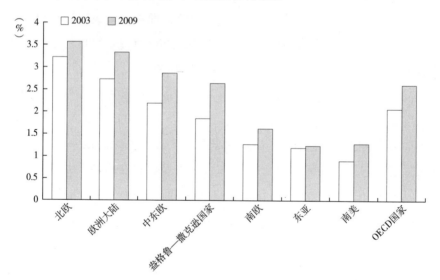

图5　OECD国家2003年到2009年家庭支出情况（保险、福利和减税优惠）

总体来说，投入在家庭福利上的资源要比投入在积极劳动力政策上的资源多，并且比例还在不断增长，从2003年的3倍增长为2009年的4倍，这反映出家庭福利政策更受青睐。正如社会投资框架所指出，目前以结合家庭和就业两个中心为一体的积极社会政策仍然还未定型。如图5和图6所示，两个领域在开支上的相关系数2003~2005年年均是0.55。而2009

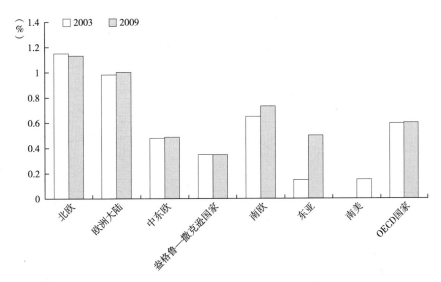

图 6   OECD 国家 2003～2009 年 ALMP 开支（创造就业、培训和其他）

年，相关系数跌至 0.47，西方国家在家庭开支上的增长超过了在积极劳动力市场上的开支增长，尤其在儿童照护方面的开支更加迅猛，并且更加受欢迎。

社会投资

目前，欧洲各国正在努力减少财政赤字，承诺将经济带回经济危机之前的水平，因此欧洲各国对社会福利的开支进行了严格控制。如图 7 所示，目前社会福利消费支出仍然是福利国家财政支出的最大部分。许多国家在经济危机的背景下，失业救济金以及最低生活保障等开支增加，同时积极的就业政策的开支也在增加，因此总体上看社会福利支出仍然在不断攀升。但是在受到自由主义影响的国家，社会福利支出在下降，而倾向于引入私营福利的供给，从而降低政府财政赤字压力。英国的情况有所不同。受到自由主义的强烈影响，其更加倾向于用市场，即通过私人部门而非国家投资来解决危机。随着经济持续低迷，并有可能到 2015 年都无法回到 2007 年的水平（见图 8），其社会福利支出占 GDP 的比例将继续走低，并且于 2017 年低于美国，这在历史上绝无仅有。

政府的自由主义倾向使积极的社会政策更加具有吸引力。因为比起国

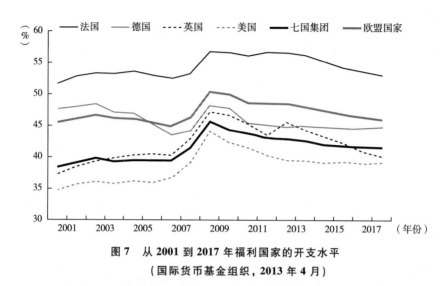

图 7　从 2001 到 2017 年福利国家的开支水平

（国际货币基金组织，2013 年 4 月）

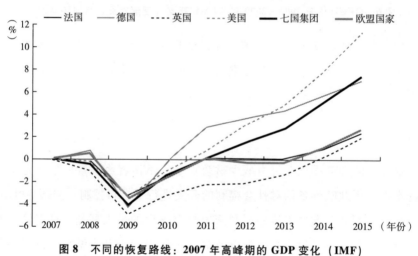

图 8　不同的恢复路线：2007 年高峰期的 GDP 变化 （IMF）

家主导的产业投资政策，积极的社会政策对社会开支和政府干预的需求较低，创造就业机会的承诺更能获得选民的支持。社会投资策略是建立在积极的社会政策基础之上的（Morel et al.，2011）。社会投资的要义是，当前消费支出与预期回报、经济增长趋势相关联，以证明当前开支的合理性。对于国家而言，就是降低税收水平，紧缩福利开支。而对于个人则意味着更好的发展机会。这里必须要强调的是，"积极的社会政策已经成为促进经济发展和创造就业机会的先决条件"（Morel，Palier and Palme，2012：

12）。在实践中，积极的社会政策体现在：通过教育和培训对人力资本进行投资，提高劳动力的素质，实现对劳动力，尤其是女性劳动力的推动；此外还有伴随劳动力市场发展所提出的"灵活保障政策"（flexi-curity po-lices），从而促进劳动力的流动和职业培训。社会投资作为国家福利供给的策略，其重心集中于工作质量，同时关注政府投资能够提升个人技能，从而获得更多的工作机会（Vandenbroucke et al.，2011）。因此，可通过社会投资，在市场中培育更多具备优良技能的工人，使他们获得更高的薪资，从而利用这样的方法解决不平等和贫困问题。

欧盟的社会发展策略是社会投资与积极的社会政策能够共同分享的政治诉求，从而为共同的参与者提供发展机会。近期，欧盟就业、社会事务和社会融合部门的专员大致向我们描绘了社会投资的理念，着重突出了积极策略，并强调了社会融合的重要性，以及资源的使用问题。为了给人们提供更多机会，保证资金的充分利用，资源应该有针对性地投入到人们生活的关键领域中。

委员会的成员国应该将注意力转移到人力资本和社会融合的投资上。如果我们想更进一步推进欧洲2020年战略目标的话，我们就应该不断创新。今天的社会投资计划，将防止成员国国家在未来付出更高的经济的和社会的成本（EC，2013）。

实现社会融合的途径是保持更高的就业率，并致力于提升教育水平和工作技能。对于年轻人来说，尤其如此。社会融合是欧盟2020年发展愿景（EU 2020 Vision for Growth）中五个优先领域之一（EC，2010b）。委员会对于一个国家国情的分析以及给出的具体建议是基于该国就业机会创造能力进行的，同时也关注一个国家的预算结构是否能够通过积极的社会政策促进就业，以及有可能造成的贫困，例如在英国，底层群体的工资就是相对较低的（EC，2013c：第13段）。另外还有两点关于投资途径的局限性需要点明。

——从国家层面的分析指出，严谨的投资逻辑会将资源投向那些更能看到回报的地方。因此，资源有可能向能力和收入处于中等的人群集中，而非更加需要资源的底层群体（Crawford et al.，2011）。如果投资的意涵指向的是大众化的一般项目，那么有可能只是一种政治需要，除非能够证明这些一般项目能够获得足够的回报。

——关于投资效率与个人回报的关系可以通过增加义务教育年限的实验来说明。1973 年英国曾经尝试增加一年的义务教育，最后这些"实验对象"的终身收入增加了 11%（Dickson and Smith，2011）。同样的，普惠型社会护理方案也能够提高妇女的就业水平。例如，Ben Galim 估算在普惠型儿童照料政策中，因为能将母亲们从照顾幼儿的家庭工作中解脱出来，重新投入全职工作当中，因此可以获得约 5000 英镑的回报（假设就业工资为平均数，数据的统计基于记载的收益和所征的税收）。也许有人会认为数据过于乐观，然而最低工资保障制度确实产生了积极的回报（Ben Galim，2011）。类似的论点也适用于老年护理的情况（Pickard，2011）。但是，除了儿童照护和教育领域，社会投资策略的公正性还有待商榷，尤其是联系到反贫困政策时。

积极的社会政策/社会投资：政策结果

现在，我们来讨论欧洲积极的社会政策或者社会投资项目所产生的影响。正如早前讨论的那样，新型社会风险表现在三个方面：①性别平等和家庭—工作间的平衡问题，尤其是在当前越来越多的女性回归职场的形势下，这一问题尤为凸显。②获得良好的工作机会，这对刚刚进入职业生涯的人们来说十分重要，但是在经济衰退和停滞期间，青年失业人群的比例很高，进一步深化了风险。③贫困和不平等问题。随着收入差距拉大，福利国家再分配领域的压力不断升级，贫困与不平等问题日趋复杂。

（1）性别平等、女性获得工作机会。如今，越来越多的女性获得了公平的就业机会。欧洲就业计划中对女性就业的激励、2020 年实现 75% 女性就业率的目标等，都是促进女性就业的重要举措（Daly，2005）。女性就业率从 21 世纪初期的 55%，增长到 2008 年的 68%。经济危机后，跌至66%。同期，男性就业率，则从 70% 增长到 73%，现在又回落到 70% 以下（EU，2012）。在北欧国家、英国和一些欧洲大陆国家，妇女的就业水

平达到 70%。虽然其他地区的妇女就业率相对低些，但在过去 20 年快速
攀升。与此同时，男性的就业率却一直稳定或是有所下降。2006 年，女性
每小时的工资收入相对男性要低 17.7%。近年来逐渐下降，2011 年已经降
为 16%。而从事兼职工作的男女工资差距要大于全职、老员工，还有在私
有领域工作的人。同时，国家之间也存在明显差异，在自由主义的英国和
南欧国家差距较大，而在中欧和东欧，以及北欧国家，这个差距最小
（EU，2013）。

正如 Morgan 指出的，"观念上的变化远没有政治选举带来的实质性变
化重要。在公共和私人领域给女性增权，促使了结构性的转变，尤其以德
国、荷兰和英国为甚"（Morgan，2012：172）。虽然积极的社会政策和社会
投资策略十分支持妇女投入职场、获取属于自己的收入，但却不能够实现
更加公平的薪酬，这说明这些政策在提高妇女就业质量方面有局限性。

（2）获取优质的工作机会。Bonoli 在其文章中指出（2013：30），不
同的福利国家花在积极劳动力政策上的开支是不同的：南欧国家的开支从
一个非常低的水平开始不断增长；盎格鲁—撒克逊福利国家则始终保持低
水平；欧洲中部国家较高，并且不断增长；北欧国家一直处于较高水平，
但是近年来则有所下降。Bonoli 同时认为虽然国家与国家之间在福利开支
上存在很大差异，但在政策上都有一个共同的取向，就是不再仅仅向失业
群体提供失业救济金，而是鼓励他们回到劳动力市场，靠劳动获取报酬，
从而提高福利水平。因此 ALMP 开支中较大的部分，主要用于就业培训、
公共就业和私有部门的对员工的就业刺激，而不是简单地提供就业岗位。
因此从 1985 年至 2007 年期间，直接提供的就业岗位从 33% 下降为 15%
（Bonoli，2013：图 3.1）。

在对 18 个 OECD 国家从 1972 年到 1999 年就业情况的研究显示，积极
的劳动力和社会投资政策如日间照料、教育政策，教育年限等对就业有显
著影响。其中有两点是相互关联的。首先，该研究涵盖了一些长期政策，
这些政策的目的旨在提高人力资本的总体水平（如教育开支），同时还有
一些帮助失业人群实现再就业的特殊政策。在众多不同福利类型的 OECD
福利国家中，教育开支已经有所下降，占 GDP 的比例从 80 年代早期的

5.7%，下降到 2007 年的 4.9%（Nikolai，2011）。从某种程度而言，这是整体技能提升带来的变化，允许通过具体的特定的政策来获得发展，这是需要我们多加关注的。

其次，这些积极的影响发生在全球化竞争日益激烈的时期。其所产生的结果之一是在高质量工作和低质量工作之间产生了越来越深的裂痕（Emmenegger et al.，2012）。简单地讲，前者的竞争优势主要是在质量上，而后者的竞争优势则是在价格上。在以知识为基础的产业中，以就业为导向的教育面对的是特定受众群体，而不会适用于所有人群。

但是积极的就业政策似乎并没有解决 2007 年经济危机以来导致的年轻人大规模失业问题。2012 年，在 27 个国家中，25 岁以下人口的失业率平均为 23%。但是国家之间又有很大不同。德国的失业率只有 8.4%，希腊和西班牙则超过 50%，瑞典、波兰和英国有将近 1/4 的人没有工作。在北欧、欧洲大陆和英国，年轻女性的失业率比男性要低一些，在东欧和南欧国家则要高些。

同样，人们所获得的工作的整体质量似乎没有什么改善。OECD 国家的就业保护指标提供了一个便利的测量方法（见图 9）。该指标涵盖了就业的三个主要内容：自愿性失业、裁员，以及临时合同的规定。从图 9 可以看到，至 20 世纪 90 年代初以来的数据呈现收敛的态势。一些有较高就业

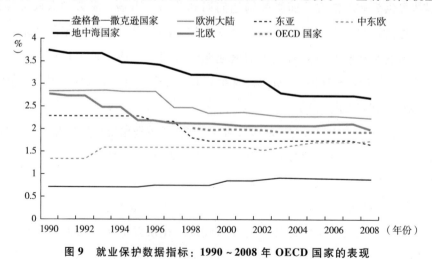

图 9 就业保护数据指标：1990 ~ 2008 年 OECD 国家的表现

保护水平的国家呈现下降的趋势（尽管有可能这些国家中有很大部分仍然没有受到保护），反而盎格鲁—撒克逊国家和东欧国家有所上升。但是，总体来看大多数国家并没有迹象表明工作质量提升。同样的，在 21 世纪初一项关于欧洲就业战略的研究中提出社会投资是战略之一。但是研究显示最后的结果不但没有发生本质变化，劳动者在工作场所的权利还受到一定程度的削减（de la Porte and Jacobsson，2011：117）。

以上的分析表明，积极的社会政策确实提高了人们参加工作的机会。但是对诸如增加教育支出等一些长期政策而言，它们对工作质量和工作机会的影响只在一些特定部门有效。而这将影响积极的社会政策对抗不平等结果的能力。因此，虽然近些年以来由于经济危机的影响欧洲国家在紧缩财政支出，但还是必须保持在长期社会政策上的投入。

（3）贫困与不平等。针对市场不平等的长期趋势，已经在图 2 中进行了讨论。毫无疑问，2007 年的金融危机加深了劳动年龄人口的贫困程度。目前，欧盟成员国一直都在朝着社会融合的目标而努力，其中消除贫困是最重要的一项内容。为了达成这一目标，欧盟成员国必须要实行积极的社会政策并进行社会投资。然而，除了英国外，许多国家劳动年龄人口的贫困的程度在加深（见图 10）。英国近期的研究显示，2013 年贫困水平快速增长是因为福利遭到削减。如果照此速度发展，到 2020 年，英国的贫困程

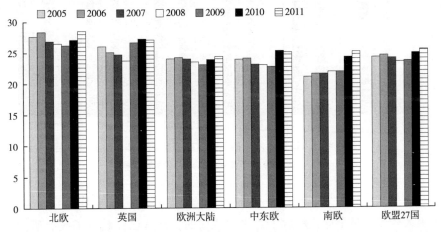

图 10　劳动年龄人口（18~64）的贫困水平（扣掉税收和保险之后）（欧洲数据）

度将退回到 2000 年的水平（Brewer et al.，2011）。

值得注意的是，就市场收入而言，虽然欧洲福利国家在经济危机之前贫困率一直呈现下降的趋势，然而如果将税收和福利供给的影响计算在内的话，许多国家贫困率又是上升的。在 2007 金融危机之前，如果用百分比的减少来测算，税收和福利体制缓解贫困的效果是在下降的。经济危机之后，除了欧洲大陆国家持续上升外，其他欧洲福利国家的贫困率基本上保持稳定。这说明，社会投资在减少贫困、提高福利体系应对经济危机的能力上乏善可陈。

数据的变化证实了 Cantillon（2011）提出的"社会投资悖论"：尽管社会投资项目旨在减少贫困和不平等，贫困状况还是在上升，政策在解决新的社会风险上的效果还是不尽如人意。她从三个方面进行了分析：到 2007 年为止所出现的"就业的增长"，仅有部分失业家庭获益；如图 11 所示，为失业人口提供的失业救济金是不够的；由于开支的"大紧缩"，"社会政策和再分配制度已经不再具有缓解贫困的效果"（Cantillon，2011：432）。

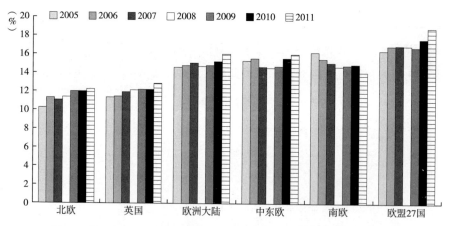

图 11　劳动年龄人口贫困水平的下降：在实行税收和保险制度之后，贫困率所下降的百分比（欧洲数据）

但是，从一定程度上来说，之所以工作年龄人群的贫困水平在增长，在很大程度上是全球化和后工业化所造成的，而这已经超过了政府所能够控制的范围。全球化和后工业化使专业技能成为决定就业的关键性因素。

同时随着国际竞争日益激烈，如今在欧洲想要增加高技能工作的比例是有一定难度的。如果将资源投向积极的社会政策，那么投入在失业人群的资源必然减少。同时，积极的社会政策也不能够有效地消除由于竞争工资所带来的贫困和不平等。

总体评价

积极的社会政策/社会投资项目已经取得了部分的成功。其基于性别革命，给予女性就业、支持女性参与工作，以及扩展就业机会的策略，比起提升就业质量、解决劳动年龄群体的贫困问题更加有效。

之所以出现这样令人失望的结果，原因是到目前为止欧洲的积极社会政策非常片面。正如比利时社会事务部部长在 2001 年指出：认为"社会投资型国家"能取代传统福利国家的想法是不切实际的（Vandenbroucke in Esping-Andersen et al.，2002）。他同时认为社会投资必须与"保障策略"（protection strategy）相配套，以实现社会的包容与解放（Vandenbrouke and Vleminckx，2011：462）；这就要求政策能够确保底层群体投入以工作为中心的项目中，同时获得拥有体面生活水平的福利。而这正是目前积极的社会政策的最大缺陷。

Nikolai 的研究采取了一种较为长远的视角，因而产生了许多"模棱两可"的结果。他确信公共支出将会继续增加，跨国家范围内存在一种"趋同"的趋势。尽管仍然处于一个相对较低的水平，但是面向中老年群体的福利开支还是随着家庭福利的开支有所增长。不过与此同时，教育支出呈现下降的趋势。这印证了 Bonoli 对短期积极的劳动力政策的分析。总而言之，能够支持"从社会消费向社会投资转变"观点的论据仍然充满争议。

针对以上讨论，本文有五点总结。

（1）欧洲关于社会政策的规划和讨论已经承认了新型社会风险的存在。面对风险，最主要的回应就是通过实施积极的社会政策和社会投资项目来应对。这方面欧洲大陆和北欧国家已经取得了一定程度的成功。同时，积极的社会政策和社会投资项目因为能够在有限的投入下达成预定的经济和社会目标而受到青睐。因此，在欧盟 2020 愿景计划中，积极的社会政策和社会投资项目将扮演越来越重要的角色。

（2）当我们说到积极的社会政策/社会投资项目时，其优势主要是能同时结合经济和社会两方面的愿景（提高人力资本，提升就业能力和收入）。因此，这需要一个广泛的政策体系来保证教育投入，以及特定群体的福利需求。但是，这些由政府推动的政策存在一定的局限性，其重点往往放在妇女就业以及获取工作机会的能力上，而不是工作质量或者消除贫困，抑或是对大众教育水平的关注。其最终结果是，女性参与工作水平提高，性别友好型工作环境提升，以及整体就业水平提升。但是却不能有效改善工作条件，提高底层收入群体收入水平，从而降低贫困率。将注意力集中于提高工作机会上，限制了直接应对贫困和不平等问题的能力；教育支出的缩水则导致在更大范围内机会的缺失。

（3）应对传统社会风险的政策以公平为基础，保持了公民权、机会和个人能力平等之间的区分。而在应对新型社会风险时，我们政策的公平理念主要体现为通过就业来实现个人能力的提升，以及劳动力市场中机会的平等。

（4）政策的焦点从消费转移到消费＋生产。

（5）对于女性来说，积极的社会政策、家庭友好型工作环境，以及工作和家庭之间的平衡政策，都能够帮助女性从家庭的传统角色中解放出来，从而实现"非家庭化"，但与此同时，也加深了她们对于劳动力市场的依赖，增加了"商品化"程度。

五　对理论和实践的影响：以欧洲和中国为例

欧洲应对新旧社会风险的经验在理论和实践两个层面都有启发性意义，不仅对欧洲，对世界其他地方而言也是如此。

社会政策的理论发展

传统的福利国家研究的理论核心是福利国家的类型及其修正。全球化、后工业化和第二波女性主义浪潮带来了新的社会风险，并且进一步引发了福利领域的"新政治"。过去将工会和以阶级为基础的群体作为一个整体进行福利设计，目前这些群体却日益分化。一方面欧洲福利国家仍会将大量的资源投向纵向再分配的福利服务；另一方面，也通过一些支持性服务，帮助劳动年龄人口应对他们所面临的问题，包括工作的可及性、工作—家庭的平衡，以及无论就业者还是失业者所面临的贫困问题。它们重新规划和建构医疗和养老金体系，以保证在未来的一定时期，这两个体系在筹资上是可持续的。Bonoli 和 Natali 追踪了这一过程的具体细节，意即政府如何通过妥协和权衡其他政策，最终促进应对新风险的福利服务（Bonoli，2005；2013：55 - 56；Bonoli and Natali，2012）。

社会政策正在向积极的方面和社会投资转向。在实践层面，社会政策的成功之处在于支持妇女进入职场，以及协调家庭与工作的关系，而非改善工作质量和解决劳动年龄人口的贫困问题。社会政策从关注消费转向关注生产。这确实是以降低对于社会融合的承诺为代价的，社会变迁产生了新的风险。福利国家政治学高度强调积极和社会融合政策，确保福利的角色与生产主导型趋势是一致的，分配给劳动年龄人口的资源受到限制，横向的资源再分配也是非常有限的。从公平的视角看，人们更加认可将公平理解为赢取回报，或者是在不平等的社会中获得平等的机会，而不是结果的平等。对于女性来说，她们日益从家庭的依附者变为劳动力市场的商品。

政策方向

在欧洲，摆在福利国家拥护者面前的挑战是，他们必须找到更为包容性的政策进行社会投资，使那些低收入者增加收入，使失业者获得工作，支持家庭承担更多责任。近几年的发展显示，这些挑战是非常艰巨的。尽管北欧国家在这方面取得的成就最大，但它们的经验也显示，这些挑战是不可逾越的。

在欧洲之外，经济压力和青年失业潮推动了积极政策的实施（ILO，2013）。在中国，最主要的应对措施就是 2008 年 4 万亿元的经济刺激计划，到 2011 年旨在创造 2200 万个就业岗位。其他的措施包括降低最低工资标准和企业社会保险资金的缴纳率，以减轻企业的压力；实施额外的商业补贴；以及通过社会性支出（扩大养老金、医疗和失业保险，以及其他的社会救助政策）刺激消费（Cook and Wing Lam，2011）。将这些计划综合起来，即为一个重大的消费扩张计划，政府在参与社会福利方面迈进了一步。一方面，中国有很强的社会包容和社会和谐传统；另一方面，它又有注重效率、发展和成就的另一面。中国正在迅速富裕起来，同时不平等问题也更加凸显。中国用于社会支出的开支正在迅速膨胀，而且作为扩大内需计划的一部分，它仍将继续增长。中国的老龄化程度正在加深，新的计划旨在应对新旧双重风险，到目前为止，在欧洲出现的这两个领域的冲突，还没有在中国出现。但未来这一冲突是否会出现？现在看来仍未可知。

如果中国沿着欧洲国家的路子发展，那么对老年群体的支出将会压缩投入劳动年龄人口的资源，因此积极项目将会变得具有吸引力。这种发展的结果可能会增加更多的就业岗位，但不是改善工作质量和工作环境，也不是支付给底层群体。因此带来的风险是，政策将会把公平更理解为劳动力市场的回报和机会，而颠覆传统的将公平理解为平等公民权的理念。

参考文献

Arts W. and Gelisson J. 2002. "Three Worlds Of Welfare Capitalism or More? A State – of – the – Art Report." *Journal of European Social Policy* 12（2）：137 – 158.

Arza, C. and Kohli, M. 2007. *Pension Reform in Europe*. Routledge, London.

Atkinson, A. 2007. "The Distribution of Earnings in OECD Countries." *International Labour Review*, 146, 2, 41 – 60.

Bailey, J., Coward, J. and Whittaker, M. 2011. *Painful Separation*. Resolution Foundation, London.

Baird, A., Haynes, J., Massey, F. and Wild, R. 2010. *Public Service Output, Input and Productivity：Education*, ONS, London.

Baumol, W. 1967. "The Macro – Economics of Unbalanced Growth." *American Economic Review*, 57.

Ben – Galim, D. 2011. *Making the Case for Universal Childcare*. IPPR, London.

Bonoli, G. 2005. "The Politics of the New Social Policies. Providing Coverage against New Social Risks in Mature Welfare States." *Policy and Politics*, 33, 3.

Bonoli, G. 2012. "Active Labour Market Policy and Social Investment." In Morel *et al. op. cit.*

Bonoli, G. 2013. *The Origins of Active Social Policy.* Oxford University Press, Oxford.

Bonoli, G. and Natali, D. 2012 (eds). 2012. *The Politics of the New Welfare State.* Oxford University Press, Oxford.

Brewer, M., Browne, J and Joyce, R. 2011. *Child and Working Age Poverty From* 2010 *to* 2020, IFS Commentary C121, IFS, London.

Cantillon, B. 2011. "The Paradox of the Social Investment State." *Journal of European Social Policy*, 21, 432.

Cook, S. and Lam, W. 2011. "China's Response to the Crisis." in Farnsworth, K. and Irving, Z. (eds). *Social Policy in Challenging Times*, Policy Press, Bristol.

Crawford, C., Johnson, P., Machin, S. and Vignoles, A. 2011. *Social Mobility: A Literature Review*, BIS, London.

Daly, M. 2005. "Gender Mainstreaming in Theory and Practice." *Social Politics*, Vol. 12, No. 3, pp. 433 – 50.

Dela Porte, C. and Jacobsson, K. 2011. "Social Investment or Recommodification? Assessing the Employment Policies of the EU Member States." In Morel, N., Palier, B. and Palme, J. (eds). *Towards a Social Investment Welfare State? Ideas*, *Policies and Challenges*, Policy Press, Bristol.

Dickson, M. and Smith, S. 2011. *What Determines the Return to Education?* CMPO Paper 11/256, Centre for Market and Public Organisation, Bristol.

EC. 2010a. *Communication from the Commission*, Europe 2020, A Strategy for Smart, Sustainable and Inclusive Growth Com (2010) 2020 Final.

EC. 2010b. *Inclusive Growth – a High – Employment Economy Delivering Economic, Social and Territorial Cohesion*, http://Ec. Europa. Eu/Europe2020/Europe – 2020 – In – a – Nutshell/Priorities/Inclusive – Growth/Index_ En. Htm.

EC. 2013c. *Council Recommendation on the United Kingdom's* 2013 *National Reform Programme*, http://Ec. Europa. Eu/Europe2020/Pdf/Nd/Csr2013_ Uk_ En. Pdf.

EC. 2013. *Communication on Social Investment*, http://Ec. Europa. Eu/Unitedkingdom/About_ Us/Office_ In_ Northern_ Ireland/2013/13_ 03_ En. Htm.

Ecofin. 2012. *The European Ageing Report*, EC, Brussels.

Emmenegger, P. , Häusermann, S. , Palier, B. and Seeleib – Kaiser, M. 2012. *The Age of Dualization*: *the Changing Face of Inequality in Deindustrializing Societies*, Oxford University Press, Oxford.

Esping – Andersen, G. 1990. *The Three Worlds of Welfare Capitalism.* Princeton, NJ: Princeton University Press.

Esping – Andersen, G. 1999. *Social Foundations of Postindustrial Economies*, Oxford University Press, Oxford.

ESS. 2008. *The European Social Survey*, http: //www. Europeansocialsurvey. Org/.

EU. 2000. *Lisbon European Council*, *Presidency Conclusion* 23 March, http: //www. Consilium. Europa. Eu/Uedocs/Cms_ Data/Docs/Pressdata/En/Ec/00100 – R1. En0. Htm accessed 30 Dec 2012.

EU. 2012. *Impact of the Economic Crisis on the Situation of Women and Men*, http: //Ec. Europa. Eu/Justice/Gender – Equality/Files/Documents/130410_ Crisis_ Report_ En. Pdf.

EU. 2013. *The Gender Pay Gap*, http: //Epp. Eurostat. Ec. Europa. Eu/Statistics_ Explained/ Index. Php/Gender_ Pay_ Gap_ Statistics 24.

Ferrera, M. 1996. "The 'Southern model' of welfare in social Europe." *Journal of European Social Policy*, 6, 1, 17 – 37.

George, V. and Taylor – Gooby, P. 1996 (eds). *European Welfare Policy*: *Squaring the Welfare Circle*, Macmillan, London.

Glynn, A. 2006. *Capitalism Unleashed*, Oxford University Press.

Gough, I. 2004. 'East Asia' in Gough, I et al. *Insecurity and Welfare Regimes in Asia*, *Africa and Latin America*, Cambridge University Press, Cambridge.

Green, F. 2013. *Skills and Skilled Work*, Princeton University Press, Princeton.

Hall, P. and Soskice, D. 2001. *Varieties of Capitalism*: *the Institutional Foundations of Comparative Advantage*, Oxford University Press, Oxford.

Hardie, M. , Cheers, J. Pinder, C. and Qaeser, U. 2011. *Public Sector Outputs*, *Inputs and Productivity*: *Healthcare No 5*, ONS, London

Hinrichs, K and Lynch, J. 2010. 'Old – age pensions', *Oxford Handbook of the Welfare State*, Eds. Castles, F. et al. , Oxford University Press, Oxford.

Holliday, I. 2000. "Productivist Welfare Capitalism: Social Policy in East Asia." *Political*

Studies 48, 706 – 23.

ILO. 2013. *Global Employment Trends for Youth* 2013: *A generation at Risk*, ILO, Geneva.

Jurd, A. 2011. *Public Service Labour Productivity*, ONS, London

Latin America, *East Asia*, *and Eastern Europe*, Princeton UP, Princeton.

Le Grand, J. 2007. *The Other Invisible Hand*, Princeton University Press, Princeton.

Lewis, J. 1998. *Gender*, *Social Care and Welfare State Restructuring in Europe*, Ashgate, Aldershot.

Morel, N. , Palier, B. and Palme, J. 2011. *Towards a Social Investment Welfare State?* Policy Press, Bristol.

Morgan, K. 2012. "Promoting Social Investment Through Work – Family Policies." In Morel et al. , *op cit.*

Myles, J. 2002. "A New Social Contract for the Elderly." In Esping – Andersen *et al. op. cit.*

Nikolai, R. 2011. "Mapping the Development of Social Investment Policies." In Morel, N. et al. (eds.) *Towards A Social Investment Welfare State?* Policy Press, Bristol.

O'Connor, J. , Orloff, A. and Shaver, S. 1999. *States*, *Markets*, *Families*, Cambridge University Press, Cambridge.

OBR. 2012. *Fiscal Sustainability Report July* 2012, OBR, London.

OECD. 2013. *Statextracts*, http: //Stats. Oecd. Org/.

Offe, C. 1984. *Contradictions of the Welfare State*, MIT Press, Boston MA.

Palier, B. 2010. *A Long Goodbye to Bismarck?* Amsterdam University Press, Amsterdam.

Pickard, L. et al. 2011. *Public Expenditure Costs of Carers Leaving Employment*, http: // Blogs. Lse. Ac. Uk/Healthandsocialcare/2012/04/25/Dr – Linda – Pickard – Public – Expenditure – Costs – Of – Carers – Leaving – Employment/

Pierson, P. 2001. "Coping with Permanent Austerity." In Paul Pierson (ed.) *The New Politics of the Welfare State*, Oxford University Press, Oxford.

Polanyi, K. 1944. *The Great Transformation*, Beacon Press, Boston.

Potucek, M. 2008. "Metamorphoses of Welfare States in Central and Eastern Europe." In Seeleib – Kaiser, M. (ed.) . *Welfare State Transformations*, Palgrave, Basingstoke.

Taylor – Gooby, P. 2013a. *The Double Crisis of the Welfare State and What We Can Do about It*, Palgrave, Basingstoke. 25.

Taylor – Gooby. 2013b. *New Paradigms in Public Policy*, British Academy/ Oxford University Press.

Taylor – Gooby, P. 2004. *New Risks, New Welfare*, Oxford University Press, Oxford.

Vandenbroucke, F. and Vleminckx, K. 2011. "Disappointing poverty trends: is the social investment state to blame?" *Journal of European Social Policy*, 21, 450.

Vandenbroucke, F. , Hemerijk, A. and Palier, B. 2011. *Why the EU Needs a Social Investment Pact*, Opinion Paper No 5, OSE, Brussels. 26.

Vandenbroucke, F. 2002. In Esping – Andersen, G. and three others (eds). *Why We Need a New Welfare State*, Oxford University Press, Oxford.

社会政策、社会质量和中国大陆 社会发展导向

林 卡[*]

摘　要："生活质量—社会质量"这一视角可以作为社会政策分析的立脚点。据此我们可以辨析生产型、发展型、再分配型和包容性等不同社会政策理念和模式所具有的功能和特点。回顾中国社会发展和社会保障体系的演进轨迹，可以看出这是一个由聚焦反贫困、基本生活保障走向收入再分配、追求社会公正的进程，提升生活质量和增进社会质量是这一进程的客观要求。基于"生活质量—社会质量"的视野，社会政策新的发展导向应当包括：强调以人为本的价值，摒弃各种"物化"标准，克服"异化"现象；充分肯定人们主观幸福感的需要；包容生活方式和观念的多元化；形成一定的社会开放空间，使人们能够具有进行社会参与的机会。

关键词：社会质量　社会政策　社会公正　生活质量　发展战略

一　导言：对"好社会"的追求和社会政策

抽象地说，建设一个"好社会"是各个社会的政府和民众都在追求的目标。衡量这一"好社会"的标准是多重的，包括对于民众生活的基本保障、经济富裕、社会稳定和谐以及民众的自尊、自立和幸福感，等等。时下中国大陆媒体关于"中国梦"的讨论就从各个角度反映了人们对于"好

---

* 　林卡，浙江大学公共管理学院教授、博士生导师。本文系国家社会科学基金重点项目"社会质量理论与和谐社会建设研究"（项目编号：11AZD087）的阶段性成果，并已发表于《社会科学》2013 年第 12 期。

社会"的理解：有的从个人生活的角度来进行阐发，期待有相对稳定的工作、基本的生活保障、美好的家庭生活、更多的闲暇时间和较低的房价；也有的从社会角度来阐发，包括良好的生态环境以及在医疗、教育等问题上都得到全面的改善。从个人角度出发进行的阐发反映了人们对于各自生活目标的期待，因而涉及生活质量问题的讨论；而从社会的视角进行的评估则涉及社会体系的稳定、政府的有效服务、便利的公共服务和良好的社会环境，而这些问题都与社会质量的议题相关。

从个人和社会这两个视角对生活状况进行评估，既有统一性也会具有差异。其统一性反映在个人生活的现状受制于社会的状况，因而生活质量的高低要受制于社会质量的高低；而社会质量的状况为每个个人实现其生活中的梦想创造了社会条件，也培育了人们对生活所具有的期望。

当然，生活质量议题与社会质量议题又不能完全等同。人们物质生活水平的提高和生活状况的改进并不意味着会自发形成良好的社会质量。以中国大陆为例，近年来的经济发展为解决许多社会矛盾提供了新条件，但这一发展本身也产生了许多新的社会问题。例如，一些人对于中国大陆前三十年的经济发展进程所导致的社会问题提出批评，认为这一发展并未提高人们的幸福感，反而使人们的生活压力不断增大、幸福感的程度在下降（Easterlin et al. , 2012）。

从理论的视角来考察生活质量和社会质量研究所蕴含的基本假设，生活质量理论引导人们去关注物质生活条件、人们的消费观念以及生活形态，并导向中产阶级的价值理念（Morin，2008）；而社会质量理论则关注社会群体的发展及其社会整体福祉状况，要求我们发展社会保障体系以确保社会中每个人都具有基本的生存权利，也要求增强社会发展的驱动力形成一个充满活力的社会（Lin，2009）。因此，在对于"好社会"的追求中，我们要同时关注生活质量和社会质量这两个方面，从而把"好社会"这一规范性的概念落实到具体的社会实践中去。

在对于"好社会"这一目标的追求中，社会政策就成为人们推进社会进步的政策手段和工具。在讨论社会政策的这一功效时，我们所关注的不仅仅是具体的和单项的社会政策项目，还要把它们看成是社会政策体系。

这一体系由一系列具有共同的价值导向的社会政策项目构成，服务于特定的社会发展目标。在一定的社会中，这些政策项目的设立和执行可以形成相关的政策导向和发展战略。由此，我们可以通过对这些政策导向和发展战略理念的总体讨论来把握这些政策发展的成效和评估政策实施的效用。在讨论中我们把社会政策讨论的聚焦点放在社会发展战略这一问题上，以中国大陆社会经济状况演化的经验来解释其社会政策发展战略形成的驱动力及其特点，探索社会政策在增进生活质量、提升社会质量方面所具有的效用。

同时，我们也要意识到各个社会的不同发展阶段会形成不同的发展战略。根据国际比较的经验，由于不同社会面临着不同的发展任务，各个社会所具有的经济基础和社会体系运作也各不相同，解决生活质量和社会质量问题的政策途径也有所不同，这就会形成不同的政策导向和政策发展理念（Lin，2011）。由此，通过对社会政策项目的演进和发展战略的比较，我们可以揭示这一发展进程所具有的内在逻辑，并为解决这些问题探索有效的政策措施。据此，我们将通过历史演化的进程来阐述中国大陆社会发展战略的演化，从而揭示这一发展进程所具有的必然性和历史性，并从提升生活质量和增进社会质量的立脚点来评估其政策效应。

二　四种社会政策模式及其功用

基于社会政策的比较研究来阐发社会发展战略，我们可以从不同的社会中看到不同的政策发展理念和政策模式的选择。在全球社会政策的讨论中，我们常常会涉及几种与社会发展相关的社会政策理念，包括生产主义的理念、发展型社会政策的理念、社团主义的理念、再分配主义的理念以及包容性发展的理念（文军等，2012；高红、刘凯政，2011）。这些理念的采用与一定的社会经济发展条件和水平相关，适用于处在不同发展条件下的社会。在亚洲，人们十分关注生产主义社会政策的模式，并认为这一模式导致了东亚福利体系的一些基本特性。因此，在对于此社会政策模式的讨论中，我们就以生产主义社会政策作为讨论的起点。

生产主义社会政策的基本特点是把追求 GDP 的增长作为其发展导向，把经济发展的目标优先于社会政策的目标（林卡、赵怀娟，2009）。这一政策模式突出地体现在工业化和城市化快速发展的东亚国家，特别是亚洲"四小龙"的工业化经验中。它倡导通过经济增长所带来的"滴漏效应"来实现人们生活水平的提高和社会福利的提升。与欧洲福利国家相比较，这些经验被认为是东亚福利体系发展的独特经验，并在21世纪初得到广泛的讨论（Holliday，2000）。人们普遍认为这一模式与东亚社会的威权主义背景相关（Jones – Finer，1993），因为这一背景有助于维持稳定的社会秩序，使政府能够聚焦于经济发展的努力，并通过各种社会计划来引导经济发展。当然，采用这一模式的负面影响是，它不利于解决由阶级阶层的差异和收入不公平所引起的社会问题。

与此相平行，发展型社会政策理念是基于第三世界国家社区发展的实践发展起来的。这一政策模式倡导社区发展、民众参与、社会投资、资产建设等策略（哈尔，2006）。尽管这些政策理念及与此相关的社会政策项目在目前仍然保持着其影响力，但从起源来看，这一模式根源于那些市场经济体系、城市化和工业化都尚不发达的经济体中。在经济成长的早期阶段，这些体系通常采用社区发展战略和反贫困政策来应对民众衣食住行的需求。在这一模式中，政府在社会福利方面的作用十分有限，社会支出较低，强调家庭和社区公民组织的作用，带有强烈的"残余主义"特征。这一战略在许多发展中国家被普遍采用，它强调社会基本安全网在保障人民生活方面所起的作用，并倡导通过社会投资和工作福利的手段来提升人们的福利状况（Midgley and Tang，2001）。它倡导通过自下而上的途径来推进社会发展，特别是通过发展市民社会的力量来促进社区组织的活动。由于在这些体系中市场经济的发展程度还十分有限，市场力量尚未成为社会体系运作的主导力量，因而发展型社会政策理念就成为政府指导性的政策理念。

然而，依据国际经验，当市场经济体系的发展达到一定的程度时，随之而来的是日益明显的收入差距和社会群体之间的阶层化现象。在此，依靠市民社会的自我运作已经远远不够了，而发展再分配型的社会政策就成为历史的必然。在政策层面上，人们所面临的不仅是如何为社会中的贫困群体提供基本的收入保障，还要应对降低社会群体之间的收入差距的任务。这就需要形成有效的社会保障体系来进行收入调节和再分配。在这一阶段，如何制约市场经济体系的运作所具有的各种负面影响，确保所有民众能够享有基本的生活保障并培育福利权利的观念，就成为社会的关注点。据此，在社会政策的发展中，反贫困和社会救助政策的重要性在不断下降，而再分配主义的发展战略就成为此阶段的基本导向。

毋庸置疑，社会再分配机制的运作有助于缓解社会不公的状况。它可以协调在社会阶级阶层结构中的各主要社会群体间的关系，但无法触及那些处在主流群体之外的人群。这些群体包括被排除在社会主流体系之外的人，例如那些从劳动力市场（失业者）、社会网络（无依无靠者）、社会体系（社会保障项目）以及社会政治群体（选举权）和社会参与的机会（社区的参与）等体系中被排斥出去的社会离异者（Lin，2013）。在此，包容性社会政策就成为解决这一问题的主要手段。包容性社会政策可以以普惠性社会政策项目为手段，为福利需求者提供广泛的公共服务从而获得增进社会融合、提升社会体系包容性效应的效果。同时，包容性社会政策还有助于促进社会全体民众对于各类社会群体的包容。这些群体包括女权群体、儿童群体、少数民族群体、外来工群体以及宗教群体，等等。由于这些群体所具有的生活方式、文化规范和生活环境具有其独特性，包容性社会政策可以在打破各种政治、经济、文化壁垒方面起到积极的作用。

从生活质量和社会质量的视野来评估这些政策模式的社会效应及其影响，我们可以做如下评论：生产主义和发展主义的理念及政策模式对于社会经济发展可以起到十分积极的作用，对于提升人们的生活质量也具有重要意义。其相关的政策议题涉及反贫困、区域发展、资产建设、职业培训和就业增进，有助于缓解人们的生活困境和提升劳动就业状况。沿着这一以经济发展为政策发展驱动力的路径，我们可以看到社会政策的发展有助于提高生活水平、增进生活品质。

社会质量评估则落脚在如何通过社会政策的手段为全体民众提供广泛的社会保障、增进社会融合、发展社会服务、减少社会排斥现象。从这个维度来观察，再分配型社会政策和包容性社会政策对于提升社会质量具有重大的影响。回顾社会质量理论有关社会测量的四个维度我们可以看到："社会经济保障"因素是提升社会质量的物质基础；"社会凝聚"和"社会团结"因素是其价值基础；"社会包容"构成了社会体系的制度基础；而"社会参与"则巩固了社会体系的群众基础（林卡、高红，2010；林卡，2010）。只有在这四个方面都进行努力，我们才能增进社会质量，为实现"好社会"的理想创造条件。在此，再分配型的社会政策有助于提高民众的凝聚力，而包容性社会政策则能够促进社会参与、降低社会排斥的发生率。因此，社会政策的发展可以为提升社会质量起到推进作用。

当然，在一定的历史阶段，一个社会具体采取哪种发展战略并不仅仅取决于人们的主观愿望或功能需要，也取决于该社会所具有的物质基础和制度基础。一般来说，当经济增长和人们的收入水准提高后，人们的观念就会逐渐发生变化，从而把追求生活质量的目标放到生活的中心地位。特别是当社会进入中等发达水平后，在社会保障制度构成社会发展的基础后，基本的物质生活条件方面的目标对于人们生活的意义在不断下降，人们对于生活的期望就不仅仅停留在收入保障和物质生活的水平上，而对精神生活和社会生活的诉求在强化（Rostow，1960）。为此，我们需要适应民众对于发展前景的更高的期望和要求，把社会的关注点逐渐由基本的生活保障转向对人们生活多样性需要的满足。

以下的分析，我们将通过中国大陆的社会政策演进进程的考察，来展示中国大陆的社会发展进程并解释与此过程相关的社会历史条件。

三　中国大陆的社会发展与社会政策模式

从 20 世纪 50 年代末到 90 年代末的四十年中，中国大陆的经济发展从求温饱状态逐渐地步入小康社会。这是一个从农业社会向工业化社会的转型过程，也是一个从计划经济的建立和改革走入市场经济体系的过程。在这一过程中，中国大陆相继实现了"国民生产总值人均 800 美元""翻两番"以及"建立小康社会"的目标。社会政策在这一时期的发展中体现了发展型和生产型社会政策的许多特点，包括发展社区工作和集体互助、进行社会投资等政策理念，也包括以经济增长优先，把社会福利作为第二序列发展目标的政策选择。这一发展进程的结果是成功的：它不仅取得了经济高速成长的成果，也通过"滴漏效应"使广大民众获益。这一阶段所追求的社会目标是经济富裕和物质生活条件的改善，而提升主观生活质量和幸福感尚未成为社会行动的导向。

自 90 年代末到现在的二十年的历史中，中国大陆的社会发展继续由反贫困求温饱向提高生活质量的议题推进，并开始触及社会质量的议题。这一转化反映在一系列的变化中：由消灭绝对贫困转向缓解相对贫困和社会排斥问题；由追求富裕向追求幸福生活转化；由保障人们的物质生活向确保人们的广泛权利以及提供公共服务转化。根据这些变化，人们开始把视野从生活质量的增进和生活水平的提高转向对社会质量问题的关注上。

促使这一转化的驱动力不仅来自经济发展，也来自社会政策的发展状况。90 年代末以来，社会保障体系在中国大陆迅速发展，推动了社会再分配机制不断强化，并把"确保公民的社会保障权利"作为政府工作的目标来追求[1]。其保障的对象逐渐从城市职工扩展到所有城市居民（包括流动民工和城市暂居人口），并进一步向农村居民扩展。在 2007 年到 2009 年间，中央政府相继建立了农村低保、新农保、新农合等三大社会保障项目，逐渐形成"适度普惠"和"公共服务均等化"等导引性理念。目前，在体系建设中，如何针对其他社会人群实现不同社会保障项目间的转移支付，并构建广覆盖、相互衔接的社会保障体系，已成为大陆社会政策发展现阶段的工作目标。这对于增强社会包容和社会融合具有十分积极的意义。

除了再分配体制和公共服务体系的发展这些因素外，还有两方面因素强化了人们对社会质量的诉求。一是对社会边缘群体和对社会强势群体的关注。中国大陆 90 年代以来市场经济的发展导致社会结构日益开放，流动人口的规模在 2009 年已达到近 1.5 亿人[2]。这些人群常常被认为是社会排斥高

---

① 中华人民共和国国务院新闻办公室：《国家人权行动计划（2012~2015 年）》。

② 国家统计局：《2009 年全年的系列国民经济数据新闻发布会》，人民网，http：//Finance. People. Com. Cn/GB/10815013. Html.

风险群体，而目前针对这些群体的社会政策项目还十分有限。与此同时，对强势群体在养老金待遇和社会生活中的各种优势的诟病在民众中十分流行。强势与弱势群体在社会生活中的境遇，以及他们所能获得的公共资源的支持形成强烈的反差，这种差异使弱势群体更为弱势，强势群体获得更多的社会优惠。这种现象使增进社会质量、赢取社会公平成为亟待解决的社会问题。

另一方面，随着人们生活水平的提高和社会环境的改善，人们的生活日益多元化、多样化。生活、休闲、娱乐、快乐、幸福等一系列与生活质量相关的概念被广泛地讨论，而主观幸福状况也常常反映在研究或主流媒体中。人们开始强调生活质量，关注人的主观感受，生活环境、生活方式（如旅游、消费及享受）、生活品位（品牌、文化娱乐休闲等）等议题逐渐从社会关注的边缘话题演化为中心议题。这些变化促使我们把关注点由经济发展的目标转向以生活为中心的发展目标，把提升幸福感作为价值追求。在这些条件下，中国社会正在由确保民众基本生活权利和社会保障的目标向更为广泛地增进生活质量和社会质量的目标演进。

通过对社会发展战略和政策理念转化的分析，我们可以看到中国大陆的演进及其社会转型的轨迹。在未来十年中，中国经济发展将进一步引导人们追求生活品质、生活方式和幸福感。正如我们所看到的，在学术研究中生活质量和幸福感这些话题已经成为时髦话题（风笑天，2007）。各种关于生活质量的状况的社会调查也纷纷展开。譬如，最近中国社科院与首都经济贸易大学联合发布了中国城市生活质量调查报告（张自然，2011），而此类有关城市生活质量排名的研究也在不断增多（例如北京国际城市发展研究院 2006 年公布的《中国城市生活质量报告 No. 1》，美世咨询 2011年公布的全球 221 个城市的生活质量排名榜，等等）。尽管中国各地区发展水平差异很大[①]——对于那些仍处在经济起飞阶段的地区来说，如何确保民众的基本生活条件仍然是当地政府的工作重点——但从总体上看，提

---

① 例如，在 2011 年的人均 GDP 排名中，最高的省市天津、上海分别为 13392 和 12784 美元，而最低的省份云南和贵州低于 3000 美元。《2011 年各省市人均 GDP 数据出炉，25 省份超 4000 美元》，新华网，http：//News. Xinhuanet. Com/Local/2012 - 02/07/c_122667889. Htm。

升生活质量和社会质量的理念正在进入大陆社会的主流话语中。

四 用"生活质量—社会质量"评估社会发展和社会政策效用

对于中国大陆社会政策发展进程的回溯使我们看到，各种社会政策类型的采用只有在特定的阶段和条件中才能有效。它不仅取决于该社会所具有的物质基础和经济发展程度，也受制于该社会所设立的社会发展战略及其所面临的问题。在目前，两方面的驱动因素促使中国社会关注生活质量和社会质量：一是由人们生活水平的提高而产生的新的发展环境和条件，二是由市场经济的发展导致的种种社会问题。随着国民经济的增长和人们收入水准的提高，人们的观念正在发生变化。物质生活条件对于人们生活的意义在不断下降，而对精神生活和社会生活的诉求在强化。特别是在社会保障的基本权利已形成为制度并构成社会发展的基础后，人们对于生活的期望就不仅仅停留在收入保障和物质生活的水平上。

生活水平的提高增进了人们的生活质量，从而使如何提升人们的幸福感成为社会政策讨论中的突出问题。这些问题涉及客观指标和主观指标的相关性，比如，经济保障和幸福感、工作和闲暇、阶级关系和宗教信仰，等等。这些有关主观幸福感的讨论就势必要与增进社会质量等问题相关。它们不仅仅触及个人的生活条件问题，如公共交通、公共健康、住房条件和物价等，也涉及广泛的社会议题，包括社会环境、社会治安、腐败、社会排斥、社会诚信与食品安全等。此外，由市场经济的发展所造成的贫富差距和社会的收入分配方面存在的种种问题，也为倡导社会质量提供了现实需要。这些现象会严重地损害社会团结和社会融合，因而需要采取再分配和包容性的社会政策来加以缓解。

从社会质量视角来考察社会政策类型，我们可以辨析不同社会政策模式所具有的功能和特点。在以上讨论中所涉及的各种社会政策类型中，生产型社会政策和发展型社会政策有助于减少贫困（张秀兰等，2007），而再分配型和包容性社会政策则有助于增进社会融合和降低社会排斥的程度（向德平，2012）。这四种社会政策模式具有不同的特点并起着不同的作用，但它们都有助于增进社会质量。特别是包容性社会政策在增进社会融合和社会团结方面所起的积极作用与社会质量理论的诉求十分契合。据此，社会政策所具有的功能不仅仅在于保障人们的收入和服务方面的基本需求，也是增进人们生活质量和提升人们幸福感的政策工具。这些功能可以赋予社会政策更为广泛的社会作用，使其能在增进人们的幸福感和改善社会质量方面成为有效的工具。

在以往的社会政策研究中，人们讨论的关注点常常聚焦在福利权利和福利财政问题上。其核心问题关注如何保障人们的基本物质生活条件，而在促进社会融合和增能方面的作用十分薄弱。这些社会政策的分析多以问题为导向，强调对策分析的需求，而对于"生活方式"相关的议题的关注十分有限。尽管在传统的社会政策中也探讨普惠的社会津贴和与公共服务相关的、面向全民的社会政策，但这些项目并不能满足人们提升生活质量的全方位要求。由此，我们需要有新的视野来发展社会政策分析，采用新的社会政策理念和视角来增进社会福祉。

把"生活质量—社会质量"的视角引入社会政策的分析可以缓解上述问题。这一视角倡导提升生活质量和改进社会质量的意义。它以社会体系和社会环境为关注点，致力于社会基础的改善（包括物质、规范、制度和群众基础）。它把社会政策和社会保障联系起来，使社会质量分析与广泛的社会现象关联，把社会质量作为测量社会进步的尺度（Lin，2013）。沿着这一导向，我们可以把社会政策分析的重点从强调基本的生存保障、福利权利和政府反贫困的努力推向对于生活质量和社会质量的追求过程。这一发展超过了传统的社会政策研究和社会保障讨论的范围，体现了社会政策发展的内在诉求。由此，把社会质量的目标引入社会政策的讨论中，会促使社会政策讨论的焦点从保障贫困群体和社会福利群体转向为"正常群体"提供公共服务，以增进全体居民的生活质量。

五　从增进社会质量看社会政策发展现阶段的导向

社会质量的提升与社会政策的发展程度密切相关。在中国大陆，随着社会保障体系逐渐完善，社会政策类型日渐丰富。例如，具有普惠性质的社会津贴在旧的体系中是缺乏的，但目前在不断增多；其对象群体也由福利需求群体扩大为普通的民众，并最后形成"适度普惠"和公共服务均等化的理念。这一进程可以被看成是经历了反贫困、社会保障、追求生活质量和追求社会质量这几个阶段。然而，在经济发展水平进入中等收入国家的行列以后，新的发展目标正在形成。在今天，人们开始议论在经济发展进入中等收入水平后民众期望的变化（傅志华，2011），并把对生活质量和主观幸福感的讨论作为核心问题（Camfield and Skevington，2008）。

这一发展也可以通过地方政府的实践反映出来。目前，中国大陆的许多城市都倡导以提升"幸福感"为其工作目标。举例来说，广东省政府近年来提出建设"幸福广东"的口号；杭州市政府自2006年以来就大力倡导建设"生活品质之城"的目标，并在2010年到2012年间政府工作报告中连续三年提及"幸福"概念，把增进民众的幸福感作为政府追求的目标（林卡、李勇、申秋，2013）。与此同时，倡导对于生活质量的追求也要求我们把生活质量的议题与社会质量的议题联系起来讨论。由于生活质量的提升不仅仅取决于当地的经济发展程度和个人的努力，更取决于当地的社会环境，因而，人们个体层面的生活质量离不开对社会质量目标的追求。

另一方面，随着物质生活条件的改进和科学技术能力的提升，人们提升生活质量和社会质量的手段也在不断增多。大众传媒的发展也促使了生活方式的变化，从而为提升社会质量创造了新的条件。例如在21世纪，网络的普遍使用和通信技术的发展不仅影响了人们的交往手段和生活方式，也鼓励了社会的信息公开、民主决策和个人原子化（非组织化）等现象的出现。

根据统计数据，中国网民人数在2011年底已经突破5亿，这些因素都会强化社会的开放程度，为形成社会生活多样化、多元化提供了社会条件（胡传明、陈志新，2005）。由此，基于这些条件来讨论社会发展的战略，我们可以形成新的发展导向并在政策层面上进行努力。

首先，增进生活质量就要强调以人为本的价值，摒弃各种"物化"标准，克服各种"异化"现象。在今天的社会政策讨论中，我们会常常涉及平衡"工作—生活"议题，因而提升生活质量已成为时代的要求，而社会政策可以成为有效的工具。举例来说，在当今社会中，人们经常感叹生活太累、节奏太快、缺乏幸福感、生活压力太大。究其原因，这些压力都是由各种物化因素造成的。我们要在"日常生活"领域（哈贝马斯语）进行观念改造，回归人的本体，以人的自由和人的尊严作为价值评判的标准，以追求生活质量和社会团结为价值导向，并最终提升社会质量状况。

其次，充分肯定人们生活方式的多样性和人的主观幸福感的需要。在经济发展上了新台阶的今天，要充分认识人的各种需求（经济保障的需求、社会关系的需求、文化生活的需求和享有尊重的心理需求，等等）。以往社会政策理论十分强调政策的价值导向和对人的需要的满足，但其对人的主观感受、心理需求、幸福感和人们的主观生活状态的讨论仍十分缺乏。因此，我们不能简单地把生活质量等同于物质生活状况，也不能将生活质量等同于社会质量。随着经济发展和社会保障体系的发展，社会政策的讨论要更多地着眼于如何通过政策手段来提升全体民众（特别是"普通民众"）的生活状况和社会福祉。

再次，基于"生活质量—社会质量"的视野，我们要对生活方式的多样化和观念的多元化具有一定程度的宽容和包容。高水平的生活质量不可能在一个价值单一或生活方式单一化的社会中实现。这种多元化和多样性正是社会质量提升的基本内容。事实上，价值多元化是现代社会的基本特征，也是培育健康的民意和良好的公民意识的必要条件。我们很难使全体民众接受单一的或人为设置的或由"官方界定"的价值体系，因为社会的主流意识要由民众的认可来确立。此外，在培育公民的社会认同和价值导向的同时，我们也要看到人们对于生活的态度、主观感受差异很大。例如，"90后""新生代"对于生活的理解与"60后""70后"就有很多不同。只有对各种多样性保持一定宽容，才能使人们具有较高程度的幸福感，使社会具有更高的社会质量。

最后，为了全面提升社会质量就要形成一定的社会开放空间，使人们能够具有社会参与的机会。良好的社会参与环境可以增进社会融合和社会团结，以确保体系运作的合法性，实现人们所期望的高质量的生活状态。

要通过社会政策的制定来鼓励公民的决策参与，同时在社会管理方面大力提高社会的开放性程度，为公民提供更多的参与机会，使民众能够有更多表达意见的渠道，这也是缓解社会矛盾的必要条件。为此，我们要把讨论问题由个体层面的生活需求深入到对于宏观社会问题的讨论中，通过社会发展和社会管理方式的创新，实现社会环境的改造和社会质量的增进。因此，在对于社会质量的追求中，我们要致力于创造一个使大家都能够发挥主动性和积极性的社会，使全体民众在社会生活中能够心情舒畅、积极贡献、为共同的社会目标而努力。

六　结论：社会政策与社会质量

当前，诸多研究者注意到，在东亚的很多国家与地区社会不平等正在强化、收入差距在拉大、社会群体的相互隔离在加深，人们对于社会公共服务的不满在增多[①]。在中国大陆地区以及中国台湾和香港地区，我们都可以听到类似的抱怨。这就形成了一幅矛盾的图景：一方面，民众的生活水平在不断提高；另一方面，人们的抱怨在增多、幸福感在下降。对这一矛盾形成原因的解释是多样的：有的认为许多社会问题都源于经济匮乏和生活缺乏保障，因而我们要通过发展社会保障体系来确保人们的基本生存权利；有的强调社会阶层分化，倡导通过社会政策来强化再分配体系来调整阶级关系、缓和社会矛盾；有的倡导社会民主，使大家都有表达意见的渠道和机会；有的从社会心理的角度出发，主张通过道德教育、心理资本开发，输入"正能量"来缓解社会情绪。无论基于何种原因，我们可以断言当基本温饱的诉求得到基本满足后，人们开始追求更高的生活目标。

要应对目前所面临的问题和挑战，我们有必要扩展社会政策讨论的议题领域。传统的社会政策理念和议题反映了 20 世纪阶级团结的精神和追求"福利国家"的努力，它们聚焦于弱势群体的保护、物质生活条件的保障以及阶级关系的协调。当前，新的社会政策讨论的议题在不断出

---

① 《世界银行：东亚复兴后的隐忧》，《商务周刊》2007 年第 12 期。

现，特别是工作与生活、经济生活与主观感受、劳动与休假、阶级分化与公民参与等议题都成为人们在生活和社会环境中的重要问题。尽管社会政策作为政策手段对于解决这些新议题的成效目前尚不得而知，但无论如何，当前社会政策的议题与 20 世纪将会有很大的不同。对此，生活质量—社会质量视角的观察可以为我们提供许多启发。可以相信，随着人民生活水平的提升，对生活质量和社会质量的追求或诉求将日益增长。只有顺应这些新出现的发展态势，我们才能创造一个具有高度凝聚力的社会。

在此背景中，我们讨论了社会政策理念模式及其各自特点，揭示了生活质量—社会质量理念在社会政策分析中所具有的意义。它展示了各种发展战略理念的特点，并通过"生活质量—社会质量"这一"棱镜"的折射，反映了中国大陆改革开放以后的发展进程所取得的经验。正如我们所看到的，在 80 年代末到 90 年代初，中国经济的快速发展在反贫困和区域发展等方面起到了十分重要的作用，但也面临着目前在社会团结等方面存在的问题。把社会质量的理念引入社会政策的讨论，就要求我们采取种种社会政策手段来改造社会环境、推进社会发展。为此，我们的讨论要超越传统的社会政策议题，把幸福感和生活质量问题引入社会讨论的中心，把社会包容和社会排斥作为讨论的焦点问题。基于这一讨论，我们可以采取包容性社会政策理念等手段来解决中国社会建设进程中所面临的种种问题，而"生活质量—社会质量"的分析视角可以为我们展开相关的政策分析提供有效的理论基础和立脚点。

参考文献

安东尼·哈尔、詹姆斯·梅志里，2006，《发展型社会政策》，罗敏等译，社会科学文献出版社。

风笑天，2007，《生活质量研究：近三十年回顾及相关问题探讨》，《社会科学研究》第 6 期。

傅志华，2011，《重视持续繁荣期对民众福利期望值的管理》，《理论动态》第 20 期。

高红、刘凯政，2011，《社会质量理论视域下中国包容性社会建设的政策构建》，《学习与实践》第 2 期。

国家统计局，《2009 年全年的系列国民经济数据新闻发布会》，人民网，http：//Fi-
　　nance. People. Com. Cn/GB/10815013. Html。

胡传明、陈志新，2005，《社会多元化发展与社会中间阶层的培育——论构建社会主义
　　和谐社会的前提和基础》，《南昌大学学报》（人文社会科学版）第 5 期。

林卡、高红，2010，《社会质量与和谐社会建设》，《社会科学》第 3 期。

林卡，2010，《社会质量理论：研究和谐社会建设的新视角》，《中国人民大学学报》
　　第 2 期。

林卡、赵怀娟，2009，《论生产型社会政策和发展型社会政策的差异和蕴意》，《社会保
　　障研究》第 1 期。

林卡、李勇、申秋，2013，《社会管理创新和推进多元社会主体发展的杭州经验研究研
　　究》，《社会科学战线》第 3 期。

《世界银行：东亚复兴后的隐忧》，《商务周刊》2007 年第 12 期。

文军等，2012，《"包容性社会政策建构与社会管理创新"专题》，《社会科学》第
　　1 期。

向德平，2012，《包容性发展理念对中国社会政策建构的启示》，《社会科学》第 1 期。

张自然等，2011，《中国经济发展中的两个反差——中国 30 个城市生活质量调查报
　　告》，《经济学动态》第 7 期。

张秀兰等，2007，《中国发展型社会政策论纲》，中国劳动社会保障出版社。

中华人民共和国国务院新闻办公室，2012，《国家人权行动计划（2012～2015 年）》。

Camfield, Laura & Skevington, Suzanne M. 2008. "On Subjective Well – being and Quality
　　of Life." *Journal of Health Psychology*. 13：（6）.

Easterlin, R. A. et al. "China's Life Satisfaction, 1990 – 2010." *Proceedings of the National A-
　　cademy of Sciences of the United States of America*, Vol. 109（25），2012.

Holliday, Ian. 2000. "Productivist Welfare Capitalism：Social Policy in East Asia." *Political
　　Study*, 48.

Jones – Finer, Catherine. 1993. "The Pacific Challenge：Confucian Welfare States." In
　　Jones – Finer, Catherine（eds.）. *New Perspectives onthe Welfare State in Europe*, London：
　　Routledge, Pp. 198 – 217.

Lin, Ka. 2013. "A Methodological Exploration of Social Quality Research：A Comparative E-
　　valuation of the Quality of Life and Social Quality Approaches." *International Sociology*, 28：

(3).

Lin, Ka. et al. 2013. "Social Exclusion and its Causes in East Asian Societies: Evidences from SQSQ Survey Data." *Social Indicators Research*, 112: (3).

Lin, Ka. 2011. "The Prototype of Social Quality Theory and its Applicability to Asian Societies." *International Journal of Social Quality*, 21 : (1).

Lin, Ka. 2009. van der Maesen, Laurent, & Ward, Paul. *Social Quality Theory in Perspective, Development and Society*, 38: (2).

Midgley, J. & Tang, K. L. 2001. "Social Policy, Economic Growth and Developmental Welfare." *International Journal of Social Welfare.* 10: (4).

Morin, Richard. 2008. America's Four Middle Classes. Pew Research Center Publications, http://Pewresearch. Org/Pubs/911/Americas – Four – Middle – Classes.

Rostow, W. W. 1960. *The Stages of Economic Growth: A Non – Communist Manifesto*, Cambridge: Cambridge University Press, Chapter 2, "The Five Stages of Growth – A Summary".

Willding, Paul and Mok, Ka – ho. 2000. Hong Kong. In Peter Alcock and Gray Craig, (eds). *International Social Policy*, Basingstoke: Macmillan.

经济理性与人文关怀

唐　钧[*]

摘　　要：社会政策过程中的"经济理性"是指在有限的资源条件下追求效率；社会政策过程中的"人文关怀"，首先是在社会分配过程中以无数个具有平等权利的个体的人为本的公平分配，其次是在整个社会经济发展中以无数个具有平等权利的群体的人为本的共享与参与。在当代中国，由于经济主义和管理主义思潮的泛滥引发了诸多社会问题，人文关怀正是拯救推崇 GDP 的"纯粹经济理性"之后果的社会方案。

关键词：公平与效率　经济理性　人文关怀

自从 20 世纪 80 年代以来，"效率与公平"这一对矛盾，就成了中国社会一个永恒的话题，但在各个时期说法似乎又有差别。在历次党代会的报告中，对"效率与公平"的说法显然是有差别的。改革开放后，直到 1987 年的十三大才开始涉及这个议题："在促进效率提高的前提下体现社会公平。"1992 年的十四大，提法有点不偏不倚："兼顾效率与公平"。1997 年的十五大和 2002 年的十六大，观点鲜明："坚持效率优先、兼顾公平"，"效率"被放到了"优先"的位置上。2007 年的十七大和 2008 年的十八大则都提出："初次分配和再分配都要处理好效率和公平的关系，再分配更加注重公平。"但前者更为原则性的提法是"把提高效率同促进社会公平结合起来"，而后者的提法则是"推动经济更有效率、更加公平、更可持续发展"。[①]

---

[*]　唐钧，中国社会科学院社会政策研究中心秘书长，研究员。

[①]　中共中央文献研究室编《改革开放三十年重要文献选编》，中央文献出版社，2008。《中国共产党第十八次全国代表大会文件汇编》，人民出版社，2012。

当今世界上，关于"效率与公平"这一议题的讨论，最有影响的学术著作当数约翰·罗尔斯（John Rawls）的《正义论》（*A Theory of Justice*）（罗尔斯，2002）、《作为公平的正义——正义新论》（*Justice as Fairness—A Restatement*）和阿瑟·奥肯（Arthur Okun）的《平等与效率：重大抉择》（*Equality and Efficiency：the Big Tradeoff*）（奥肯，2010）。一般认为，罗尔斯的《正义论》和《作为公平的正义——正义新论》"主张以一种更抽象的社会契约论来替代功利主义。""被视为第二次世界大战后西方政治哲学、法学和道德哲学中最重要的著作之一。"而奥肯的讨论则是在经济哲学的层面上，"以超越经济领域的视角对平等与效率的关系及抉择问题进行价值分析和判断"（陈树人，2008）。

从社会政策的视角审视这个议题，哲学层面上的"效率"和"平等"可能会显得过于抽象。因此，笔者提出：在社会领域中作政策抉择时，是否可以用更具有可操作性的"经济理性"和"人文关怀"来取代"效率"和"平等"，以衡量和调整社会政策的效率和效果。

一 "经济理性"和"人文关怀"的界定

要以"经济理性"和"人文关怀"取代"效率"和"平等"为衡量尺度以帮助决策，就要先界定"经济理性"是什么，以及"经济理性"与"效率"之间的关系；同时也要界定"人文关怀"是什么，以及"人文关怀"与"平等"之间的关系。以下分而述之。

1. 什么是"经济理性"及其与"效率"的关系

经典的经济学教科书中，对于经济学的界定，常常着眼于资源的"稀缺"和"节约"。保罗·萨缪尔森（Paul Samuelson）和威廉·诺德豪斯（William Nordhaus）指出："事实上，正是由于存在着稀缺性和人们追求效益的愿望，才使得经济学成了一个重要的学科。"（萨缪尔森、诺德豪斯，1999）

对此，格里高利·曼昆（Gregory Mankiw）认为，"经济学研究社会如何管理自己的稀缺资源"（曼昆，2006）。劳埃德·雷诺兹（Lloyd Reynolds）则认为，"经济学是研究节省的，这是我们每天都要干的事，我们不得不节省，因为我们缺乏"（雷诺兹，1989）。保罗·海恩（Paul Heyne）、彼特·勃特克（Peter Boettke）和大卫·普雷契特科（David Prychitko）则提出："经济学的思维方式的基本预设是：所有社会现象均源于个体的行为以及群体的合作，在这些活动中，人们基于他们预期的额外收益和成本进行选择。"这种对"预期的额外收益和成本"的比较和选择，"我们常常称之为节约"（海恩、勃特克、普雷契特科，2008）。

出于对"节约"的考虑，对"效率"的追求就成为经济学理论中的核心问题之一。萨缪尔森和诺德豪斯认为："效率是指最有效地使用社会资源以满足人类的愿望和需要。"曼昆把"效率"定义为"社会能从其稀缺资源中得到最大利益的特性"（曼昆，2006）。奥肯的解释则更为具体："效率，意味着从一个给定的投入量中获得最大的产出。""所谓效率，即多多益善。但这个'多'须在人们所愿购买的范围内。"（奥肯，2010）海恩等则认为："简单地说：'值不值'这种问题问的就是经济效益。""经济学家的效率概念——为了强调，他们称之为经济效率——从决策者的角度比较额外收益和额外成本。如果决策者判定预期的额外收益超过了预期的额外成本，就称这个决策或行动计划是有经济效益的。"

基于以上的思考，戴维·弗里德曼（David Friedman）提出了"经济学中的理性"这一概念："经济学的主题内容并不是货币，而是理性——其内涵，尤其是其隐而不彰的内涵，就是人们理性地采取行动的事实。"（弗里德曼，2003）在本文中我们就是基于以上的讨论来运用"经济理性"这一名词的。

在本文中，社会政策过程中的"经济理性"，是一个更具操作性的新概念，指的是在有限的资源条件下追求效率，亦即追求收益大于成本，或曰以最小的投入获取最大的产出。

2. 什么是"人文关怀"及其与"平等"的关系

萨缪尔森和诺德豪斯指出："经济学研究的是一个社会如何利用稀缺

的资源生产有价值的商品，并将它们在不同的人中间进行分配。"（萨缪尔森、诺德豪斯，1999）曼昆则认为，经济学中所说的"平等"，就是指"经济成果在社会成员中公平分配的特性"（曼昆，2006）。在上一节中，我们进行了"如何利用稀缺的资源生产有价值的商品"，亦即进行了有关"效率"或"经济效率"的讨论，接下来要讨论的是，如何将商品"在不同的人中间进行分配"，亦即与"平等"或"公平分配"相关的问题。

二战以后盛行于发达国家的"福利国家"政策，通常被认为是与解决公平分配的问题相关的。尼古拉斯·巴尔（Nicholas Barr）和大卫·怀恩斯（David Whynes）在对福利经济学的前沿问题作出阐述时指出："福利国家主要从非经济学的角度来加以研究，经济学对这个主题说不上什么话。"然后，他们又引用安东尼·阿特金森（Anthony Atkinson）的话说："所幸是目前这种观点正在改变。"然而，具体而言，在他们列出的福利国家的 12 项目标中，经济目标有 3 项：①宏观效率，②微观效率，③激励；管理目标有2 项：①可理解性，②禁止滥用；而社会目标则有 7 项：①减少贫困，②原有生活水平的维持，③收入平滑，④纵向平等，⑤横向平等，⑥尊严，⑦社会团结（巴尔、怀恩斯，2000）。

也许是因为"平等"习惯上常常被归入"社会和政治权利"的范畴，所以，在社会学著作中，"平等"是必然要涉及的一个问题。更有意思的是，社会学常常是从反面，即"不平等"的角度出发，去讨论这个问题。当安东尼·吉登斯（Anthony Giddens）谈及"对平等和不平等的重新思考"时，他提出："经济不平等是所有社会制度的一个永恒特征。""事实已经证明实现平等是很难的，在自由市场制度中，不可避免地会产生不平等。"（吉登斯，2003）戴维·波普诺（David Popenoe）的观点与吉登斯非常相似："在所有社会中，人们一生下来就面对着不平等——即缺少平等的途径以得到社会所提供的满足欲望的物品。"在《社会学》一书中，他把"社会不平等"列为全书 5 个部分的一个，涉及"社会分层""社会阶级与贫困问题""民族、种族与少数民族""年龄与健康""性别"等问题（或影响因素）（波普诺，2004）。社会学家讨论的"平等"和"不平等"

的外延应该比经济学家所说的"公平分配"要宽泛得多。

在经济学领域的相关讨论中，还有一个惯习，即"平等"常常与"效率"被列为一对范畴。曼昆认为"效率是指经济蛋糕的大小，而平等则是指如何分割这块蛋糕。在涉及政府政策的时候，这两个目标往往是不一致的"（曼昆，2006）。

在《平等与效率》一书中，奥肯专门讨论了"平等"和"效率"的优先权排序问题，他指出："罗尔斯有一个清晰干脆的回答：把优先权交给公平。"密尔顿·弗里德曼（Milton Friedman）也有一个清晰干脆的回答："把优先权交给效率"。而奥肯本人的回答则"很少是清晰干脆的"。奥肯认为："如果平等和效率双方都有价值，而且其中一方对另一方没有绝对的优先权，那么在它们冲突的方面，就应该达成妥协。这时，为了效率就要牺牲某些平等，并且为了平等就要牺牲某些效率。"但是奥肯指出：首先，"作为更多地获得另一方的必要手段（或者是获得某些其他有价值的社会成果的可能性），无论哪一方的牺牲都必须是公正的。尤其是，那些允许经济不平等的社会决策，必须是公正的，是促进经济效率的。"其次，在不同的领域，"效率"与"平等"的优先权排序是不一样的。在"社会和政治权利领域"，"社会至少在原则上把平等的优先权置于经济效率之上"；在"市场和其他经济制度"中，"效率获得了优先权，而大量的不平等却被认可"。"社会有责任经常地在效率和平等之间进行交易。这些交易构成了困难的选择。"最后，奥肯得出结论："因为平等和经济效率之间的冲突是无法避免的""或许这正是为什么它们互相需要的道理——在平等中注入一些合理性，在效率中注入一些人道"（奥肯，2010）。

关于奥肯所说的"人道"，罗尔斯则强调：一种正义的制度应该通过各种制度性安排来改善"最不利者"的处境，增加他们的希望，缩小他们与其他人之间的差距（姚大志，2002）。在本文中我们就是基于以上的讨论来运用"人文关怀"这一名词的。

在本文中，社会政策过程中的"人文关怀"，是一个更具操作性的新概念，首先是指在社会分配过程中以无数个具有平等权利的个体的人为本的公平分配，其次是指在整个社会经济发展中以无数个具有平等权利的群体的人为本的共享与参与。

二　人类历史上的"科学理性"和"人文精神"

要深入地研究"经济理性"和"人文关怀"这一对范畴，不妨追溯一下近代以来人类社会发展的历史。我们可以首先讨论"科学理性"和"人文精神"这一对范畴。

在学术领域，常常把迄今为止人类所掌握的知识宝库分成两大部分：一部分被称作"科学"，其研究的对象是自然现象及其规律；一部分被称作"人文"，其研究对象则是与"人与社会"相关的一切事物。此外，在科学和人文的交叉部分，出现了试图用科学的实证方法来研究人文，亦即用实证的方法来研究"人与社会"的"社会科学"。

追溯历史，始于13世纪末的意大利文艺复兴以及其后17世纪的法国启蒙运动，是欧洲乃至人类历史上的两大"思想解放"——从欧洲中世纪野蛮愚昧的宗教统治下解放出两个"精灵"，即"人性"和"科学"。从此，这两个"精灵"导演了人类社会从传统迈向现代的全部活剧。

如果撇开所有意识形态的和学术理论的诠释，直接从字面顾名思义地去理解"社会主义"和"资本主义"，那么，是否可以这样说，社会主义就是"社会"的主义，是以"人与社会"为核心的主义；而资本主义则是"资本"的主义，是以"资本及利润"为核心的主义。从这个意义上说，"社会"的主义代表着人类社会对"人性"的追求，通常高举的是"人文关怀"大旗的主义；而"资本"的主义代表的是人类社会对"物质"的追求，通常高举的是"科学理性"大旗。

文艺复兴和启蒙运动两次"思想解放"，使"资本"的主义与科学以及从科学派生出来的技术结盟，"科学理性"使人类对物质的追求如鱼得水、如虎添翼。在《共产党宣言》中，卡尔·马克思（Karl Marx）和弗里德里希·恩格斯（Friedrich Engels）热情地歌颂了17、18世纪的科学革命和工业革命："自然力的征服，机器的采用，化学在工业和农业中的应用，轮船的行驶，铁路的通行，电报的使用，整个整个大陆的开垦，河川的通航，仿佛用法术从地下呼唤出来的大量人口，——过去哪一个世纪料想到在社会劳动里蕴藏有这样的生产力呢？"（马克思、恩格斯，1995）

也许是物质追求更接近人的本能或曰动物本性，更容易得到人们的青睐。于是，在后来的社会经济发展中，与科学技术结盟的"资本"的主义更是一发而不可收，而"以人为本"的理念却总是昙花一现或是仅仅作为点缀。但是，在实现现代化乃至更加现代化的过程中，快速发展的科学技术和市场经济常常会使人们追求物质欲望和感官刺激过了头，"科学理性"被异化了。于是，低级趣味、急功近利、激烈竞争和冷酷无情随处可见。与此同时，人们的主体意识也可能逐步丧失，想象力和创造力日益衰退，理想、信仰、伦理、道德，这些与人生终极意义密切相关的基本社会规范正在趋于瓦解。

于是，在当代社会中，"人文精神"的旗帜再次被高高举起。20世纪后半期，在联合国倡导下，国际学术界基于对经济增长并不会"自然而然"地带来社会发展的价值判断，提出了"以人为本"或"以人为中心"的社会发展理论，以纠正以"经济增长"为目标的偏好和误区。于是，从"科学理论"和"人文精神"这一对范畴中，再演绎出了"经济理性"和"人文关怀"这一对更具操作性的新的范畴。

1995年在丹麦首都哥本哈根召开的"人类有史以来的首次社会发展首脑会议"突出地强调："单凭市场不可能消除贫困，也不可能获得公平和平等，而这二者却是发展的基石。"（英奇，2000）社会发展首脑会议更指出："只有人——不论是作为个人还是作为社群——成为行动主体，变化和发展才能产生。"（克莱尔，2000）这说明以上的社会发展理论已经得到世界各国的普遍认同。

从哥本哈根社会发展世界首脑会议充满"人文精神"的理论论述中，我们可以概括出两个要点：其一，市场经济可以带来经济增长，但并不能达到"消除贫困""实现公平与平等"和"提高人民的生活质量"的目标，而这三者才是"健康的人类发展模式"。其二，只有当"人"（不论是个人还是社会群体）积极参与，并成为社会发展的"行动主体"时，"消除贫困""实现公平与平等""提高人民的生活质量"等"变化和发展"才能发生。在 21 世纪的第二个 10 年开始时，以参与和分享为核心的"包容性增长"引起了积极的反响。

2010 年，在亚太经合组织一个会议上，胡锦涛曾以"包容性增长"为主题词作了致辞。一时间，这个学术性名词在国内媒体上很是"亮点"了一番。"包容性增长"（Inclusive Growth）是一个很典型的将"经济理性"和"人文关怀"结合到一起的复合名词。

在发展经济学和发展社会学中，"增长"被界定为一个不同于"发展"的概念，因此有点不受待见。发展经济学认为，经济增长主要是指量的扩张，而经济发展则还包括结构的调整。发展社会学更进一步把发展的概念扩张到整个社会经济体制的转型和重构，除了经济增长以外，发展还应该包括制度、社会、产业、管理的结构以及人的态度的变化等等。

在复合名词中作为定语的"包容"，有"兼容并蓄"或"兼容并包"的涵义；再进一步则会引申为"融合"。当其与"社会"搭配成复合名词时，就成了社会学的一个常用的概念，一般译为"社会包容"或"社会融合"。亚行采用的"包容性增长"这个概念，其中"包容"的涵义应该取的就是"社会包容"或"社会融合"。

在当今世界上，当"增长"一词被赋予新的更为积极的涵义以图重整旗鼓时，为了与以往传统意义上的"增长"和"经济增长"相区别，亚行将"社会包容"作为定语，对重生的"增长"的概念加以说明和限定，于是就构成了"包容性增长"的新概念。

"包容性增长"和中国近年来提出的"全面小康""和谐社会"和"科学发展"等思想，从根本上说是一脉相通的，都代表着世界文明发展的最新成果。然而，知易行难，30 多年来，中国社会已经习惯了以 GDP 为中心的传统经济增长模式，我们虽有反思，想要刹车再转向，但"单纯经济理性"传统模式的惯性不减。何况迄今为止，我们的很多政策仍然是在"以 GDP 为中心"时期形成的，与"包容性增长"实际上格格不入。要越过这些障碍，还需付出艰苦的努力。

三 社会政策实践中的"经济理性"与"人文关怀"

在以经济学、政治学和社会学的相关理论讨论了"经济理性"和"人文关怀"的操作性定义后，在回顾了世界历史上的"科学理性"和"人文精神"的发展过程后，现在我们要将以上的讨论综合起来，然后用这样一对范畴来对社会政策的过程与实践作出诠释。

从某种意义上说，在社会科学领域中，经济学因为其特殊的研究对象和研究方法，应用定量研究要比其他人文和社会科学学科更为有利。譬如，在经济学的著作中有大量的数学模型，这也就使其更像一门"科学"。于是，就从科学理性中派生出了"经济理性"。如前所述，与科学理性与人文精神一样，也与效率和平等一样，经济理性与人文关怀之间也会发生矛盾，甚至出现互斥的局面。但是，经济学本质上毕竟是"社会"领域的，离开了"人文关怀"将一事无成。

遗憾的是，一些学者在观察和思考我们这个世界时，常常是"经济理性"过多而缺乏"人文关怀"，有时候可以说到了令人惊讶的程度。譬如，20 世纪末，在一次关于中国城市贫困问题的研讨会上，当有与会者向主张"比较优势理论"的学者提出"经济增长不会自然而然地带来社会发展"这一著名论断时，那位著名学者居然很镇静地回答"不知道"。

又如一些著名的学者一直主张春运期间火车票应该涨价，如果单纯从"经济理性"去考虑，这个主张毫无疑问是对的。因为这样做，既可以提高铁路部门的运营效益，又可以在一定程度上缓和"一票难求"的尴尬局面。但是，如果考虑春运期间搭乘火车最大的旅客群体是农民工的话，这种单纯"经济理性"就不可取了。农民工兄弟进城务工经商，他们所付出的最大的代价就是家庭的支离破碎。对他们而言，一年一度的春节团聚就显得特别的珍贵。其中蕴含的人文亲情应该是所有普通人都可以理解和体谅的。何况人人皆知，农民工也只有在所有人都放假时，他们才能"搭上便车"。为什么这些著名学者却会因过度的"经济理性"而走火入魔呢？

再从理论上来看，著名的"分蛋糕论"在中国就是一个非常典型的例子。因为有些中国的学者总在抱怨现在国民经济的蛋糕做得还不够大，所以不能公平分配。要让劳动者勒紧裤带，继续将蛋糕做大、做大、再做大……

那么，到什么时候才能分蛋糕呢，他们给出了一个很"科学"的库兹涅茨的"倒 U 形"曲线。库兹涅茨曲线（Kuznets Curve）在中国常常被解释为：在发展初期，贫富差距肯定要随着经济增长日益扩大，但会有一个顶点；随着经济发展，贫富差距上升到这个顶点后，贫富差距就会"自然而然"地走入日渐缩小的轨迹。因此，政府和社会无须担忧，只需耐心地坐等这个"顶点"到来。

然而，事实上，西蒙·库兹涅茨（Simon Kuznets）的"倒 U 形"曲线只是一个依据经验和推测作出的假设。后来，很多经济学家都用事实对这个假设作出了否定的实证。譬如，有研究表明，库兹涅茨曲线不符合第三世界国家的实际情况。换言之，随着经济发展的进程，很多第三世界国家的收入分配并没有向平等方向转变，而不平等却越来越悬殊。又如，有的研究把美国的社会经济发展状况作为反例，作为世界上经济发展水平最高的美国，其贫富差距在世界上也是名列前茅的。

库兹涅茨曲线试图证明的是欧美国家历史发展过程中经济增长与缩小贫富差距或社会公平的关系，但是这条曲线描绘的是一个结果。考虑到库兹涅茨曲线绘制的时间是 1955 年，当时的社会经济背景是二战后欧洲国家纷纷建立"福利国家"，出台了一系列旨在缩小贫富差距的社会政策。如果看整个过程，可以发现这个结果并非是"自然而然"，而恰恰是在国家干预下得来的。

为了证明以上所说非虚，可以问一个问题：为什么自 20 世纪 90 年代以来，"向右转"的欧美国家屡屡发生经济危机，难道这是因为欧美国家的蛋糕做得还不够大？再看近年来新的世界金融危机爆发，从美国开始，逐渐影响到全球。与此同时，欧洲也陷入了主权债务危机。最近发表的《2013 全球风险报告》指出：今后 10 年中，最大的全球风险首先是收入严重不平等，其次是财政长期失衡。① 这些经济社会现象如何用"蛋糕论"

① 《2013 全球风险报告：收入严重不平等成最大风险》，《人民日报》2013 年 1 月 19 日。

来解释？

我们可以再看看拉美现象：如今在拉美 33 个经济体中，处于中等收入水平的高达 28 个，占 85%。截至 2011 年，拉美国家在"中等收入陷阱"已平均滞留 37 年，而最高的阿根廷则有 49 年。也就是说，并不如库兹涅茨所假设的那样，达到中等收入水平之后，贫富差距就会缩小。其实，"拉美病"的主要症状就是分配不公，[①]光做大蛋糕而吝啬分蛋糕造成了拉美的困境。拉美成为世界上基尼系数最高的地区之一，基尼系数最高的国家高达 0.66。分配不公和两极分化加剧了社会分化和冲突，进而影响经济增长，使拉美掉进中等收入陷阱。

因此，我们是否可以这样判断。与常见的"经济理性"恰恰相反，1952 年库兹涅茨绘制的"倒 U 形"曲线，正好证明了在二战结束后浓郁的"人文关怀"氛围中，国家以社会政策对分配进行了有效的干预和调节，比较合理地分好蛋糕，于是调动了全社会的生产积极性，进一步做大了蛋糕。

顺着这个思路，再看中国的现实情况，我们一定要在做蛋糕的同时注意公平合理地分配蛋糕。可以说，迄今为止，世界上没有一个国家是等蛋糕做得足够大了才开始分蛋糕的。要是那样，社会问题早就积重难返了。所以，政府以社会政策干预社会分配，要将贫富差距控制在社会和个人都可以接受的范围之内，在社会领域中保障老百姓的基本权利。只有这样，社会经济才能平稳地向前发展。

2006 年 2 月世界银行发布的最新报告可为以上论述提供力证，有研究表明，20 世纪 90 年代末以来，消费在中国经济中的比重一直在下降，目前的消费率不仅远远落后于美国，甚至和印度等发展中国家相比也有相当大的差距。报告指出，"许多关于刺激中国消费的传统看法主要将注意力集中在中国过高的家庭储蓄上，但实际上，中国消费的下降可以用工资等收入占经济比重在过去的变化来解释"。报告显示，工资水平作为衡量居民收入的指标，其在经济指标中的比重呈现持续下降态势，已经从九年前

---

① 《中等收入陷阱的历史警示》，《浙江日报》2011 年 5 月 27 日。

的 53%下降到去年的 41%，远远低于美国 57%的水平。报告建议，通过增加人力资本而非实物资本，将剩余劳动力重新配置到劳动密集型的服务业上，可以大大提高生产率，从而提高经济增长率。"这种增长模式将会提高工资和家庭收入，进而提高消费在 GDP 中的份额。"①看来，世行的经济学家正在促使中国社会更加公平合理地分蛋糕。

怎样更加公平合理地分蛋糕，2008 年世界银行的一份报告中提出了一个建议：世行报告在谈到中国的劳动所得偏低时，尤其提出了中国的政府税收问题。报告中用了一个很有意思的经济学名词来讨论税收，这个名词就是"税收楔子"，简称"税楔"。"税楔"意指：政府税收就像揳入需求和供给之间的一个楔子，会使供求关系出现异化，从而导致社会总收益的无谓减少。就劳动力市场而言，税收的影响既减少了劳动者的实际所得，同时也增加了企业的人工成本。所以，提高税率会使税收楔子增大，从而使企业为节省劳动力成本，减少对劳动力的需求，最终会导致总供给的减少。反之，减税可以缩小税收楔子，增加对劳动力需求，最终会增加总供给。

税楔可以量化，用企业实际负担的劳动力成本减去劳动者税后的实际工薪所得，两者之差称为"劳动者平均税率"，即税楔。研究表明：进入 21 世纪以来，中国的劳动者平均税率迅速增加，由 2000 年的 26.9%增加到 2008 年的 45.4%。短短的 9 年间，几乎翻了一番。到 2008 年，正式部门职工的平均税楔达到 45%，远高于经济合作组织国家的平均水平，甚至要高于欧盟 15 国的平均水平，超出澳大利亚与美国近一倍。②

为此，世行建议大幅度降低劳动者的税率。尤其是降低居民收入中用于社会保障的缴费。这包括住房公积金、失业保险和养老保险。世行的建议是值得我们认真考虑的。

综上所述，同样是经济学分析，为什么常常得出的结论大为不同甚至是截然相反。这使我们想到，为什么在中国成功的经济改革背景下却出不

---

① 《世行报告称中国消费长期低迷症结在于工资偏低》，《北京晨报》2007 年 2 月 17 日。
② 《中国劳动者税率高达 45% 世行建议大幅减负》，《21 世纪经济报道》2012 年 4 月 13 日。

了像印度经济学家的阿玛提亚·森（Amartya Sen）和孟加拉的经济学家穆罕默德·优努斯（Muhammad Yunus）那样的诺贝尔经济学奖或诺贝尔和平奖获得者，过于着迷"经济理性"而缺乏甚至漠视人文关怀恐怕是一个根本的原因。

从政界看，当我们的地方领导换届时，常常见到媒体上特意指出，新领导是"懂经济的"；然而，遗憾的是，我们从未看到媒体赞赏哪一位地方领导是"懂社会的"，难道这不应该发人深省吗？

参考文献

奥肯，2010，《平等与效率——重大抉择》，王奔洲等译，华夏出版社。

巴尔、怀恩斯，2000，《福利经济学前沿问题》，贺晓波、王艺译，中国税务出版社。

波普诺，2004，《社会学》，李强等译，中国人民大学出版社。

陈树人，2008，《平等与效率：论阿瑟·奥肯的抉择理论及其现实意义》，《马克思主义与现实》第 2 期。

弗里德曼，2003，《弗里德曼的生活经济学》，赵学凯等译，中信出版社。

海恩、勃特克、普雷契特科，2008，《经济学的思维方式》，马昕、陈宇译，世界图书出版公司。

吉登斯，2003，《社会学》，李康译，北京大学出版社。

克莱尔，2000，《消除贫困与社会整合：英国的立场》，《国际社会科学杂志》第 4 期。

雷诺兹，1989，《宏观经济学——分析与政策》，马宾译，商务印书馆。

罗尔斯，2009，《正义论》，何怀宏等译，中国社会科学出版社。

罗尔斯，2002，《作为公平的正义——正义新论》，姚大志译，上海三联书店。

马克思、恩格斯，1995，《马克思恩格斯选集》第一卷，人民出版社。

曼昆，2006，《经济学原理》，梁小民译，北京大学出版社。

萨缪尔森、诺德豪斯，1999，《经济学》，萧琛译，华夏出版社。

姚大志，2002，《导读：从"正义论"到"正义新论"》，载《作为公平的正义——正义新论》，罗尔斯著，姚大志译，上海三联书店。

英奇，2000，《导论：新千年中争取社会进步的步骤》，《国际社会科学杂志》第 4 期。

社会投资的理论与实践

——十国社会投资政策比较与启示[*]

张佳华　王　鑫　刘鸿方[**]

摘　要：二战以来，社会政策的发展范式经历了多次调整。20世纪70年代末以前，凯恩斯主义范式对福利国家建设和改善收入再分配起到了决定性作用。随后，倡导削减福利国家的新自由主义范式主导了社会政策的发展思维。2008年的金融海啸使人们开始反省和质疑新自由主义的发展范式。在此背景中，形成于20世纪90年代的社会投资视角被作为一种替代性的、正在浮现的新发展范式被极力推崇。社会投资视角的提出是对后工业社会中知识经济成为主导以及社会风险的不确定性所作出的积极回应。它具有两大理论渊源，一是北欧式的社会民主主义，二是盎格鲁—撒克逊式的第三条道路。社会投资视角强调人力资本投资的重要性，倡导社会政策的发展要从消极转向积极、从修复转向准备。通过比较十国的家庭政策、公共教育政策和积极的劳动力市场政策开支，文章发现各国的社会投资发展导向存在显著差异。因此，预言社会投资已经成为社会政策的主导发展范式还为时过早。研究结论启示我们要及时调整社会政策的发展战略，并重视各项社会投资政策对国家竞争力建设的重要性。

关键词：社会政策　社会投资　国际比较　家庭政策　公共教育政策　积极的劳动力市场政策

---

[*] 本研究是上海青年管理干部学院2013年院内课题"北欧青年政策的实践与启示"的阶段性成果，感谢浙江大学林卡教授对本文的点评。

[**] 张佳华（1984~），男，南京大学社会学院博士生，任职于上海青年管理干部学院青少年社会工作研究所。王鑫（1984~），男，上海青年管理干部学院社工系讲师。刘鸿方（1990~），女，上海青年管理干部学院社工系教师。

一 导论：社会政策与经济发展

社会政策与经济发展之间的复杂关系历来是社会政策研究的经典议题，如何协调好两者之间的关系也是各国政府政策制定的核心内容。二战以来，随着世界经济形势的不断变革，各国的社会政策也在不断调适。在欧洲，兴起于二战后的凯恩斯主义强调政府干预，将社会政策视为刺激有效需求和走出经济周期的工具。这一发展范式不仅推动了经济增长，也使福利国家建设得以扩张，改善了收入再分配效应。

然而，在 20 世纪 70 年代末的经济危机中，面对不断增长的失业率和通货膨胀率，凯恩斯主义失去了解释力。主张控制政府支出、限制工资、使用货币政策和强调企业竞争力的新自由主义发展范式成为主导的发展范式。它将慷慨的福利制度视为经济增长的阻碍。由此，以撒切尔（Margaret Thatcher）和里根（Ronald Reagan）为主导的削减福利国家，发展市场化、私有化社会服务的社会政策成为这一时期的主导。

新自由主义的政策思维不仅深刻影响了各国的政策制定者（包括福利制度最为发达的北欧国家），也成为许多国际组织（如世界银行、国际货币基金组织和亚洲开发银行等）援助发展中国家社会保障制度建设的主流思潮。在此期间，不平等被视为市场的天然属性，有助于国家经济竞争力提升。直到 2008 年金融海啸爆发后，新自由主义的发展范式才开始受到广泛质疑。由于忽视社会政策的重要性，这一发展范式在促进经济增长的同时，使社会排斥和社会不平等现象不断增加。

作为理论回应，20 世纪 90 年代以来出现了生产型社会政策（productivist social policy）、发展型福利国家（developmental welfare state）和社会投资国家（the social investment state）等新的社会政策理论，以应对经济和社会秩序的深刻变化（Morel et al.，2012：8）。这些理论虽然存在许多相似性，但它们之间在理念和发展导向等方面也存在巨大差异（林卡、赵怀娟，2009：17）。在理论和实践上理清这些概念之间的差异，是我们设立社会政策发展战略的基本前提。

在我国，对于社会政策和经济发展之间关系的争论也一直是研究者关注的焦点议题（如张敏杰，1999；关信平，2009；徐月宾，2012；等等）。近年来，不少学者对社会投资理论进行了介绍，并提出了对我国社会政策发展的启示（范斌，2006；梁祖彬，2012 等）。然而，经过十多年的发展，对于社会投资理论是否影响了各国的社会政策制定，如何从实践上检验各国社会政策的社会投资走向，是不是存在这样一种转向等问题，我们还缺乏研究。

本研究将从两方面对当前国际社会政策中流行的社会投资理论进行考察。一是从理论上明确社会投资的内涵，并比较它与相关社会政策理论之间的异同；二是从实践上界定社会投资的具体政策领域，并选取隶属于不同社会政策模式的典型国家，考察社会投资理念是否影响了它们的社会政策实践。这两方面的研究可以使我们清晰目前国际社会政策的发展态势和未来的发展导向，从而为制定我们自己的社会政策战略服务。

二　社会投资理论：浮现中的社会政策范式

1. 社会投资理论提出的社会背景

社会投资视角的提出，不仅仅是由于研究者因凯恩斯主义和新自由主义发展范式失去解释力而寻找一种新的解释维度，它也是由时代背景所推动的结果。随着后工业社会的来临，家庭、人口和生产方式等各领域都发生了深刻的变迁。在家庭领域，家庭规模逐渐小型化，单亲家庭和非婚生子女日益增多；在人口方面，生育率在许多欧洲国家降到了维持人口持续的临界点；在生产领域，后福特主义取代福特主义，知识成为生产过程中的决定因素。

与此同时，20 世纪 90 年代以来由现代性引发的各种社会风险也在增加，从而使社会稳定的不确定性和社会结构的脆弱性十分明显（Giddens，1990）。在风险社会中，风险对人们的影响无处不在，对于这些风险，不仅没有明确的解决措施，而且也很难预知谁将受到影响以及影响的程度如何（Beck，1992：21）。由此，风险和脆弱性逐渐取代需求，成为现代国家社会政策制定和实施的原则。

在这一社会背景下，学者们宣称后福利国家（post - welfare - state）时代已经来临（Kettunen，2011：33）。在后福利国家时代，知识和创新成为经济增长的引擎，国家对于高技术工人和弹性劳动力市场的依赖上升。在国际经济竞争中，人力资本的重要性得以凸显。因此，原先以社会救助（美国）和再分配（欧洲国家）为原则的社会政策逻辑已经无法应对时代背景的需求。在此背景中，社会投资的视角开始出现，这一视角认为如果不以社会政策来投资人力资本，国家未来的经济增长会受到无法挽回的影响。

2. 社会投资理论内涵

Morel（2012：371）等人指出，虽然新自由主义的范式在近年来受到了极大的挑战，但社会投资理论尚未发展成取代新自由主义的一种理论"范式"，而只是一种理论视角，或者说浮现中的理论"范式"。社会投资视角在理论上的提升归功于英国社会学家吉登斯（Anthony Giddens）在1998年出版的《第三条道路：社会民主主义的复兴》一书和丹麦社会学家埃斯平 - 安德森（Esping - Andersen）等学者在2002年出版的《为什么我们需要一个新的福利国家》一书。他们代表了社会投资视角的两大理论根源：一是北欧式的社会民主主义视角；二是盎格鲁—撒克逊式的第三条道路视角（张佳华，2013：116 - 117）。

事实上，早在20世纪30年代的大萧条时期，瑞典社会民主主义者Alva Mydal和Gunnar Mydal就将社会政策视为一种投资而非成本。在1934年的《人口危机》一书中，他们强调了人口数量和质量的同等重要性。面对由城市化和工业化所导致的生育率下降和人口外流现象，他们呼吁建立家庭政策（津贴和服务）和提高住房标准，以增加生育率。与此同时，Mydal夫妇指出："儿童质量"并不是由生物性因素决定的，而是由社会经济因素，尤其是教育所决定的。如果无法维持一个健康、教育程度高的人口和人口再生产水平，经济生产力是不可持续的（转引自 Morel et al.，

2012：3 - 4）。

随后，吉登斯在 20 世纪 90 年代提出了"社会投资国家"的理念，其实现的路径是走"第三条道路"，即超越左与右的争论和旧的社会政策范式，引导福利国家走向积极的社会福利制度建设（彭华民等，2009：127）。而埃斯平—安德森等人在 21 世纪初沿着 Mydal 夫妇的社会民主主义传统，对社会投资理论进行了扩展。这两派理论家所倡导的社会投资战略存在许多分歧。

首先，在关于传统的社会保障和新的社会投资战略之间的关系上，吉登斯认为社会投资可以取代传统的社会保障，而埃斯平—安德森（2002：5）则认为最低的收入保障和最小化贫困是社会投资战略的首要前提，忽视了这些因素的社会投资战略将会导致反生产的后果。因此，在社会投资战略的实施阶段方面，吉登斯倾向于后期补救性的社会投资措施，而埃斯平—安德森（2002：5）则强调真正有效的社会投资战略必须是前期防范性的政策。

其次，在国家、市场和家庭提供福利的作用方面，吉登斯倡导家庭、市场和国家在提供福利方面形成一种新的伙伴关系，目标是将福利国家的功能从社会保障转向应对社会风险（Giddens，1998：100）。而埃斯平 - 安德森等人则把促进平等和经济发展视为社会投资中同等重要的战略（Morel et al.，2012：10）。因此，林卡和陈梦雅（2008：112）认为，吉登斯的理论立脚点仍然是自由主义，而坚持社会民主主义传统的埃斯平—安德森则追求一个新的社会主义社会。

必须承认，虽然在具体的社会投资战略上存在分歧，但吉登斯和埃斯平 - 安德森等人的观点也具有许多共识。首先，他们都将社会政策视为生产性因素，可以服务于经济增长和就业率增加。其次，两者都认为福利支出应该从消极的福利转向积极（positive）的福利。最后，在社会政策的功能上，两者都认为社会政策的功能应该从修复人们因生、老、病、残而导致的伤害，转向提升人们预防各种社会风险的能力。

由此可见，尽管学者们的社会投资思想存在许多分歧，但吉登斯和埃斯平—安德森等人在福利国家的总体发展方向上存在共识，他们都认可未来福利国家的社会政策应当重视人力资本的投资，使之成为生产性要素，服务于国家经济增长和竞争力的提升。因此，在政策选择上，社会投资战略关注人力资本发展（儿童照顾、教育和终身学习）和人力资本开发（如支持女性就业、积极的劳动力市场政策、弹性工作保障等）（Morel et al.，2012：1 - 2）。

3. 社会投资理论与相关理论的差异

在社会政策研究中，生产型社会政策、发展型社会政策和社会投资理论都强调社会政策要为经济增长服务，即社会政策要具有生产功能。因此，这三个理论常常被交互使用。例如在方巍（2013：5）的研究中，生产主义、社会投资和包容性发展被视为发展型社会政策的三种理论流派。钱宁和陈立周（2011：86）也将吉登斯提出的社会投资列入发展型社会政策理论的典型代表。这种混合使用有助于增进我们对各派理论之间相关性的理解，但也会影响我们对理论之间显著差异的区分。

事实上，这三个理论存在三方面显著差异。首先，在理论提出的时间点和理论倡导者方面，发展型社会政策出现在 20 世纪 90 年代初，最初的理论倡导者为 James Midgley 和 Tang Kwong - leung（Midgley，1990；Tang，2000；Midgley & Tang，2001）。社会投资视角形成于 20 世纪 90 年代末，Giddens 和 Esping - Andersen 是这一理论的两大旗手（Giddens，1998；Esping - Andersen et al.，2002）。生产型社会政策理论则出现于 21 世纪初，代表性人物为 Ian Holliday 和 Ian Gough（Holliday，2000；Gough，2002）。

其次，这些理论提出的背景具有显著差异。发展型社会政策这一概念是 20 世纪 80 年代以来，Midgley 基于对南非及其他国家实践经验的概括和提炼，用来表述不发达国家或发展中国家社会政策的特点（林卡、赵怀娟，2009：19）。社会投资理论提出的背景则源于两个方面，一是发达国家在新自由主义范式下，福利国家建设遇到了困境；二是为应对风险社会和知识经济时代的到来而提出的未来社会政策的发展出路。生产型社会政策理论形成于比较福利体制研究的东西方对话，如 Holliday（2000）所述，东亚国家属于 Esping - Andersen 提出的三种福利体制之外的"生产型"福利体制。

最后，政策导向差异。发展型社会政策的核心观点是促使经济增长和社会发展互补。因此，经济增长要为社会目标服务，经济增长的成果要在各社会群体间实现公平分配；社会发展要为贫困群体提供更多的机会获得生产性资源，使他们能够参与经济发展（Midgley & Tang，2001：241 - 242）。生产型社会政策将社会政策制定屈从于经济政策，即社会政策制定的前提是为社会稳定和经济增长服务的（Holliday，2000）。因此，社会政策的重点是劳工、教育和医疗，其目的是为国家工业化、政府合法性和生产性投资做贡献（Gough，2002）。社会投资的政策导向则是人力资本投资，通过社会政策投资于未来的国家竞争力。

三　社会投资实践：十国比较

1. 社会投资政策

在实践领域，对于哪类社会政策属于社会投资政策，哪类社会政策不属于社会投资政策，目前并未形成共识。Jorma Sipilä 曾将社会投资操作化为家庭政策支出加上教育政策支出减去老年政策支出，并对各国的社会投资指数进行了比较。[①] 这一操作化虽然未考虑其他社会政策（如积极的劳动力市场政策）对社会投资的促进作用，但也给我们许多启示。在本研究中，我们将带有积极性的、修复性的，并可以促进生产和人力资本投资的政策视为社会投资政策。这一界定固然会存在争议，但可以为我们考察各国的社会投资实践提供一种有益的考察方式。

具体来说，我们将家庭政策、教育政策和积极的劳动力市场政策视为社会投资的核心政策实践领域。家庭政策是指带有"去家庭化"（defa-milising）特征的社会政策，它旨在消除儿童和妇女对家庭成员的依赖，从而促进儿童健康成长和女性职业发展（张佳华，2013：47 - 49）。在支出

---

① Jorma Sipilä 于 2009 年在南京大学社会学院的讲座。

形式上，家庭政策分为两大类：现金支出和服务支出。前者包括儿童津贴、产假津贴和单亲津贴等，后者包括儿童照顾和家政服务等。Nikolai（2012：92 - 93）指出，从社会投资的角度来看，实施有效的家庭政策有助于维持一定水平的生育率、保障妇女协调工作和家务、减少儿童贫困、促进儿童发展和缩小男女收入差距。

教育政策涵盖对初等教育、中等教育、高等教育和成人教育的投入。在社会流动的研究中，教育常常被视为实现向上流动的主要途径。生命历程的研究显示，因教育缺失而得不到技能发展的个体，其随后的生命历程往往表现为低收入、失业和工作不稳定（Esping - Andersen，2002：9；Elder et al.，2003）。在知识经济时代，财富的创造和积累已经从体力劳动转向知识创新和技能习得。因此，通过教育培育公民的创新能力和适应不断的技术变革，就成为了当代教育的关键所在。在此意义上，教育政策是对未来国家经济竞争力的社会投资。

积极的劳动力市场政策包括公共就业服务、劳动力市场培训、青年就业措施、补贴性就业，以及残障人士就业五项内容（Lehmann，1995：3 - 4）。它对应于消极的劳动力市场政策（如失业金），认为失业的原因是由于人们缺乏足够的技能和教育。因此，积极的劳动力市场政策为失业者提供培训、康复和学习新技能的机会，而不仅仅是提供失业金（øverbye，2006：223）。在 20 世纪 90 年代的福利国家危机中，这一政策导向为许多欧洲国家（尤其是北欧国家）所采纳。由于社会投资视角强调提升公民应对各种社会风险的能力（包括失业的风险），积极的劳动力市场政策可以被视为一项社会投资政策。它不仅能够帮助人们走出失业困境，也可以通过再就业的方式，减少失业支出，增加税基。

20 世纪 90 年代末以来，社会投资理念逐渐被各国政府和国际组织所接受。例如在实施里斯本战略的《社会政策议程 2000 ~ 2005》中，"强化社会政策的生产性功能"被写入，其目的是创造一个"可持续的、具有竞争力和适应能力的知识经济体"（参见 Kettunen 2011：33 - 34）。然而，各国在具体实践中存在许多差异。为了揭示这些差异，我们将选取十个典型国家，对其在 1995 年至 2009 年期间的三项社会投资政策进行考察。这一时间段是社会投资理论形成和发展的关键时期。十个国家分别代表比较福利体制研究中的北欧模式、保守主义模式、自由主义模式、南欧模式和东亚模式。

2. 家庭政策与社会投资

表 1 的数据显示了 1995～2009 年十国家庭政策、公共教育和积极的劳动力市场三项政策的支出占 GDP 的百分比。在家庭政策支出方面，我们可以显著地看到：①除德国以外，其余九个国家 2009 年的家庭政策支出比 1995 年都有所增加；②2009 年，英国、丹麦、瑞典和法国的家庭政策支出超过了 GDP 比重的 3%；③从 1995 年到 2009 年，家庭政策支出增长幅度超过 0.5 的国家有英国（1.6）、意大利（1.0）、葡萄牙（0.8）和韩国（0.74）。④十国中，家庭政策支出最低的美国、日本和韩国的数据小于 GDP 的 1%。

以上数据具有四个特征。第一，经过十多年发展，家庭政策对于社会投资的重要性在各国得以体现。第二，最强调家庭政策的社会投资功能的国家既包括北欧国家（丹麦、瑞典），也包括保守主义国家（法国）和自由主义国家（英国）。第三，以往注重家庭伦理的南欧国家（意大利、葡萄牙）和东亚国家（日本、韩国）虽然家庭政策的支出长期低于 OECD 平均水平，但其增长的速度很快。第四，自由主义国家中出现了两种迥异的家庭政策发展模式。英国的家庭政策支出很高，而美国的家庭政策支出则很低，并长期维持在同一水平。

表 1　1995～2009 年各国家庭政策支出、公共教育支出和积极的
劳动力市场支出占 GDP 的比重

单位：%

福利国家模式	国家	家庭政策支出				公共教育支出				积极的劳动力市场支出			
		1995年	2000年	2007年	2009年	1995年	2000年	2005年	2009年	1995年	2000年	2005年	2009年
北欧模式	瑞典	3.7	3.0	3.4	3.8	7.1	7.2	6.9	7.3	2.2	1.7	1.3	1.1
	丹麦	3.8	3.5	3.5	3.9	7.3	8.3	8.3	8.7	1.9	1.9	1.6	1.6

续表

福利国家模式	国家	家庭政策支出				公共教育支出				积极的劳动力市场支出			
		1995年	2000年	2007年	2009年	1995年	2000年	2005年	2009年	1995年	2000年	2005年	2009年
保守主义模式	德国	2.2	2.1	1.8	2.1	4.7	4.6	4.6	5.1	1.2	1.2	0.9	1.0
	法国	2.7	3.0	3.0	3.2	6.3	6.0	5.7	5.9	1.2	1.2	0.9	1.0
自由主义模式	英国	2.3	2.7	3.3	3.9	5.0	4.3	5.2	5.6	0.4	0.2	0.4	0.3
	美国	0.6	0.7	0.7	0.7	4.7	4.9	5.0	5.5	0.2	0.2	0.1	0.2
南欧模式	意大利	0.6	1.1	1.4	1.6	4.7	4.5	4.4	4.7	0.6	0.6	0.6	0.4
	葡萄牙	0.7	1.0	1.2	1.5	4.9	5.2	5.2	5.8	0.5	0.6	0.7	0.8
东亚模式	日本	0.5	0.6	0.8	0.9	3.6	3.6	3.5	3.8	0.3	0.3	0.3	0.4
	韩国	0.06	0.11	0.54	0.8	N	3.7	4.0	5.0	0.04	0.38	0.12	0.61
OECD国家平均数		N	1.9	2.0	2.3	5.3	5.2	5.3	5.8	0.64	0.57	0.52	0.55

数据来源：OECD iLibrary：http：//www. Oecd – Ilibrary. Org；OECD Statistics：http：//Stats. Oecd. Org；OECD, Education at a Glance 2012：OECD Indicators. http：//www. Oecd – Ilibrary. Org/Education/Education – At – a – Glance – 2012_ Eag – 2012 – En，N 代表当年数据缺失。

3. 公共教育政策与社会投资

在公共教育政策支出方面，我们可以看到以下趋势（见表1）：（1）与1995 年相比，除了法国和意大利（韩国 1995 年的数据缺失），其他国家 2009 年的公共教育支出都增加了。（2）2009 年公共教育支出超过 OECD 国家平均数的从高到低排名依次为丹麦、瑞典和法国，而公共教育支出最低的依次为日本、韩国、意大利、德国和美国。（3）从 1995 年到 2009 年，公共教育支出增长超过 0.5 的国家有丹麦（1.4）、美国（0.8）、葡萄牙（0.8）和英国（0.6）。

由此可见，公共教育政策的社会投资功能虽然被广泛认可，但其投入程度差异巨大。在十国中，只有北欧国家（瑞典、丹麦）和保守主义国家（法国）的公共教育支出超出了 OECD 国家的平均水平。与此同时，在各类福利体制中，东亚国家和南欧的意大利不仅公共教育支出最低，且增长幅度有限（韩国例外）。因此，可以看出教育的社会投资功能并未在这些国家得到足够的重视。

4. 积极的劳动力市场政策与社会投资

与家庭政策支出和公共教育支出相比，积极的劳动力市场政策的数据不仅差异更为显著，而且呈现类型学特征。具体来说：（1）与 1995 年相比，大多数国家（除意大利、葡萄牙、日本和韩国）在 2009 年的劳动力市场项目支出都下降了。（2）2009 年积极的劳动力市场项目支出超过OECD 国家平均数的从高到低排名依次为丹麦、瑞典、德国、法国、葡萄牙和韩国。（3）自由主义国家（美国、英国）在这一指标上的支出最少，其次为东亚国家（日本）和南欧国家（意大利）。

值得一提的是，积极的劳动力市场支出与经济状况密切相关。当经济危机来临时，这一支出会由于失业率上升而增加；而当经济繁荣时，这一支出会随着就业率上升而逐渐减少。这一特征在数据中得到了充分体现。以瑞典为例，其积极的劳动力市场政策支出在 20 世纪 90 年代福利国家的危机时代达到了顶峰。以 2009 年的数据为依据，我们可以判断北欧国家最重视积极的劳动力市场政策的社会投资功能，其次为保守主义国家。南欧国家和东亚国家处于中间位置，而自由主义国家则并不重视这一政策的社会投资作用。

四　各国社会投资政策的比较

综合以上对十个国家家庭政策、公共教育政策和积极的劳动力市场政策的支出数据比较，可以看到社会投资战略在各国的发展呈现复杂的图景。由于各类国家在三项政策上的发展趋势并不一致，我们很难用去商品化和社会分层等指标作为划分福利国家类型的"福利资本主义的三个世界"理论来解释这一状况。尽管如此，本研究的目的也不在于对社会投资进行类型学划分。因此，这并不影响我们对各国社会投资发展状况的评估。

首先，虽然社会投资理论经历了近十五年发展，但在国际范围内并未成为主导的社会政策发展范式。从十国的比较中我们可以看出，在 2009

年，有近一半国家在家庭政策支出（6 国）、公共教育支出（6 国）和积极的劳动力市场政策支出（4 国）上低于 OECD 国家平均水平。即便在总体趋势上，家庭政策支出和公共教育支出呈增长趋势，但仍有国家在积极的劳动力市场政策上长期维持在低水平（如英国、美国）。因此，预言社会投资已经成为社会政策的主导发展范式为时过早，我们还需要进一步的观察。

其次，在以上十个国家中，北欧国家在三项政策上都呈现很强的社会投资特征。在家庭政策方面，英国和法国也具有较强的社会投资导向。在公共教育政策方面，除北欧国家之外，其他国家的社会投资导向并不明显。在积极的劳动力市场政策方面，北欧国家和保守主义国家都具有较强的社会投资导向。如果以世界经济论坛 2010～2011 的全球竞争力排名来看（瑞典第 2、美国第 4、德国第 5、日本第 6、丹麦第 9），我们可以看出三种发展路径。一是北欧模式，即通过各项社会投资政策结合的方式增强全球竞争力。二是美国模式，投资于教育（包括私人投资），但并不发展家庭福利和积极的劳动力市场政策（日本在一定程度上也隶属于这一模式）。三是德国模式，具有中等的家庭政策、公共教育支出和较高的积极的劳动力市场政策支出。

五 结论与启示

本研究从理论上回顾了社会投资理论产生的背景、理论脉络和内涵，并将它与发展型社会政策理论和生产型社会政策理论进行了比较和区分。在此基础上，研究从实践上以家庭政策、公共教育政策和积极的劳动力市场政策评估了十个典型国家的社会投资战略发展状况。这一研究不仅有助于我们理清社会投资理论的发展脉络，也为考察各国的社会投资转向提供了一种可供参考的途径。与此同时，这一理论和实践的研究也会带来以下两点启示。

第一，从国家战略的高度来看，社会投资理论启发我们必须重视当前的社会政策投资对未来国家竞争力的重要性。社会政策的发展受制于宏观经济环境。事实上，社会投资理论是对新自由主义的一种让步，也是对凯恩斯主义的一种复归。正如 Morel et al.（2012：9-10）所说，社会投资认可社会政策不能成为经济增长的负担，但也承认市场的缺陷和政府干预的必要性。在这种宏观背景下，福利国家的"黄金时期"已经成为过去，而思考如何使社会政策和经济政策互补成为了政策制定的关键。

在我国，《劳动合同法》（2008）、《社会保险法》（2010）等社会政策在近年陆续出台，适度普惠型的社会保障体系建设也被提上了议事日程。然而，与发达国家相比，我国的福利支出还很有限。如何把有限的资源投入到恰当的社会政策领域，使人民生活质量提升的同时，增加国家的竞争力就成为了社会政策改革面临的关键问题。种种事实表明，随着用工成本上升和人口红利下降，以往那种以代加工为主的粗放型生产模式将无法持续。在这一产业升级和国家战略的调整过程中，社会政策应发挥积极的社会投资作用。

第二，从各国的社会投资政策实践来看，家庭政策和公共教育政策的社会投资功能得到了广泛认可，并被许多国家采纳。与此同时，除了自由主义国家，各国都开始重视积极的劳动力市场政策的社会投资功能。这些政策的目标群体主要是儿童、妇女、学生和失业者。由于妇女和失业者是当前可以投入生产的重要角色（妇女还包括再生产），而儿童和学生则是未来的主要劳动力。因此，实施以上三项政策是落实社会投资战略的有效途径。[①]

在我国，家庭政策长期被忽视，由于儿童的生活质量高度依赖于其他家庭成员，儿童的成长环境面临许多不确定因素（张秀兰、徐月宾，2003）。在公共教育政策方面，虽然目前的公共教育支出已经超过了 GDP 的 4%，但与发达国家仍然存在较大差距。而对于积极的劳动力市场政策，我国目前还没有系统的对策。这些状况都不利于未来的人力资本投资。在建立基本的社会保障制度的同时，如果我们忽视各项社会投资政策，其后果将无法挽回。

---

① 这一点也成为学者们批评社会投资视角的焦点，认为其过分强调人的生产性功能，从而忽视了生活质量等其他维度对于人的重要性。

参考文献

Beck, U. 1992. *Risk Society: Towards a New Modernity*. New Delhi: Sage.

Elder, G. H. et al. 2003. "The Emergence and Development of Life Course Theory." In Mortimer, J. T. & Shanahan, M. J. (eds.). *Handbook of the Life Course*. New York: Plenum Press.

Esping – Andersen, G. et al. (eds.). 2002. *Why We Need a New Welfare State*. Oxford: Oxford University Press.

Giddens, A. 1990. *Consequences of Modernity*. Cambridge: Polity Press.

Giddens, A. 1998. "Positive Welfare." In Pierson, C. & Castles, F. G. (eds.). *The Welfare State Reader*. Cambridge: Polity Press, pp. 369 – 379.

Gough, I. 2002. "Globalization and National Welfare Regimes: The East Asian Case." In Sigg, R. & Behrendt, C. (eds.). *Social Security in the Global Village*, Transaction: New York.

Holliday, I. 2000. "Productivist Welfare Capitalism: Social Policy in East Asia." *Political Studies*, Vol. 48 (4): 706 – 723.

Kettunen, P. 2011. "The Transnational Construction of National Challenges: The Ambiguous Nordic Model of Welfare and Competitiveness." In Kettunen, P. & Petersen, K. (eds.). *Beyond Welfare State Models: Transnational Historical Perspectives on Social Policy*. Cheltenham and Northampton: Edward Elgar, pp. 16 – 40.

Lehmann, H. 1995. Active Labor Market Policies in the OECD and in Selected Transition Economies, Policy Research Working Paper 1502, The World Bank.

Midgley, J. & Tang, Kwong – leung. 2001. "Guest Editorial: The Developmental Approach to Social Welfare." *International Journal of Social Welfare*, Vol. 10 (4): 241 – 243.

Midgley, J. 1990. "International Social Work: Learning from the Third World." *Social Work*, Vol. 35 (4): 295 – 301.

Morel, N. et al. (eds.) 2012. *Towards a Social Investment Welfare State? Ideas, Policies and Challenges*, Bristol: The Policy Press.

Nikolai, R. 2012. "Towards Social Investment? Patterns of Public Policy in the OECD World." In Morel, N. et al. (eds.) *Towards a Social Investment Welfare State?* Bristol and Chicago: The Policy Press.

Øverbye, E. 2006. "Activation Policy in the Nordic Countries." In NOSOSCO, *Social Protection in the Nordic countries*. 2004. Scope, Expenditure and Financing, Copenhagen: NOSOSCO.

Tang, Kwong - Leung. 2000. *Social Development in East Asia*, Palgrave: Basingstoke, UK.

范斌，2006，《试论社会投资思想及对我国社会福利政策的启示》，《学海》第 6 期。

方巍，2013，《发展型社会政策：理论、渊源、实践及启示》，《广东工业大学学报》（社会科学版）第 1 期。

关信平，2009，《当前中国经济发展方式转型中的社会政策议题》，《探索与争鸣》第 4 期。

梁祖彬，2012，《演变中的社会福利政策思维——由再分配到社会投资》，《社会福利》第 1 期。

林卡、陈梦雅，2008，《社会政策的理论和研究范式》，中国劳动社会保障出版社。

林卡、赵怀娟，2009，《论生产型社会政策和发展型社会政策的差异和蕴意》，《社会保障研究》第 2 期。

彭华民等，2009，《西方社会福利理论前沿：论国家、社会、体制与政策》，中国社会出版社。

钱宁、陈立周，2011，《当代发展型社会政策研究的新进展及其理论贡献》，《湖南师范大学社会科学学报》第 4 期。

徐月宾，2012，《社会福利的概念及其演变：社会政策是生产力》，《社会福利》第 1 期。

张佳华，2013，《"北欧模式"理念的建构、扩展与变迁》，《欧洲研究》第 2 期。

张佳华，2013，《北欧家庭政策与青年问题的早期干预——以挪威为例》，《上海青年管理干部学院学报》第 2 期。

张敏杰，1999，《社会政策及其在我国社会经济发展过程中的取向》，《浙江社会科学》第 6 期。

张秀兰、徐月宾，2003，《建构中国的发展型家庭政策》，《中国社会科学》第 6 期。

社区政策网络：结构、特征与路径依赖

摘　要：鉴于科层制式的社区治理所引发的治理失灵问题，有必要引入政策网络分析框架，这有利于创新社区管理方式，适应社区治理的新需求。与社区科层治理相比，社区政策网络更适应社区复杂多变、多元差异的经济发展环境的变化，能从联结应然与实然的角度提供关于社区治理结果更完整、更真实的解释。运用政策网络分析可以获得社区治理在吸纳更多的非政府主体参与政策过程、增加社区的治理主体资源、提高社区政策网络选择路径等方面的新知识和理念。借鉴社区政策网络实现社区治理模式的转变，有利于社区各利益主体需要的满足和社区治理整体目标的实现。

关键词：社区政策网络　结构　特征　路径依赖

社区是政府管理的最基层领域，但是社区的科层制管理方式存在着社区治理失灵的问题，也是导致社区治理失灵的重要因素。僵化的政府社区治理方式难以适应当前对于社区公共服务不断增多的需求，而且弱化了社区自组织和自治能力，压制了社区非政府组织的发展，产生了许多社会问题。目前社区正日益发展成为基于多元利益关系的政策网络，社区治理模式必须要适应市场经济环境下利益多元化的现实，通过构建社区政策网络，创新社区管理方式，适应社区治理的新需求。

---

*　郸啸（1975～），男，河南息县人，河南工程学院讲师，现从事社区管理专业教学与研究。

一　社区政策网络的内涵

社区政策网络主要是研究社区治理过程中政府与其他非政府行动者及非政府社会行动者间的相互依赖关系，是在社区政策制定和执行的过程中，政府和其他非政府行动者及非政府社会行动者间围绕着社区利益关系所结成的正式的和非正式的联系。首先，在主体方面，政策网络是公私行动者之间的一种关系模式（Katzenstein，1977）；是相互依赖的行动者之间某种程度上稳定的社会关系类型，在其基础上形成政策问题与政策方案（Walter Kicken，et al.，1997）。政策决策过程主体是来自不同层次与功能领域的政府、社会行动者等利益者，政治官员、行政官员与利益代理人等政策主体之间基于相互依赖而形成一种较为长久的联结模式，主体间的政策网络就产生于社会利益行动者与政府交换信息并获得政策领域中的利益认可这一过程。其次，从资源利益角度出发，社区政策网络可界定为一群因资源依赖而相互联结的组织，其又因资源依赖的结构而彼此相互区别，是基于对对方权威、资金、正当性、信息、人员、技术、设备的需求，所形成的联盟或利益共同体（Rhodes R. A. W.，1997）。社区政策网络形成于政府、社区组织、非营利组织以及公民个体等主体间的相关信息和意见交流、相关资源交换、权力追逐、结盟与协调等需要，其中利益需要是社区政策网络形成的基础。社区行动者利益目标的实现首先基于自身的资源，资源界定能力，能力界定目标与行动，但是共同目标的达成和实现必须依赖各个行动主体资源的相互依赖。因此，社区网络治理发生于多元社区主体之间权力和利益关系的互动与博弈过程之中。再次，从互动过程看，社区政策网络存在关系网络互动。社区行动者利益目标的实现依赖于资源的交换，通过相互交换的过程达到目标的整合。资源交换是网络互动的基本内容和形式，资源交换形成网络，网络结构的存在是资源交换的基础和形式。最后，基于环境变化，社区多元化的利益发展是形成政策网络的客观环境。市场经济的存在和发展必然促使社会利益的追求多元化，人们的利益不同界定了社区主体行动的不同目标；利益多元催生了多元的利益主体为实现自己的利益目标所做出的积极行动，并且使其行动具有异质性，反之，社区治理的目标是使其行动具有一致性。

二　社区政策网络的结构功能

社区政策网络是由不同的要素构成的网络结构，不同的分析变量在网络中具有不同的地位和功能，形成了变量间的复杂层次关系。社区政策网络的不同变量存在三个层次关系。首先，是社区结构的位置、社区行动者的天生技巧、社区行动者的学习。主要涉及社区环境（当时的经济、意识形态、政治、知识基础以及不同的政策网络）对社区网络结构和社区网络成员所拥有资源的影响；社区网络成员的协商技巧既有先天的，也有后天习得的。其次，是社区行动者技能、社区行动者的资源。这主要涉及社区网络互动行为和协商折射出社区网络成员的资源、技巧、网络结构以及社区政策互动的整合机制。最后，是社区网络结构。社区网络之间相互作用的关系，涉及结构化的环境、网络成员的资源、网络互动行为以及社区政策后果；社区政策后果折射出社区网络结构与社区网络互动行为的相互作用、相互影响。在社区政策网络中重视政治资本的价值与作用，即重视在市民社会与政治系统连接的互动过程中，通过各种参与而产生政治行动的个体性权力，行动者所拥有的政治资本，它决定了行动者的能力（李瑞昌，2004）。个体拥有的由政治禀赋、号召力及政治身份构成的政治资本决定了行动者在政策网络中的进入能力、行动能力和认同观念，从而影响到政策的后果。

社区政策网络对于社区治理具有积极的研究价值。其一，基于社区政策网络构成要素关系可形成对社区关系的新认知。社区政策网络构成要素概括起来主要涉及社区行动者主体、社区社会资源依赖性、社区关系网络、社区政策网络互动过程以及社区政策网络联盟策略等方面。其中，社区行动者主体主要指多元、异质的公共部门，私人部门，第三部门以及个体等，如社区政府官员、专家学者、利益团体、大众媒体、与某项特定社区政策有利益关系的团体或个人。他们往往是代表组织，以个体身份参与政策网络。社区社会资源依赖性是指社区政策网络中的任何行动者（无论政府或社会的）都不可能独立地达成社区某项政策目标，必须依赖社区其他行动者的资源才能有效解决政策资源不足的问题，并通过关系主体的资源交换来达成政策目标，实现利益共赢。社区关系网络是多元、异质的行动者间的主体关系，是社区部门结构，或者是社区人际结构，这些关系结构，或强或弱、或长或短、或正式或非正式。社区政策网络互动过程揭示出政策后果是社区政策结构和人际互动的产物，因为社区网络的形成和行动者间的互动使得资源交换成为可能，从而决定了社区网络行动者在政策过程中的影响力大小。社区政策网络联盟策略是在社区资源依赖的情形下，社区行动者根据利益及目标自由地结成行动联合体，构建社区主导联盟实现资源的自由交换。其二，社区网络构成类型分析可以预测政策网络的结果。因为关系网络的类型影响网络的结果，不同的社区网络结果取决于不同的社区网络类型。只要在社区政策过程中有政策网络，政策后果就会受其影响，不同的社区政策网络结构类型往往形成不同的社区政策结果。其中社区政策网络类型是自变量，政策后果是因变量，不同的社区网络自变量（不同的网络类型）会导致不同的社区政策后果。通过分析社区网络结构类型可以说明网络化结构对政策议程、政策方案或政策执行等社区政策过程的影响，以解释社区政策网络与社区政策后果间的因果关系。其三，可开展社区治理的科层构建模式差异分析。在当前的非政府中心化的社会背景下，政府并不是社区治理的唯一主体，非政府组织、社会团体、私人部门以及居民个人等都可以成为社区治理主体，共同承担起治理社区公共事务和公益事务的责任。社区政策网络通过结合结构分析和理性选择，分析政策网络目标、着力点、关系特征、过程特征、成功标准、知识支持等差异（见表 1）（Walter Kicken et al. , 1997），试图描绘出基于利益和资源的社区网络结构与社区行动者、社会背景及社区政策结果之间的多面的辩证关系，全面揭示社区中包括政府在内的诸多行动者如何在一定的利益诉求下，在政策网络和治理的格局中加强政策制定的学习能力，并依赖相互的资源关系实现自身及社区的共同目标。

表 1　社区治理的传统（科层）模式与政策网络模式

模式 维度	传统模式（理性、中央、规则）	网络模式
分析目标	中央规则与目标群体的关系	网络中的行动者与组织
分析着力点	中央规则	行动者之间的关系
关系特征	权威性	相互依存的
过程特征	对事先制定的政策中立执行	信息、目标和资源相互交换的互动过程
成功标准	达到政策的正式目标	集体行动的实现
失败原因	模糊不清的目标、太多的行动者、缺乏信息和控制	缺乏集体行动的激励或者存在障碍
知识支持	完全理性人、韦伯合法和理性统治模式以及威尔逊政治与行政二分法	多元主义理论、政策过程理论、组织间关系理论

三　社区政策网络的主要特征

首先，社区政策网络的主体间有资源依赖性。社区基于计划经济体制下的政府行政资源和行政手段解决社区的社会公共事务和公共问题，已经不能适应社会主义市场经济体制中的国家和社会之间、社会个体和群体之间走向利益结构性分化的现实。政府已经难以成为社区治理的唯一资源主体或资源行动者，必须充分重视非政府组织、社会团体、私人部门以及公民个人等社会行动者的资源、力量及能力，共同参与承担起社区公共治理的责任。因此，成功的社区治理需要依靠政治国家与公民社会合作、政府与非政府组织合作、公共机构与私人机构合作（Yu Keping, 2000）。把具有不同利益、信仰和诉求的组织和个人的资源和能力组织起来相互合作，形成不同的关系结构，进而形成不同的政策网络结构，才能妥善解决社区的各种社会公共问题。

其次，社区政策网络关系具有互动性。社区科层制管理的单位化或单位社区化使得社区主体间"条块分割"，相互隔阂，缺乏互动，社区间及社区内缺乏相互间的横向联系，没有建立权责明确的网络运行机制和制度规范，难以整合和利用社区的各主体资源。在社区治理主体多元化的趋势下，社区不同的行动者开始主动参与社区事务管理，采取共同行动解决某些社区公共问题。为了达成各社区主体自身及各主体间共同的利益目标，各社区行动者通过民主对话与协商等集体行动积极互动，并促成正式的或者非正式的资源互利、合作及共享关系，建立多样化和多层次的基于资源的关系网络结构。各种具有一定资源和不同的利益与目标的主体为实现自己的利益和目标相互影响、相互作用，由于网络中的权力等资源非平均分配且权力非中心化，网络行动者必须通过资源的交换才能达成各自的和共同的目标。

最后，社区政策网络结构具有持续性。在社区科层治理模式下，政府主要通过强制性的行政法律法规、政策以及命令等行政性政策工具治理社区，在社区管理中逐渐形成日益僵化的管理体制，因此持续性有余但变动性不足。在社区政策网络治理结构中，网络行动者可以根据不同的公共政策问题，结合现实情况，更多利用社区家庭、非营利组织、社团组织等自愿性工具来共同解决社会问题。自愿性手段的非强制性特点使社区利益主体能建立起较为平等的民主协商的关系结构，以应对不断产生的复杂多变的诸多利益需求，使政策网络具有灵活性和即时回应性，因而符合社区多元主体的利益需求，满足不同主体的目标及预期，使政策网络保持持续的适应性和变动性。

四　社区政策网络的路径依赖

社区政策网络为社区治理提供了新的路径选择，即注重通过社区多元主体间的资源依赖形成的不同的关系结构来追求可预期的目标。政策网络是社区治理中人们的各种利益及目标实现的路径选择，是适应和满足当前市场经济下社区发展所体现出的新的个体利益与社区利益协调和实现的需要。社区政策网络的良好运行和持续发展是其发挥功能并能够达成社区治理的必要条件，这就涉及如何形成社区政策网络和怎样使社区政策网络具有可持续性这两个现实的问题。对之解决的路径主要依赖于培育社区资源、构建政策网络制度规则以及形成社区自组织机制。

首先，对于政策网络制度规则的需求及制度的依赖是社区政策网络形成的重要条件。制度即一套社会行动的规则。就制度主义而言，制度的意义在于说明一种良好的制度是如何产生的并能解释一种良好的制度形成以后怎样可持续。目前，社区政策网络良好运行的关键在于制定制度规则，形成一种制度依赖，而对制度的需求是制度产生的动因。依据中国改革的实践，一种制度产生并得以延续，一个重要的条件是政府的政治需求和公民的社会需求上下呼应，达到高度的契合（燕继荣，2010）。社区政策网络制度规则的产生主要涉及政府需要和社区需要两个重要因素，两者紧密相连，缺一不可，并相互一致。由于社区的网络制度规则是社区中的各行动主体博弈的结果，只有两方或多方的利益一致或资源相互依赖，才能产生符合各自利益需求并具有约束力的制度规则。只有政府的需求，没有社区的需求，社区网络制度规则可以产生，但因为缺乏合法性而难以有持续性。只有社区的需求，没有政府的需求，社区网络制度规则难以产生，即使产生了，因为缺少政府政策的有力支持而不能持续。诺斯曾经指出，制度是一个社会的博弈规则，或者更规范地说，它们是一些人为设计的、形塑人们互动关系的约束（道格拉斯·诺斯，2008）。制度的基本功能是形成组织内部秩序，节约交易成本，降低社会运行费用。对制度的需求意味着，制度能够使社区主体间的行动成本，即资源交换成本最小化，利益实现最大化，而且有利于主体间的合作。只要符合和满足这样的要求，就存在着对制度的需求，存在这样的需求就会形成制度依赖及制度延续，制度的可持续性意味着对该制度形成路径依赖。由此可见，对制度的需求是制度存在和持续的关键。这就要求社区治理的各行动主体对形成政策网络的规则产生需求，形成网络规则依赖。

其次，社区资源主体的培育及发展是社区政策网络存续的基础。缺乏或没有社区主体资源，就不能形成资源主体，那么资源交换活动就难以进行，更谈不上创建社区主体的行为规则了。因而，发现和培育社区资源就成为构建制度规则的主要任务。凡是有利于形成社区政策网络的各种因素及条件都可称为社区资源，诸如社区的发展共识、信任与互惠、社区建设资金、政策支持、社区组织等等。就社区政策网络而言，当前积极培育和发展社区组织，尤其是非官方性、独立性和自愿性的包括社区非政府组织、社区志愿性社团、协会、社会组织、利益团体等社区民间组织或者说第三部门是发展社区资源的重要途径。社区民间组织是公民或居民为了自己的利益而组织起来的，它们最清楚社区居民的真正需求并与社区公共服务有着紧密的联系。社区民间组织对于提高社区公共服务供给的质量和绩效、满足多样化的社会需求及推进政府职能转变等都有着积极的不可代替的作用。因此，社区社会组织是社区组织体系不可缺少的重要组成部分。其作为政府和市场之外的第三只手成为社区管理和社区服务的重要载体，以其独有的作用和优势参与社区治理，提供社区公共产品，承接大量由政府转移出来的职能。社区民间组织是提供社区资源的重要主体之一，也是社区主要的资源主体，是社区治理不可缺少的工具，它在社会中的作用日益显现，是解决社区治理的科层制困境的重要途径。

最后，社区的自组织过程及结构是社区政策网络的内生机制。协同理论创始人哈肯认为"如果一个体系在获得空间的、时间的或功能的结构过程中，没有外界的特定干涉，我们便说该体系是自组织的。这里'特定'一词是指，那种结构或功能并非外界强加给体系的，而且外界是以非特定的方式作用于体系的"（陈振明，2003）。自组织就是指一个系统在不需要外界特定指令或外界的控制约束的情况下，自发或自主地从无序走向有序，形成结构性系统的过程。社区是一个开放的、自主的自组织系统，在与外界不断进行信息、资源及能力交换的基础上，通过自主选择，逐步形成社区有机结构和功能，推动社区系统由无序状态走向有序状态，从低层次的有序状态发展到高层次的有序状态。社区政策网络是社区自组织的结构系统，这源于社区的多元主体的存在及不同资源的相互依赖。作为一个多元的行动者的复合体，在社区治理中，参与主体的多元化，政府、企业、社区部门和居民都可成为社区治理的主体。政府不再是社区治理的唯一主体，但政府对于社区治理的政治需求及对其他主体资源的需求，使其仍然成为政策网络形成过程中的主要推动者，在很大程度上，它的主导性作用仍然不可或缺。社区公民和社区组织的参与也非常重要，但参与的程度取决于个体对于社区和他人的需求程度，只要自己的资源和能力不足或缺乏，即需要他人的资源、支持与帮助时，就可能形成个人对社区和他人的高度依赖，主体间的资源依赖就会使不同的主体为满足共同或不同的需求走向自组织状态，即走向合作或形成利益联盟，形成不同主体间的政策网络。如果所有的社区主体都处于资源相互依赖的情形，那么就会产生社区自组织的需求，形成社区共识或达成利益联盟，形成社区政策网络。反之，社区主体不存在资源相互需求，行动者之间就难以形成相互依赖，社区难以走向自组织状态，由此也就难以产生社区政策网络。因此，利益的复杂性、主体的多元性及资源的依赖性产生社区自组织网络结构，社区的自组织结构形成政策网络。

五　结语

社区政策网络治理作为一种社区新治理的分析及治理手段，是社区正式的与非正式关系结构的综合构建与运用。其通过社区网络主体的利益诉求、资源能力的分析及对社区政策制定和治理的影响，强调社区行动者间的资源关系与政策制定和治理结果之间的因果联系及对社区治理的重要作用。社区政策网络治理既是社区主体利益关系的体现方式和实现形式，也是解决社区问题的新的分析框架及工具。它与社区科层治理相比，适应了在复杂多变、多元差异的经济、社会发展环境中社区多元化的主体通过多元的努力解决公共问题，满足利益的需要及达成整体目标的预期，以实现社区公共事务的有效管理。当前有必要增强对社区政策网络的认识，探析其内部结构及功能，充分发挥其在社区社会治理中的积极作用。当然，社区政策网络的治理意味着社区治理主体、治理结构、治理机制、治理工具等方面将发生一系列转变，这对社区政策网络的进一步研究提出了任务和要求。

参考文献

陈振明，2003，《公共管理学——一种不同于传统行政学的研究途径》，中国人民大学出版社。

道格拉斯·诺斯，2008，《制度、制度变迁与经济绩效》，杭行译，格致出版社。

李瑞昌，2004，《关系、结构与利益表达——政策制定和治理过程中的网络范式》，《复旦学报》（社会科学版）第 6 期。

燕继荣，2010，《社区治理与社会资本投资——中国社区治理创新的理论解释》，《天津社会科学》第 3 期。

Katzenstein, Peter. 1977. *Between Power and Plenty.* Madison：University of Wisconsin Press.

Rhodes R. A. W. 1997. *Understanding Governance：Policy Networks, Governance, Reflexivity, and Accountability.* Philadephia：Open University Press.

Walter Kicken, Erik Klijn, Hans & Koppenjan Joop. 1997. *Managing Complex Network：Strategies for the Public Sector.* London：Sage Publications.

Yu Keping. 2000. *Govemance and Good Govemance.* Social Science Academic Press（China）.

社会组织、社会工作
与社区服务

台湾非营利组织福利化现象之探讨[*]

——福利多元主义观点

吴明儒[**]

摘　要：本文主要探讨台湾非营利组织近十余年来蓬勃发展的现象，其一方面受到西方福利国家在 1970 年代之后福利多元主义思潮的影响，另一方面则是为新公共管理主义下契约委托风潮所影响，而此种非营利组织福利化的现象，乃是"中央政府组织"分权到地方政府，地方政府再向在地非营利组织购买福利服务的过程。本研究发现，非营利组织福利化的发展仍方兴未艾，它一方面可解决政府专业人力不足的问题，另一方面也符合在地组织满足在地需求的特性。本文分析了过去非营利组织（特别是宗教组织）对台湾社会福利专业化与在地化的重要功能。然而，台湾在 1998 年通过《政府采购法》之后，非营利组织运作愈来愈朝向市场化，产生了对于政府长期委办福利服务业务的依赖。非营利组织不仅失去了公民组织的监督特性，而且形成了与政府组织长期合作的福利业务合伙关系。这一现象是否有利于未来福利发展有待进一步的观察，从而为其他地区提供参考。

关键词：福利多元主义　非营利组织福利化　福利市场化　福利伙伴关系

---

[*] 本文初稿曾在 2013 年 7 月 14—15 日 The Social Policy Committee of Chinese Sociological Association's Annual Conference（2013）& The Ninth International Symposium on Social Policy 研讨会中宣读，感谢杨团、王春光、房莉杰等教授之邀请，及相关匿名专家审查之意见。

[**] 吴明儒，台湾中正大学社会福利学系副教授（Associate Professor, Department of Social Welfare, National Chung Cheng University）。

一　福利政策环境下的非营利组织发展

过去研究社会福利议题，多数倾向以福利人群的需求面取向为社会福利研究的重点，此系受战后凯恩斯供给面经济学的影响，认为提升公共需求可以刺激经济发展。但是，自从 1970 年代新右派"奋契尔－里根主义"盛行，福利国家的唯一福利提供者角色产生改变，"福利多元主义"（welfare pluralism）事实上标志着"供给面"社会福利取向的开始。宗教团体及非营利组织逐步建立起与政府共同提供福利的伙伴关系。

除了福利多元主义观点，使得第三部门、非营利组织或非营利自愿部门逐渐受到重视，另外两个重要的潮流更是促进了民间社会积极投入社会福利领域，其一来自"公民社会"（civic society）理论所提供的基础。1830 年代 Tocqueville 访美，看到了美国劳工组织、商会、政党甚至福利国家的出现，各类自愿服务组织发展，中产阶级逐渐成为社会活跃分子，形成了美国民主社会的特色，但是 Tocqueville 同时也担忧由于国家角色的扩张，政府将会取代原本自愿组织所扮演的角色，由此可能产生冷漠的福利科层甚至迈向集权之路（Wuthnow, 1991）。其二是"新公共管理"（New Public Management, NPM）或"新管理主义"（new managerialism）的兴起。社会福利民营化（privatization）似乎与福利国家在 1970 年代所产生的财政危机产生某种逻辑上的契合，民营化有利于舒缓政府的财政压力，同时通过引入市场机制及法则，试图提升政府提供福利的效能。所谓"购买式服务契约"（purchase of service contracting, POSC）开始成为政府提供福利服务的重要手段（林万亿、吴秉慧，2011），同时产生福利购买者与供给者的角色分离，福利国家的角色也从"科层控制"（control by hierarchies）转变成为"契约控制"（control by contract）（黄源协，2008），政府向民间购买服务，并将其直接提供给符合资格的案主。因此 1970 年代后期，福利国家纷纷去寻找一个国家、市场与非营利组织三方均衡发展的可行模式。

先进国家的社会福利发展在 1970 年代末期经历了"福利国家的财政危机"，而使得新右派（New Right）大幅削弱福利国家角色的主张受到重视，"福利多元主义"（welfare pluralism）更成为民营化的重要参考架构。对于福利提供朝向民营化的方向之意图，即是希望福利私有化能够达到去中央化（decentralization）的效果，让地方政府承担更多福利服务的责任。过去中央可能强调服务的连贯性及标准化的服务指标，使得由中央制定统一的委托方案标准化（standardization）、竞标化（competitive tendering）及集中化（centralization）的做法，无法因地制宜符合地方的特性及需求，例如把都市的标准应用到乡村地区，产生窒碍难行的情况（Wendt，2010：46－47）。因此，强调小区联结创新思维的"在地层次的行动"（action at the local level）及"整合与协调取向"（an integrated and coordinated approach）的做法愈来愈受到重视。

此外，从个人福利服务的角度来看，英国的经验更具参考价值，1980年代之后的社会工作在一个准市场的福利服务概念下，"培力"（empowerment）与"消费主义"（consumerist）两者之间逐渐产生分殊。"培力"成为超越以市场为基础的健康或社会服务消费的手段，借由案主的培力可以摆脱福利市场长时间的等候。但是，1988年立法通过的规定，使得地方政府的福利服务必须借由强制性的竞标的方式（compulsory competitive tendering），此一立法使得地方政府的角色从过去福利服务的"使能者"（enabling role）转变成为福利服务的"主要购买者"（major purchaser）。原先超过80%由自愿及私人部门所提供的小区照顾，逐渐产生改变出现了内部市场（internal market）以适应服务使用者需要更大的选择空间及自由度，这些因素间接地促成了1990年小区照顾法（Community Care Act）的通过，对成本效益的重视超过了对专业服务的诉求（Lesnik，1997：77－78）。

在"福利混合"概念的讨论中，Evers（1993）认为"第三部门"是介于国家、市场经济与小区之间的一个中间地带（intermediate area），此概念的特性有以下几个重点：第一，将"第三（自愿）部门"（非营利部门）的概念视为"市民社会"（civil society）"公共场域"（public space）的一个面向，而所谓的"市民社会""公共场域"是指在现代市场民主中所发展出来的一个社会场域，而建构这个场域的是非强制性的结社、社会或政治利益的代表，团结互助及自助的组织。但是一个基本的立场在于，要接受政府、市场及非正式部门作为这个场域的三个基柱（cornerstone）。第二，在不同组织以及场域所产生紧张关系的情况下，市场民主必须学习如何与其他不同的力量平衡，以面对变迁与维持秩序。许多第三部门或自愿组织广泛地与市民、宗教、意识形态与政治潮流联结，甚至成为联结社会结构底层社会运动重要的中介角色。第三，福利混合中的混合（mixes in the welfare - mix），许多组织在市场、国家与小区的紧张场域中形成多层面（polyvalent）或混合（hybrid）的组织。相对于国家或市场组织，虽然有许多任务角色规则是相互重叠的，但是这些组织却有更为特定的原则或层次。第四，在概念层次上讨论何者为"适当"的混合，在朝"共同合作的福利混合"（synergetic welfare mixes）目标努力，在总体的部门与部门之间互动，彼此之间更清楚互动的策略与责任的分工。

在《超越市场与国家》一书中，Pestoff（1998）探讨了福利社会的社会企业（social enterprise）与市民民主（civil democracy），他将社会福利生产的主体分成政府——公共部门、市场——追求盈利及分配盈利、小区——家庭及小区等非正式部门及中介（intermediate）或第三部门（third sector）——志愿组织的正式部门。此分类与 Johnson（1987）所谓的福利多元主义（welfare pluralism）中的四个部门（sector）——国家（statutory）、自愿组织（voluntary）、商业组织（commercial）及非正式组织（informal）具有类似之处。

福利国家的发展伴随着功能角色的改变，政府部门透过"方案委托"与"契约外包"理念的实施发挥部门间的互动调整作用。过去传统上主要由政府提供福利服务的方式，在福利多元主义的理念下，增加了社会大众（透过非营利组织）参与的机会，因此未来社会福利的发展非常强调合作及自我治理（self government）的原则。从"福利国家的危机"到"福利社会的浮现"，政府的角色不再是单一的，甚至也不必然是福利服务主要而且唯一的提供者，然而政府在财源及规范上仍然承担一定比例的责任（吴明儒，2004）。

此外，当国家透过行政力量实行方案委托及契约外包的福利策略时，绿色观点（green perspectives）对于福利国家的批判值得重视。此观点主要认为福利扩张是经济变动、成长难以永续以及福利服务科层化的后果。绿色观点倾向"左"派观点，反对福利国家，倡议恢复传统价值。同时，绿色观点认为福利国家是传统社会民主的政治策略（political programme），其背后所隐藏的仍然是进步资本主义的逻辑。基本上，我们可以从两个面向来分析（Pierson，1991：92-93）：其一，探究福利国家与工业主义逻辑之间的关系，其二将福利国家作为一个社会控制的手段。就前者而言，福利国家投入工业秩序（industrial order）维持的一个基本前提是"经济成长"。"经济成长"成为凯恩斯福利国家下社会民主策略的核心价值，因为惟有经济成长才能够支撑福利国家财政，而反过来福利国家可以修正经济发展导致的资源分配的扭曲。绿色观点主张福利国家是当代社会科技理性主导下最重要的一个部分，但是工业主义却无法摆脱其宰制与剥削的本质，终而造成对于人性本质（humankind-in-nature）上的抑制与剥削。Gorz（1985）认为，福利国家政策的两个主要的功能与制度是秩序的产出（the production of order）与正确需求形态的产出（the production of the right type of demand），而这两者均是资本主义发展之所需（转引自 Pierson，1991：93）。此外，绿色观点亦关切福利国家对于个人的社会控制或微视权力（micro-power）的运作。"福利国家"的发展历史似乎同时就是一个"失能化专业"（disabling professions）的发展史，从民主国家的公民化约为福利国家的案主，福利制度必须建立在"助人"或"照顾"专业的运作下，对个体私人生活进行最大程度的控制。相对于"使能"（enabling）的观念，福利国家专业人士、如医师、社工员、教师等，似乎在使愈来愈多的案主"失能"，合法地剥夺案主自己做决定的能力，同时使其养成依赖政府以及付费的专业工作者的习惯。正如 Lasch（1978）所言：福利服务扩张使得公民化约为专家（照顾）消费者（转引自 Pierson，1991：95）。原本自我及自助、互助的本能在福利国家标准服务的介入之后逐渐萎缩。

二 福利私有化的构面及演变过程

Johnson（1987，1989）认为私有化的基本意涵是减少政府的角色，并将其部分功能移转到私部门。在此，私部门机构包括：商业部门、正式或非正式自愿组织、家庭、朋友及邻里等非正式网络。而 Johnson（1989）更进一步认为在社会福利方面，私有化就是"福利多元主义"（welfare pluralism）的概念。换言之，福利私有化（privatization）是将政府供给的角色移转到其他部门。因此，以商业部门为主的福利市场化（marketing）发展在政府福利责任转变的过程中并非唯一的重心，但是目前在台湾福利政策的发展似乎将私有化与市场化画上等号。而另一些学者（如 Starr，1989；Salamon，1993）也许过分强调市场导向私有化福利政策，因此认为这是一个福利国家进行支解的政策。① 福利国家是否真会被新保守主义所"支解"，这是十分值得深入探讨的议题，不过，本文却着重在福利私有化的偏离以福利多元而朝向市场为导向，这也可能是造成"管理主义"兴起的重要因素。政府福利责任移转，因此，Johnson 认为政府私有化的策略可以透过"供给"（provision）、"补贴"（subsidies）及"规范"（regulation）三种途径来实现。

第一，供给的私有化策略：最明显的例子是国营事业民营化以及公部门以契约方式委托商业及非营利组织供给。在西方国家大部分是以签订正式"契约"（contract）为主，少数则以"购买服务"（purchase of services）为主。但亦有两者并行者称为"购买服务契约"（Purchase of Services Contract，POSC），统称所有政府的购买服务契约行为（林万亿，1999）。美国是使用 POSC 最频繁的国家，正如 Kramer 所言，是"一种最主要的服务输送筹措财源的方式"，英国的国民健康服务（NHS）早就将某些例行性的手术（routine operation）委托私人医院实施，而西欧国家则将与政府签约者称为"独立提供者"（independent provider）。其次，提供公部门以外的选择，一旦选择私部门则可排除在法定强制之外的策略，称之为"排除适用"（opt out）。最后是政府提供的限量原则或提高受益者门槛，使得需求者必须向政府以外的供给者寻求协助。

---

① 窗契尔与里根的新保守主义，其主要的福利改革政策在于使社会福利的供给者与使用者分开，同时将供给者透过市场的机制加以运作，这正是"新管理主义"的特点之一。此部分另可参阅林万亿（1999），第 255~256 页。

第二，透过补贴的策略达到私有化的目的，主要途径是"成本围堵"（cost containment），通过产生降低个人成本的有利因素，达到转由市场提供的目的。最常运用的方式是增加政府对于私部门的补贴，提高政府给付购买服务的价格，诱使市场供给的意愿增加。同时减少由公部门提供的相关福利经费，给消费者与供给者提供成对的补贴，两者同时并进，以达到诱发私有化有利环境的目的。政府透过税收减免（tax relief）的方式来鼓励民众转向市场购买，也是私有化的重要政策。

第三，政府私有化的规范方式，大致可分成三种形态：其一为规范供给的水平或标准，或者延伸至对于服务质量或专业人员素质（quality）的要求；其二是规范提供数量（quantity），例如透过合法资格认定来管制服务案主的量；其三是规范提供的成本，或者规范提供的种类，以达到防止私有化产生价格或成本浮溢的效果。

表1　政府社会福利私有化的策略

	私有化面向		
	供　给	补　贴	规　范
政　策	生产政策	财税政策	法制政策
主要典型	经营移转或委托经营	保证服务收益	解除政府管制（法令松绑）
目　的	竞争/选择	品质/诱因	多元
内　含	契约委托 购买服务 购买服务契约	公部门供给减少 为消费者与供给者提供成对的补贴	简化政府规定 建立标准作业程序
形　式	排除法定适用（opt out）	税收减免（tax relief）	委托资格 定价

虽然借由 Johnson 及 Glennester（1985）的概念，我们可以清楚地描述出公部门与私部门在财源筹措及供给两方面的不同形态及组合方式，但却缺乏一个动态化的描述来说明"私有化"的演变历程。

因此，根据上述 Glennester 的概念，我们尝试建构一个"私有化"动态途径（dynamic approach）的概念图（见图1），在图1中我们可以建立各

表2 福利供给与财源筹措的分类

		供给（provision）			
		公部门		私部门	
财源筹措方式	公部门	完全由政府筹措，财源由公共提供（1）	筹措财源部分由公部门，部分由私部门，完全由公部门提供（3）	筹措财源部分由公部门，部分由私部门，完全由私部门提供（4）	完全由政府筹措，财源由私部门提供（5）
	私部门	完全由私人筹措，财源由公共提供（2）			完全由私人筹措，财源由私部门提供（6）

资料来源：Glennester，1985，p.5。

种不同的途径以达到"私有化"的目的。我们可以发现"私有化"由（1）→（6），即"完全由政府筹措财源及供给"转化为"完全由私部门筹措财源及供给"的过程，虽然是"私有化"的最快捷方式，但在服务的财源及质量上却可能引起疑虑，故而它可能是最不容易获得民众支持的一条途径。若此，则为降低疑虑，必须先由公部门内的转移开始，由（1）→（2），或"完全由政府筹措财源及供给"转化为"由私部门筹措财源及政府供给"，以及由（1）→（3），即"完全由政府筹措财源及供给"转化为"由公/私部门筹措财源及政府供给"。供给由公部门转变为私部门，最大的挑战在于服务质量能否确保，因此私有化的途径可以有以下两种可能。

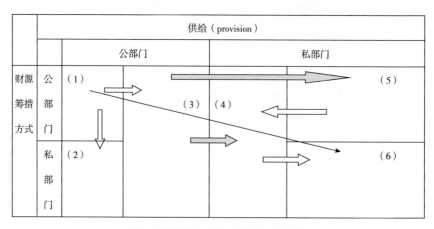

图1 福利私有化演变路径之概念图

说明：——→激进途径；⇒渐进途径；⇨多元途径。

第一，由（3）→（4），或"由公/私部门筹措财源及政府供给"转化为"由公/私部门筹措财源及私部门供给"，必须透过政府设计各种有关私部门质量保证的管制措施。

第二，对政府而言，私有化能够规范私部门供给，同时可以制约福利官僚体系的过度膨胀。因此，由（3）→（5），或"由公/私部门筹措财源及政府供给"转化为"由公部门筹措财源及私部门供给"，成为另一种抑制福利官僚的私有化策略。

就前者言，由（3）→（4），一旦"由公/私部门筹措财源及政府供给"转化为"由公/私部门筹措财源及私部门供给"之后，政府制定了各种有关私部门质量保证的管制规定，则下一步私有化的路径，可能是在适当的时机将财源完全由私部门负担，政府只提供补贴，其途径应为（3）→（4）→（6）。

就后者言，由（3）→（5），一旦政府对于私部门所提供的服务质量建立评鉴制度之后，则会逐渐将部分财源筹措的负担转移至私部门，进而最终完全由私部门负担财源，其私有化的途径亦即为（5）→（4）→（6）。而政府以补贴的方式，提供给组织健全及服务质量较佳的私部门，借以提高福利服务的质量。

Lane（1997）认为有关公部门改革，芝加哥经济学派（Chicago School of Economics）所提出来的三阶段论或 DPM 架构影响十分深远，其内容包括政府去管制（Deregulation）、私有化（Privatization）及市场化（Marketization）。

三 台湾非营利组织发展的历史回顾

观察台湾非营利组织的发展，通常从官方的角度来看，"非营利组织"被广义地界定为"民间"组织的一种形式，甚至在传统的发展脉络中，可能与宗教团体或组织有关。台湾是一个移民社会，因此早在清初时期，血缘性及宗族性的社会济助并不充分，而官方的养济院、普济堂、留养局、栖留所、恤嫠局等均为需求而生，并非普遍设置。反倒是求助于绅商善士的乐善好施及西方传教士，才是当时台湾因贫穷所衍生的诸种社会问题最直接的解决之道。根据陈美羿（2011）所述，在缺乏桥梁的时代，"义渡"在台湾四百年历史中，曾是社会公益事业重要的一环。因此，台湾最早的非营利组织是在清道光十三年（1833）寮脚（现在的台中县东势）的"东势义渡（慈善）会"，而今此会已经成为"财团法人台中县东势义渡福利基金会"，义渡会在此已屹立了170余年。

在台湾的历史文献中，许多社会福利组织或机构，都是由地方士绅及宗教人士所设立，以下罗列数则（经典杂志，2011）。

一、嘉庆元年（1796）嘉义育婴堂成立，是台湾第一个弃婴收容机构，由当地绅商集资在城隍庙左堂内创设。

二、同治五年（1866）西班牙天主教道明会神父郭德刚于台南成立"圣幼儿之家"，是台湾第一所教会孤儿救济机构。

三、同治十一年（1872）加拿大传教士马偕于沪尾（今淡水）住处设立免费诊疗所，将西式医疗引进北台湾，1879年又在台北成立北台湾第一所西医院。

四、同治十二年（1873）凤山绅商郭维枢、林万选设立"凤山县济善堂"，救济行旅病患及贫民，为台湾三所普济堂（台南县、澎湖厅、凤山县）中唯一由民间所设立的福利机构。

五、光绪十七年（1891）英国传教士甘为霖在府城"洪公祠"设立全台第一所盲人学校"训瞽堂"。

六、明治二十九年（1896）英国传教士兰戴维成立彰化医馆（今彰化基督教医院前身），提供给贫民免费医疗及低费诊疗。

七、大正十二年（1923）施干于艋舺创立"爱爱寮"，展开对乞丐的收容与教育。

八、1950年中国儿童福利基金会（China's Children Fund, CCF）香港分会于台湾台中成立"光音育幼院"收容贫童。

九、1964年台湾世界展望会（World Vision）成立，深入至偏远山区、海滨、离岛等贫苦角落。同年，中国儿童福利基金会台湾分会成立，首位会长为高甘霖牧师，对贫童的扶助方式从机构收容转型为家庭扶助，台湾首批社工员产生。

　　十、1966 年台湾本土慈善机构"佛教克难慈济功德会"成立。

　　十一、1987 年以照护赡养植物人的"创世社会福利基金会"成立。

　　十二、1992 年中华社会福利联合劝募协会成立。

　　十三、2008 年中国国务院核准"慈济慈善事业基金会"在中国成立法人基金会。

　　从前述的历史轨迹中不难发现，台湾传教士与地方士绅在济弱扶贫上扮演了非常重要的角色，特别是外国传教士对于医疗、教育等方面的知识以及非营利观念的引入。台湾第一个以财团法人名义登记的组织为"基督教芥菜种会"，于 1962 年由孙理莲申请成立。1927 年孙雅各布偕新婚妻子孙理莲自美来台，定居于淡水，日据时期承接台北神学校（今台湾神年学院）及淡水中学校长职务，后来进入"乐生疗养院"并设立"圣望教会"，"乐生疗养院"成立于 1930 年，是当时台湾地区唯一收容麻风病人的公立机构。由此，我们大略可以推测 1960 年代之后，台湾以士绅及传教士为主的慈善济贫逐步进入以"组织立案"为主的阶段。

四　民营化政策与非营利组织蓬勃发展

　　台湾社会福利的蓬勃发展亦是带动非营利组织发展的重要因素。一方面是政府对于直接提供服务的角色并不热衷，例如台湾第一批民间社工员是 1964 年受聘于基督教儿童福利基金会的人员，这也是前述非营利组织立案的开始。但是，社会工作的训练却约略始于 1950 年台湾省行政专校（现为台北大学）设置的社会行政科，当时是以训练社会行政人员为主，真正招录社会工作专业人员是从 1977 年订定台湾省各县市设置社会工作员计划，试办一年开始。而今台湾共有 23 所大学 61 个社会工作相关科系，每年约 2400 名毕业生（中华救总，2011），毕业后进入公私部门担任社会工作员。

　　协助政府参与福利服务的起源，可追溯至 1983 年"内政部"所颁布的"加强结合民间力量推展社会福利实施计划"，此一计划之实施被视为台湾推动社会福利"民营化"之重要起点（林万亿等，1997）。虽然，在该项计划中明确指出地方政府为能顺利推动社会福利工作，得以"补助""奖励"及"委托"合法之社会福利机构共同办理。不过在1987年台湾解除戒严之前，民间社会活力受到抑制（林淑馨，2008），"民间"仍然是一个尚未完全开放，且政府也尚未全然放心的一股力量。待解严之后，1989年"内政部"订颁"内政部加强社会福利奖助作业要点"，使政府针对民间组织的社会福利奖助作业流程更加法制化。直至1995年"行政院"成立"公共工程委员会"、1998年"政府采购法"立法通过之后，所谓"委托办理"才逐步法制化成为各项施政民营化全面开展的重要开始。民营化重点从"奖励"到"补助"经历了约10年（1983～1994），从"补助"再到"委托"（1995～）发展迄今大约经历了15年。特别是1997年"内政部"订定"推动社会福利民营化实施要点"及1998年"政府采购法"的颁布，更是表明台湾进入社会福利民营化的时代（见表3）。有学者（刘淑琼，2011）认为1998年至2002年这五年是确立台湾社会服务输送模式的关键年份。

表3 台湾社会福利民营化的重要法制历程

年　份	相关规定及立法
1983	"内政部"颁布"加强结合民间力量推展社会福利实施计划"
1989	"内政部"订颁"内政部加强社会福利奖助作业要点"（1999年更名为"内政部加强推动社会福利服务补助作业要点"）
1994	"内政部"研拟"政府委托民间办理残障福利服务实施要点"
1995	"行政院"成立"公共工程委员会"
1996	"内政部"订定"政府鼓励民间办理社会福利实施要点"（制定"委托契约书范本"供地方政府参考）"内政部"审议通过"推动社会福利小区化实施要点"
1997	"内政部"订定"推动社会福利民营化实施要点"
1998	"立法院"通过并颁布"政府采购法"
1999	"内政部"制定"社会救助机构奖励办法"及"结合民间资源办理身心障碍福利服务办法"

续表

年　份	相关规定及立法
2000	"立法院"通过并颁布"促进民间参与公共建设法"
2001	行政程序法实施,"推动社会福利民营化实施要点"于来年停止适用
2002	"行政院"核定"照顾福利服务及产业发展方案"
2004	社会福利政策纲领修订,并将"民间能够提供之服务,政府应鼓励民间协力合作"理念入法

2000 年"促进民间参与公共建设法"公布实施,其内容说明政府与民间部门之间乃秉持积极创新之精神,从兴利的角度建立政府、民间之伙伴关系,当然在此所指涉之"民间"多半以营利组织为主,然而在社会福利领域的"民间"多半以非营利组织为主,究其立法特色包括以下方面。

(1)通案立法方式:一体适用各种产业、部门及建设计划,并保持条文的弹性,扩大政府承办人员行政授权的范围。

(2)民间最大的参与:采"促进"之意,不仅民间可参与之公共建设范围广泛、参与方式多样化,而且开放民间自行规划申请参与公共建设,提供民间发掘商机、发挥创意之投资机会。

(3)政府最大的审慎:为求周延,政府规划之民间参与公共建设计划,皆应办理可行性评估及先期规划,以民间参与的角度,审慎评估民间投资之可行性,并就公共建设特性,结合商业诱因,研拟先期计划书。

"促进民间参与公共建设法"(以下简称促参法)于 2000 年 2 月 9 日公布实施,秉持积极创新之精神,从兴利的角度建立政府、民间之伙伴关系,其立法特色包括以下内容。

(1)由民间机构投资兴建并营运;营运期届满后,移转该建设之所有权予政府。(Build - Operate - Transfer,简称 BOT)

(2)由民间机构投资新建完成后,政府无偿取得所有权,并委托该民间机构营运;营运期届满后,营运权归还政府。(Build - Transfer - Operate,简称无偿 BTO)

(3)由民间机构投资新建完成后,政府一次或分期给付建设经费以取得所有权,并委托该民间机构营运;营运期届满后,营运权归还政府。

（Build – Transfer – Operate，简称有偿 BTO）

（4）由政府委托民间机构，或由民间机构向政府租赁现有设施，予以扩建、整建后并营运；营运期届满后，营运权归还政府。（Rehabilitate – Operate – Transfer，简称 ROT）

（5）由政府投资新建完成后，委托民间机构营运；营运期届满后，营运权归还政府。（Operate – Transfer，简称 OT）

（6）为配合国家政策，由民间机构投资新建，拥有所有权，并自为营运或委托第三人营运。（Build – Own – Operate，简称 BOO）

（7）其他经主管机关核定之方式。

委托民间机构协助政府推动各项公共事务的风气日益兴盛，另外一个重要的影响因素是"管理主义"观念逐渐深入决策者的心中，公共治理的典范从"精简员额"移转为"公私伙伴"（刘淑琼，2011）。因此，从 1998 年开始，为规范当时已委托民间办理或未来拟委托民间办理事项，政府研拟了业务委托民间办理作业手册（吴明儒，2003）。其重要的内涵有以下几项。

（1）更明确界定政府（委托人）与民间资源（受托人）的契约关系及法律定位。

（2）订立"公办民营"的执行步骤，包括筛选适合委托经营项目、进行成本效益评估、制定实施办法及作业要点、选择委托对象、缔结委托经营对象、监督管理及检讨报告。"管理主义"在上述的成本效益评估及监督管理中均产生了重要的意义。

（3）公开招标成为公办民营重要的合法程序，并有一定的法定流程，除非流标，可洽特定对象协议，否则必须依据政府采购法之程序办理。"管理主义"与"科层主义"两者同时对社会福利民营化产生影响。

1997 年"内政部"社会司所函颁的"推动社会福利民营化实施要点"，成为各级政府推动委托民间推展社会福利服务的法源依据。其要点以机构委托的"公设民营"为主要的适用对象，方案委托责准用此要点办理，且将受委托单位设定为"依法登记之财团法人或公益社团法人，办理非营利性之社会福利服务者"。但是，此要点在 2001 年实施行政程序法之后，并未取得法律的授权，且其所附契约书范本部分条文，与行政程序法第146~148条的精神不符，因此"内政部"于2002年正式废止该要点，其后相关业务的主要法令参据转为适用政府采购法，促进民间参与公共建设法，或由地方政府自行订定自治条例（刘淑琼，2011）。2003年"内政部"社会司透过补助作业要点的修法，开始将专业社会工作人员引入民间部门的委托方案之中（邱汝娜，2005）。政府开始以补助专业服务人力的方式提升民间部门服务质量，民间团体由此获得组织成长的契机，因而台湾的福利服务的扩展逐步朝向民间团体委托的方向发展。

五　台湾非营利组织发展现况分析

政府购买服务的经费与非营利组织的发展具有密切的关系。因此，在探讨台湾非营利组织之前，先观察政府社会福利支出中有关福利服务预算编列的情况，似乎有利于后续的讨论。首先，从2010年政府社会福利预算的内涵来看，"中央政府"在社会福利支出中福利服务所占的比率为5.87%，约1038亿元（新台币），仅次于社会保险支出的11.73%；其次，在"内政部"的社会福利支出中福利服务支出占3.27%，总额约113亿元（参见表4）。此一额度似乎有逐渐减少的趋势，在2006年时，总额达317亿元，福利服务支出占12.12%。

表4　2006年与2010年台湾社会福利预算编列概况比较

单位：亿元新台币，%

支出别	金　额		占总额预算比例		占"中央"社福支出比例	
年　份	2006	2010	2006	2010	2006	2010
1. "中央政府"总预算	15298	17698	—	—	—	—
2. "中央政府"社会福利支出	2911	3462	19.03	19.57	—	—
（1）社会保险支出	1459	2076	9.54	11.73	—	—
（2）社会救助支出	71	112	0.47	0.64	—	—
（3）福利服务支出	1183	1038	7.74	5.87	—	—
（4）国民就业支出	18	28	0.12	0.16	—	—

续表

支出别	金 额		占总额预算比例		占"中央"社福支出比例	
年 份	2006	2010	2006	2010	2006	2010
（5）医疗保健支出	178	206	1.17	1.17	—	—
3. "内政部"社会福利支出	652	739	4.26	4.18	22.41	21.36
（1）社会保险支出	277	616	—	—	10.23	17.82
（2）社会救助支出	1	9	—	—	0.06	0.27
（3）福利服务支出	317	113	—	—	12.12	3.27

资料来源："内政部"。

一般政府的公有社会福利机构之委托营运的案例相较于方案委托少，主要是经费庞大，民间组织普遍缺乏兴趣，同时民间组织必须符合某种条件，如必须具备财团法人组织的资格。由政府投资新建完成后，委托民间机构营运，营运期届满后，营运权归还政府的 OT 案也是地方政府经常使用的营运模式。例如地方政府设立的妇幼馆、儿少馆、长青学苑、身心障碍综合园区（嘉义市的再耕园），委托民间单位来经营管理能够有效抑制社福人力的扩张，同时又能扶植地方型社会福利团体及联结各类公私部门的福利资源，提升馆室使用率、开展相关活动，发挥福利外溢效果。

如图 2 所示，在台湾 2006～2010 年社福预算、社团法人及财团法人的变化趋势中，从最上面呈现较大斜率的曲线可以知道，台湾的社团法人从2006 年的 28027 个增长到 2010 年的 35426 个，增长率达 26%。其次，财

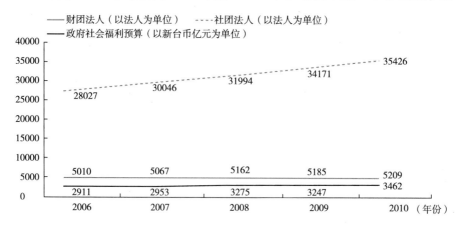

图 2 2006～2010 年台湾社福预算、社团法人及财团法人变化趋势图

团法人方面，因为属于基金会的形式，从 2006 年的 5010 个增长到 2010 年的 5209 个，增长率仅为 4%，台湾的基金会包括一般性财团法人基金会、宗教法人及特殊性的财团法人（如依照私立学校法设立的私立学校、依照医疗法设立的医疗机构、政府捐资成立的财团法人，例如海峡交流基金会）（陆宛苹、官有垣，2008）。最后，在政府社会福利支出方面，从 2006 年的 2911 亿元增加到 2010 年的 3462 亿元，增长率达 19%。由此，除了可以发现台湾近五年来人民团体社团法人的快速成长之外，同时值得探究的是财团法人的成长率较缓，是否会造成社会福利委托方案逐渐地集中在少数的财团法人手中。

由于地方型的社会福利团体或组织专业能力不足，缺乏提案争取委托计划的经验，因此以补助的方式居多，通常不具有专业性及延续性。例如官有垣、杜承嵘（2008）针对台湾南部民间社会组织的研究发现，年度预算规模在 100 万以下的民间组织将近 66.1%，其中基金会占 11.3%，社会团体占 88.7%。可见一般的社会团体在财力上无法执行政府的委托方案，因为政府委托方案通常在执行与拨款之间有一个时间差，社福团体必须要具备足够的周转金始得应付；因此，财团法人基金会通常成为承接各地方政府委托方案的主要组织，而财团法人基金会的组成又与当地医疗中心（院所）、安疗养机构或长照机构有关，这种交错复杂的组织关系形成台湾社会福利民营化非常特殊的现象。若以 1989 年"内政部"订颁"内政部加强社会福利奖助作业要点"年为分野，官有垣、杜承嵘（2008）的研究显示，在此之前的 30 年内，南部地区所成立的基金会大约有 12 个（1960~1989 年），在此之后的 12 年内快速增加了 50 个（1990~2002 年），其中 60% 左右属于社会福利或慈善基金会。

基于对台湾福利私有化（民营化）政策的观察，林万亿（1999）认为，政府 1980~1990 年所委托开展的寄养家庭及保姆训练，多数由各地家扶中心或世展会承办（p.267），其并非是具有新管理主义的消费者选择权，而是为了分担或减轻政府的责任。吴明儒（2003）亦指出，政府福利私有化的政策历史，从订定奖励办法到结合民间资源，以至 1983 年第一个委托方案计划出台，似乎均在规范委托外包的合法要件，目的在于排除委托对象及过程可能产生的争议，以便让政府的业务顺利委托，而非鼓励形成一个具有竞争性的准福利市场。因此，新管理主义似乎为非营利组织参与政府福利供给提供了正当性，但同时也潜藏了非营利组织竞争不足与专业欠缺的问题。

由于政府精简人事组织的政策及委托外包策略的持续推动，福利组织在逐步扩张，各组织在各县市纷纷成立分支机构或分事务所，同时也承接地方政府的委办方案以推展地区性的福利服务工作。依据林万亿、吴秉慧（2011）的分析，可列举出十大民间社会福利组织（括号中为在各县市设有分支机构的数目）：家庭扶助基金会（21）、励馨基金会（15）、儿福联盟（9）、世界展望会（20）、伊甸福利基金会（15）、创世基金会（16）、阳光基金会（6）、育成（3）、心路基金会（5）及弘道志工协会（4）。这些民间社福组织经常是社福议题的倡导者甚至是立法的促成者，因此也自然成为地方政府竞相邀请前往设立据点承接委托方案的首选对象。例如，励馨基金会于1995年成功地推动"儿童及少年性交易防制条例"的通过，而同年即获得台北市政府委托办理"不幸少女（儿少性交易防制个案）后续追踪辅导"；1999年台中市政府以公设民营的方式设立"向阳儿少关怀中心"，亦委由励馨基金会经营（林淑馨，2008）。

此外，大量的委托办理事项也会造成地方政府对于民间社福团体的依赖，甚至为求呈现年度成果，往往无法比价竞标，这反而助长了地方型社福团体对于地方政府的要求（林万亿、吴秉慧，2011）。

六　台湾非营利组织发展的价值转变

非营利组织随着社会变迁及需求改变，其所扮演的角色亦随之改变。刘淑琼（2000）整理出六种非营利组织的角色：其一，敏锐观察社会新需求的"先驱者"；其二，透过舆论或游说等具体行动促成社会改革的"改革倡导者"；其三，以弱势关怀为主轴，透过参与、倡导改造社会的"价值维护者"；其四，弥补政府角色不足提供需求者满足的"服务提供者"；

其五，透过出版、媒体、举办活动导正观念激发公民社会的"社会教育者"；其六，代行政府服务人民工作的"代行政府职权者"。随着非营利组织的蓬勃发展，以及前述民营化、委托方案增加的趋势，许多宗教型的福利"先驱者"，逐渐转变为接受政府委托的"代行政府职权者"，这亦即是"第三者政府理论"所强调的准政府角色（刘淑琼，2000：521）。

自从新右派削减福利国家预算开始，福利服务供给的私有化、市场化的趋势似乎成为福利的扩散效应，而新管理主义也就是在这样的环境下发展起来的。而福利私有化只是公共服务当中的一环，最初是运用在国营事业民营化的政策上，然而，随着福利国家财政危机的浮现，社会福利私有化政策逐渐受到重视，而非营利组织也开始强调所谓的经济（Economy）、效率（Efficiency）与效能（Effectiveness）。传统慈善模式转而被非营利的准市场（quasi-market）模式所取代（黄源协，2008：67）。

非营利组织的角色不管是"准政府"还是"准市场"，均必须回溯新管理主义的发展历程，即畲契尔及里根所形成的新保守主义思潮。其目的在于在缩减福利国家的规模，并积极透过市场化的机能来解决福利供给的问题。英国工党上台之后，并没有完全舍弃新保守主义的主张，而是在福利提供究系由国家还是市场的选择上，实行所谓的"务实主义"（吴明儒，2003）。同时，力求建立一个"现代管理"的福利国家，企图在新右与新"左"之间，开拓出一个新中间路线。但是值得注意的是，英国与美国在公共支出的比率上，在1980年代之后并没有减少，而这种现象与中国台湾在1983年之后，社会福利支出并没有因逐步民营化而降低（林万亿，1999：267）是相同的情况。因此，台湾私有化或民营化的发展，并未造成政府福利预算缩减，反倒是福利支出透过契约委托助长了非营利组织的发展。

在福利私有化的过程中，非营利组织讲求管理效率，管理主义的概念大行其道，但是新公共管理主义强调运用竞标式的契约及绩效评估等策略，将逐渐改变政府与服务提供者、服务提供者之间，以及服务提供者与服务对象之间的关系本质，最后却未必有利于福利消费者（刘淑琼，

2008）。非营利组织在过去的发展历史中被赋予价值捍卫者、社会改革的倡导辩护者、社会教育者及服务提供者的多重角色。但是随着契约委托政策的实施，非营利组织的倡议能力逐渐弱化的效应出现，亦即所谓的"曼瑟法则"（Manser's Law）——一个非营利组织在社会行动或倡议辩护中的自由度与有效性，与它得之于委托方案的数量成反比（Knapp, Robertson & Thomason，1990：211，转引自刘淑琼，2000）。

其次，凌驾于专业主义之上时，社会福利的专业角色必然面对角色上的冲突，案主取向还是机构管理取向的争议自然应运而生。但是对案主权益的影响为何，则成为次要的问题（吴明儒，2003）。台湾非营利组织的专业制度逐渐受到重视，新管理主义对于专业体制仍在萌芽的社会工作专业而言，须更为谨慎。

最后，非营利组织参与福利提供的角色及深度与政府的认知有关，诚如 Flynn（1996）所言"决定什么需要较多管理"这一件事情本身就是一种政治过程。换言之，决定什么需要私人化或市场化这样的过程自然也是一种政治过程。强调民间力量已经成为台湾社会福利重要的政策理念。但是，民间力量似乎仍多半限于财团法人或社团法人，以此符合政府对于福利民间力量的界定，这充分显露出政府对市场提供福利服务的怀疑与矛盾心态。即便是订定委托的法定程序，政府仍然未将营利机构纳入考虑。但同时政府又以成本效益的考虑来规范非营利组织，甚至超越福利及案主需求等考虑因素。

因此，由于对于市场较不信任，台湾的福利"私有化"概念较为狭隘，认为非营利组织才具备提供政府委托服务的资格，以致台湾福利政策的发展似乎将私有化与非营利组织画上等号。以商业部门为主的福利市场化（marketing）发展在政府福利责任转变的过程中，往往不被考虑，以致社团法人成长快速。在福利多元偏向非营利组织的发展下，新管理主义成为非营利组织管理效能提升的挑战。根据刘淑琼等（2008）的研究，有63%的受访者认为"由民间团体提供服务比政府自己做更省钱"。然而，若进一步分析公部门与民间部门的差异可以发现，只有38%的公部门受访者倾向同意，而民间部门表示同意的比例高达69.4%。因此，台湾民众对于政府效能的疑虑，以及政府采取"精简组织员额"的政府再造运动，为民间团体接受政府委托供给福利提供了正当性。

台湾随着社会结构的转变，特别是在人口结构快速老化，家庭功能逐渐丧失的情况下，非营利组织补充政府不足的角色愈来愈重要，但是非营利组织过度地依赖政府资源，反而使得非营利组织逐渐失去成立的初衷。刘淑琼等人（2008）的研究显示，有43%的民间团体受访者认为"民间团体开始考虑减少承接政府的委外案"。另外，该研究也发现有42%的公部门受访者同意委托与被委托双方有令人满意的合作关系；而民间团体同意上述描述的只有35.8%。相对来说，对于政府业务委托民间办理，有将近60%的受访者表示政府业务委托民间办理要达公私协力的目标仍有努力空间。过度强调非营利组织的结果，可能产生福利分工失衡的问题，亦即非营利组织无法胜任福利提供者的角色。

七 综合讨论

台湾非营利组织的发展与早期以传教士及士绅为主的民间组织有密切的关系，也是台湾民间社会福利的重要起源，时至今日台湾各地的基督教医院及天主教医院不但成为偏远地区的医疗机构，甚至成立财团法人基金会，承接地方政府各项福利服务委托案，并与之建立了重要的伙伴关系。而值得重视的本土宗教型的非营利组织，例如慈济、佛光山、法鼓山等亦成立了基金会，扮演了重要的福利提供者角色。不过本土宗教型的非营利组织运用社会工作专业方法推动福利服务的程度不似基督教或天主教来得普遍，这也是值得探讨的议题。

受政府推动民营化策略的影响，台湾非营利组织得以快速蓬勃的发展，这与台湾民间部门的活力有关，政府与民间部门由此产生了彼此依存的关系，甚至许多社团法人的设立是为了能够取得政府的委托标案。因此，民间部门内部的非营利组织产生相互竞争的现象，较具规模及历史悠久的非营利组织通常较容易获得政府的委托方案，而且经常与之形成长期性委托的关系。故而，长期发展的结果使得少数团体出现垄断的现象，有时也缺乏创新与效率。至于是否出现财团化的现象，似乎仍待进一步观察，综合以上的讨论，台湾非营利组织的发展对于社会工作有许多正向的影响，但是以下几点却是需要注意的地方。

（1）新管理主义为非营利组织提供了非常重要的改革动力，同时也影响了未来福利服务输送体系发展的速度与形态。

（2）政治意识形态远超过福利意识形态，"新中间路线"只停留在政治性的概念主张上，与具体的"新管理主义"的福利政策之间仍然有段距离。换言之，由非营利组织提供福利服务，并非完全基于效率，还有政治因素。

（3）在非营利组织的发展中，福利领域在专业化与管理化之间产生了某种程度的冲突，专业人员必须在管理者的指导下，力求案量的增加、成本的降低。然而，这却违反了社会工作专业案主权益最高的指导原则。

（4）由于竞标式的契约及委托方案普遍以一年为期限，因此产生了繁琐而复杂的投标、开标、审查及议价的行政流程，长期下来成为"投标文化"，以致政府与民间组织之间所建立的伙伴关系是基于契约关系，而非真正的信赖关系。

（5）民间部门的非营利组织长期接受政府委托提供服务，反过来会影响政府部门在方案委外时所提供的规格内容，以使其符合非营利组织的最佳利益，而非站在政府或案主的最佳利益角度。

（6）非营利组织在福利服务输送的过程中，有时候产生权责不相符的情况。民间组织承受来自多方面的政府行政业务的委托，但往往因组织运作不是很健全，使得政府私有化或民营化的成果未如预期。但在缺乏竞争的环境下，非营利组织的绩效虽不令人满意，但在没有理想或适当的选择下，仍然会受到政府的青睐。

（7）非营利组织在福利服务及社会工作实务专业制度尚未成熟之前，管理主义的过度扩张与强调，一切以量化指标为成效评估的依据，并不利于案主权利的维护与保障。

参考文献

Donati, Pierpaolo. 1987. "Traditional Political Theories and New Social Options: Replies to the Crisis of the Welfare State. " In Evers, Adalbert, Nowtony, H. and Helmet Winters-berger（eds）. *The Changing Face of Welfare*, USA：Gower.

Evers, Adalbert. 1993 （eds）. Balancing Pluralism：New Welfare Mixes in Care for the Elder-ly. England：Avebury.

Flynn, Norman. 1996. *Public Sector Management*. New York：Prentice Hall.

Gorz, Andre. 1994. *Capitalism, Socialism, Ecology*. New York：Verso.

Glennester, Howard. 1985. *Paying for Welfare*. UK：Basil Blackwell.

Lane, Jan – Erik. 1997. *Public Sector Reform：Rationale, Trends and Problem*. London：SAGE Pablications.

Salamon, Lester M. 1992. *America's Nonprofit Sector：A Primer*. New York：Foundation Cen-ter.

Stcur, P. 1989. " The Meaning of Privatization. " In Kamerman, S. B. and A. J. Kahn （eds.） *Priratization and the Welfare Stata*. Princeton University Press.

Johnson, Norman. 1987. *The Welfare State in Transition：the Theory and Practice of Welfare Plural-ism*. G. B.：The University of Massachusetts University Press.

Lesnik, Bogdan. 1997. *Change in Social Work*. England：Arena.

Pestoff, Victor A. 1998. *Beyond the Market and State：Social enterprise and civil democracy in a welfare society*. England：Ashgate.

Pierson, Christopher. 1991. *Beyond the Welfare State? The New Political Economy of Welfare*. The Pennsylvania State University Press.

Wendt, Sarah. 2010. "Building and Sustaining Local Co – ordination：An Australian Rural Com-munity Responds to Domestic and Family Violenc." *British Journal of Social Work* 40：44 – 62.

Wuthnow, Robert. 1991 （eds）. *Between State and Markets：the voluntary sector in Comparative Perspective*. Princenton University Press.

吴明儒，2003，《台湾福利发展的困境——新管理主义角度的观察》，"性别、儿童与社会福利——成长停滞年代下的思考"学术研讨会。

吴明儒，2004，《福利国家发展与小区发展政策的关系——兼论台湾的小区发展策略》，"快乐儿童、活力老人、健康小区——建构台湾社会福利新愿景"学术研讨会。

邱汝娜，2005，《政策规划、公私伙伴及危机管理——社会司司长任内纪事略要》，《小区发展季刊》第 109 期。

林淑馨，2008，《社福型非营利组织与政府在服务输送互动上的困境分析》，《小区发展季刊》第 122 期。

林万亿，1999，《社会福利民营化——停看听》，载台湾大学社会系辑《台湾社会福利的发展——回顾与展望》，五南。

林万亿、吴秉慧，2011，《后五都时代台湾的社会福利服务发展》，《小区发展季刊》第 134 期。

官有垣、杜承嵘，2008，《台湾民间社会组织的自主、创导与对社会的影响：社团法人与财团法人之比较》，《小区发展季刊》第 122 期。

陆宛苹、官有垣，2008，《台湾农业事务财团法人的组织评估》，载官有垣、陆宛苹、陈锦堂主编《非营利组织的评估：理论与实务》，洪叶。

黄源协，2008，《社会工作管理》，双叶。

刘淑琼，2000，《浮士德的交易？论政府福利机构契约委托对志愿组织之冲击》，载萧新煌、林国明编《台湾的社会福利运动》，巨流。

刘淑琼、彭淑华，2008，《社会福利引进民间资源及竞争机制之研究》，行政院研考会委托研究。

刘淑琼，2008，《绩效、质量与消费者权益保障：以社会服务契约委托的责信课题为例》，载官有垣、陆宛苹、陈锦堂主编《非营利组织的评估：理论与实务》，洪叶。

刘淑琼，2011，《理想与现实：论台湾社会服务契约委托的变迁与课题》，《小区发展季刊》第 133 期。

陈美弈，2011，《移垦社会的民间救济力量，义渡百平善德流芳》，经典杂志。

社会组织的社会资本和政治参与的实证研究

胡孝斌[*]

摘　要：当前，国内外学者掀起了有关社会组织政治参与的研究热潮，并且从政治、经济、文化、社会组织自身发展等层面分析了影响社会组织政治参与的因素。与以往的研究不同，本文从社会资本的角度，通过问卷调查，重新探讨了这一问题。研究发现：（1）社会组织政治参与程度整体偏低，但已呈现多元化、例行化、制度化的特点，并且多以温和、合作的方式参与政治；（2）尽管社会组织通过多种方式参与政治，但总体上可分为直接制度性参与、间接联合性参与和直接对抗性参与三种类型；（3）作为促进和引导社会组织政治参与的对策，当前应该规范直接制度性参与，加强间接联合性参与，控制直接对抗性参与。

关键词：社会组织　社会资本　政治参与

一　序言

2002 年党的十六大在论述坚持和完善社会主义民主制度时，提出扩大公民有序的政治参与是实现和发展社会主义民主政治的一条有效途径。2007 年党的十七大进一步指出：坚持国家一切权力属于人民，从各个层次、各个领域扩大公民有序的政治参与，最广泛地动员和组织人民依法管理国家事务和社会事务、管理经济和文化事业。在中央一系列政策的导向下，有关公民的政治参与，逐渐成为国内学者的研究热点。已有研究主要

---

* 胡孝斌，工作单位：台州市烟草专卖局。

涉及工人、农民、农民工、大学生等社会群体的政治参与，有关这些社会群体的政治参与方式、动机、影响因素等问题已基本明确。但是，作为政治民主化建设的承担者，不仅是"人"，无疑也包括作为人的集合体的社会组织。因此，社会组织作为社会的公民之一，有权利也有责任参与政治，从而为发展我国的社会主义民主政治做出应有贡献。

改革开放以来，我国的社会组织获得迅速发展。至2010年底，各类社会组织已达43.9万个，其中基金会2168家，社会团体24.3万个，民办非企业单位19.5万个（民政部，2011）。如此庞大的组织群体，如果能够积极主动地进行政治参与，将会对我国的民主政治建设发挥不可忽视的作用。

二　社会组织政治参与的概述

（一）相关概念的界定

1. 社会组织

社会组织是人们为实现特定目标、基于一定的利益需要而建立的有明确规范协调的进行共同活动的群体（张敏杰，2012）。我国所说的社会组织包括企业、政府、学校、医院、社会团体等。在国内学术界，有学者从理论层面阐述了社会组织对于政治民主化建设的重要性：（1）社会组织分布广泛，民间性强，可以代表社会各个阶层的利益诉求，有助于增进政府决策的科学性和民主性；（2）社会组织以规范化、合理化的途径参与政治，可以有效避免群体冲突性事件的产生，有利于缓和阶级矛盾，促进社会稳定；（3）社会组织为公民表达利益提供了合理有效的渠道，有利于提升公民的政治参与热情，提升整个社会的政治文明进程（孙录宝，2011）。

2. 社会组织的社会资本

关于社会组织的社会资本，专门的研究还比较少。Leana 等（1999）认为社会资本是一种共有的而非某个体或团体所控制的资源，组织层面的社会资本是企业内反映社会关系特点的资源，它通过成员的共同目标和共享信任实现，通过有效的集体行动创造价值，是有益于组织（为组织创造价值）和员工（提高技能）的一种资产（Leana，1999）。我国的李超玲和钟洪（2007）提出了"非政府组织社会资本"这个概念，强调非政府组织不是孤立的行动个体，而是与其他领域的各个方面发生种种联系的社会网络上的节点。非政府组织社会资本是指有益于获得资源和支持、非政府组织内外个人及组织之间建立的社会信任网络。它是与其他行动者的联系中获取竞争优势的关键性资源。它的作用包括：减少非政府组织内部交易费用，降低管理成本；降低不确定性和风险，减少机会主义行为；提高非政府组织的组织效率和促进知识共享，加快组织创新（李超玲、钟洪，2007）。这里的非政府组织与本文所说的社会组织意思大致相同。仝志辉所描述的组织社会资本更加具体，是指能够促进合作行为，提高社会效率的信任、规范以及网络（仝志辉，2011）。

3. 社会组织的政治参与

亨廷顿、纳尔逊认为，组织是通往政治权力之路，也是政治稳定的基础，同时也是政治自由的前提（亨廷顿、纳尔逊，1989）。因此，在现代社会里，有序的政治参与离不开社会组织的发展。非政府组织既可以表达其成员的意愿，维护他们的利益，又可以增强民众的公民意识，使其自主和理性地参与政治，还可以通过关注弱势群体、监督权力的运行，减少公民无序政治参与行为，因而对于扩大公民有序政治参与具有重要的意义（刘美萍，2011）。美国当代政治学家塔尔（1987）认为，几乎所有的社团都有其政治性的一面，即社团政治。塔尔所指的社团实际上和通常所说的组织基本上等同，他说，"在日常生活中，我们会谈到一个俱乐部、一个商行等的'治理'。事实上，我们甚至可以把这种治理描述为独裁的、民主的、代议的或集权的；而且我们时常所说'政治'或'政治活动'在这些社团中进行。"

我国学者潘修华（2003）在系统地梳理了国外学者关于社会组织政治参与的一般理论后，提出了公民社会组织政治参与的理想图式——领域中的网络化运动。人们几乎都在组织里活动，所以领域里的力量往往指组织力量。当需要进行决策的事务提出来后，领域就开始了整体性的网络化运动（潘修华，2003）。范旭和刘伟（2006）则将社会组织的公共政策参与定义为社会组织通过各种途径，集合民众利益和要求，参与公共政策的制定、执行、实施以及评估的各个环节，协助政府改进公共政策，以保证政策符合人民的最大利益。具体分为利益聚合与表达、参与政策执行、参与政策评估和参与政策监督四个方面（范旭、刘伟，2006）。

（二）社会组织政治参与的相关研究

1. 政治参与的类型

尼和伏巴（1996）认为，政治参与指的是平民或多或少以影响政府人员的选择或他们采取的行动为直接目的而进行的合法活动（尼、伏巴，1996）。与此不同的是，迈伦·维纳则强调了这一行为的志愿性。亨廷顿、纳尔逊（1989）在研究政治发展的过程及其影响政治发展的相关因素时，就把公民参与视为影响政治发展的重要变量，并把公民参与的程度和规模作为衡量一个社会政治现代化程度的重要尺度。胡荣（2008）在梳理了学者们对共产党政治参与的研究后发现，维巴、尼和金在他们的比较政治研究中最初对共产党社会的政治参与进行过研究，他们把南斯拉夫的政治参与分为四种形式：公共活动、自我管理、个别接触及投票。其他的研究也表明，共产党社会的政治参与不只有一种形式。例如，维恩·迪弗兰塞克和泽维·吉特曼发现在苏联有三种形式的政治参与：正式－仪式性参与、公民主动性接触以及政策实施接触。唐纳·巴赫利和布莱恩·思尔沃的研究表明，政治改革前苏联的政治参与可以按如下顺序排列：非传统的政治活动主义、顺从活动主义、社会活动主义以及接触（胡荣，2008）。

国内学者对于社会组织政治参与的具体类型定义不多。孙录宝（2011）指出了当前我国社会组织政治参与的几种主要方式，分别是：从事社会公共服务活动、代表公众利益诉求、沟通政府与民间社会关系、影响社会舆论、提出决策建议或直接参与决策等（孙录宝，2011）。

2. 政治参与的现状

虽然社会组织在政治参与过程中可以发挥巨大的作用，但是我国的具体情况并不容乐观。几乎所有学者的研究都发现，当前我国社会组织的政治参与行为较少，还没有充分发挥在实际政治生活中的应有作用。比如，高红、朴贞子（2012）发现，现阶段我国社会组织的政治参与存在以下问题：第一，政治参与率较低。一般政治参与积极性高的组织都是思想库和倡导型机构，但是这样的组织在当前，无论是在数量上还是在其发挥的作用上。第二，政治参与内容的非政治化。当前社会组织在政治参与的内容方面，一般仅限于该组织狭窄的专业领域内，主要就某些技术性、专业性的问题提出自己的政策建议，而很少在专业领域以外行使对政府的监督制约作用。第三，政治参与管理的非规范化。我国的社会组织具有明显的官方或半官方性质，这些组织参与政治的主要途径是例行的会议或报告，平时则更多的表现为懒散或无所事事。孙录宝（2011）也总接了我国社会组织目前面临的一系列问题：首先，社会组织和政府对政治参与的内涵理解错位；其次，社会组织政治参与的合法性不足；再次，社会组织政治参与范围狭窄，渠道不顺畅；最后，社会组织政治参与能力不足（孙录宝，2011）。周玲（2007）通过研究也发现，在现实社会政治生活中社会团体发挥着很微弱的作用，它不能够合理有效地表达阶层的利益要求，远不能满足公民政治参与的需要（周玲，2007）。同时，范旭和刘伟（2006）还进一步指出，这一问题主要是由"非政府组织缺乏参与的内在驱动，非政府组织的自治性不强，非政府组织资源有限，资金缺乏，政策参与的途径有限，政策过程的非透明性"等一系列原因造成的。

3. 影响政治参与的因素

以往的研究表明政治参与和社会文化因素有很大的关系（托克维尔，1998；阿尔蒙德、维伯，1989）。罗伯特·帕特南（2011）的相关研究进一步证实了这一点：在意大利公共精神发达的地区，社会信任长期以来一直都是伦理道德的核心，它维持了经济发展的动力，确保了政府的绩效。帕特南进一步指出，社会信任能够从互惠规范和公民参与网络这两个相互联系的方面产生。互惠包括均衡的互惠和普遍化的互惠，前者指人交换价值相等的东西，后者指的是一种持续进行的交换关系，这种互惠在特定时间里是无报酬的和不均衡的，但它使人们产生共同的期望，现在己予人，将来人予己。此外，在一个共同体中，公民参与的网络越是密集，其公民就越有可能为了共同的利益而合作。公民参与网络增加了人们在任何单独交易中进行欺骗的潜在成本，培育了强大的互惠规范，促进了交往及有关个人品行的信息的流通；公民参与网络还体现了以往合作的成功，因而可以把它作为一种具有文化内涵的模板，未来的合作可在此之上进行（帕特南，2011）。

周玲（2007）从社会组织自身发育的角度，论述了政治参与不足的原因。她指出，当前我国的社会组织大多具有两重属性，既具有利益团体的性质，又作为政府机构的附属机构或者派出机构，而具有行政机构的性质。这样的组织特征导致了社会组织中的个人缺乏较强的民主参与意识和参与激情，参加组织变成了一种形式和身份的象征。褚松燕（2006）则主要从外部因素出发，认为社团能力建设、社团外部制度框架的约束、社团受到的社会关注度都会影响其政治参与。刘美萍（2011）也认为，拓宽社会组织政治参与的范围、提高它们利益表达的能力，赋予它们参与政治的合法性等这些外部条件，是当前提高社会组织政治参与积极性和有效性的最佳途径。而更多学者从参与成本、驱动机制、参与渠道、政府政策决定机制等角度，分析了当前社会组织政治参与不足的原因。他们指出，当前我国社会组织政治参与不足的原因，主要在于以下五个方面：（1）缺乏政治参与的内在驱动力；（2）对政府依赖较强；（3）参与的资源不足；（4）参与渠道的非广泛性；（5）政策决定过程的非透明性。比如，孙录宝（2011）明确指出，社会组织政治参与的合法性与否、参与途径的宽窄、参与能力的强弱都直接影响政治参与的状况。

4. 相关研究的不足

由此可见，尽管国内学者对当前我国社会组织的政治参与进行了一定的研究，并且从不同维度考察了当前影响社会组织政治参与的因素，但是仍可发现以下问题的存在：（1）相关研究大多是宏观层面的理论探讨，研究观点缺乏一定的实证性；（2）研究成果大多集中于西方，而针对我国的本土化研究尚有缺失；（3）虽然社会资本理论早已被国内学者熟知，但迄今还没有学者运用该理论，探讨社会组织的社会资本对于政治参与的影响。

基于此，本文将社会组织的社会资本与政治参与作为研究主题，探讨社会组织的社会资本如何建立，才能促进其积极主动地参与政治，具体的分析内容包括三个：（1）社会组织政治参与的现状与特点；（2）社会组织的社会资本和政治参与的关系；（3）促进社会组织政治参与的途径。

三 研究数据、变量与方法

（一）调查的基本情况

本文的数据资料来自 2010 年对温州市社会组织的问卷调查。至 2011年底，温州市社会组织共有 4093 家，其中社会团体 1796 家，民办非企业单位 2297 家（金思斯，2012）。这些社会组织分布在各个领域，近年来为政府的民主决策贡献了巨大的力量。此次调查，我们走访了 439 家社会组织，分布于科技与研究、教育、社会服务、体育、工商业服务、农业及农村发展等十几个行业。其中，学术性组织 71 家，占样本量的 16.2%；行业性组织 149 家，占样本量的 33.9%；专业性组织 109 家，占样本量的24.8%；联合性组织 110 家，占样本量的 25.1%。

（二）变量的设置与分析

本文的因变量是社会组织的政治参与。亨廷顿和纳尔逊在《难以抉择——发展中国家的政治参与》一书中，将政治参与界定为公民试图影响政府决策的活动，而这种活动是实际的行动，不论是合法的还是非法的，自愿的还是受他人策动的（亨廷顿、纳尔逊，1989）。参照国内外学者的研究，本文设计了社会组织政治参与的十五种方式，分别是：（1）参加政府组织的座谈会；（2）提交调查报告或政策建议报告；（3）给政府官员打电话；（4）给政府部门写信（包括发电子邮件）；（5）发动会员给政府机关写信、打电话等；（6）通过私人关系接触表达意见；（7）向新闻界反映情况；（8）召开记者招待会，表明本组织观点；（9）在媒体上宣传本组织的理念主张；（10）与其他团体联合，共同行动；（11）通过司法途径解决问题；（12）领导组织内人员上访；（13）组织请愿或静坐；（14）召开群众集会，争取群众支持；（15）通过游行示威、暴力等其他方式。由此可见，这十五种方式的政治参与，既有通过正规渠道进行的制度框架内的直接参与，也有借助新闻媒体进行的间接参与，还有非制度框架内的对抗参与。每一种方式的政治参与，均设计了"非常多""比较多""一般""比较少""没有"五个选项，并依次赋予"5""4""3""2""1"的分值。分值越高，说明政治参与行为越多。

本文的自变量是社会组织的社会资本。关于它的具体测量，Ibarra 将其分为三个维度：网络多样性、网络密度以及关系强度。网络多样性指组织是否与外部环境中不同的个人或组织存在联系，网络密度指网络成员之间联系的广泛程度，关系强度指组织成员之间联系的频率、感情深浅以及互惠的程度（Ibarra，1993）。帕特南通过研究意大利南北方政府的绩效差异，发现社会组织的社会资本建立能够维持经济发展，并确保政府绩效。帕特南所说的社会组织的社会资本是指组织的社会特征，诸如信任、规范和网络等，它们能够通过促进合作来提高社会效率（帕特南，2001）。本文主要根据帕特南的社会资本理论，并结合我国的社会现实，具体通过组织网络、组织参与、组织信任三个变量测量社会组织的社会资本。三个变量的具体操作化设计如下。

组织网络　该变量分为组织内网络和组织外网络。其中，组织内网络是指社会组织拥有的会员和志愿者的数量。现实生活中，它们的数量越多，说明组织网络越庞大，组织的社会资本越丰富。而组织外网络是指社会组织与上级业务主管部门以及政府机构的关系亲密度。关系亲密度具体设计了"非常密切""比较密切""一般""不太密切""不密切"五个选项，并分别赋予"5""4""3""2""1"的分值。分值越高，说明与上级业务主管部门以及政府机构的关系越紧密。

组织参与 该变量是指社会组织成员对于组织活动的参与程度，具体通过积极参加各项组织活动的人数进行测量，选项分为"非常多""比较多""一般""比较少""非常少"五个，并依次赋予"5""4""3""2""1"的分值。分值越高，说明组织成员越积极主动地参与组织活动。根据帕特南的理论，组织成员依照组织规定，越积极主动地参与组织活动，则说明组织的凝聚力以及组织成员对于组织的归属感越强，也就说明了组织具有开展各种活动的社会资本（帕特南，2001）。

组织信任 该变量分为社会组织内成员之间的信任以及社会组织对于政府机构的信任。其中，组织机构是指党委机关、行政机关、人大、政协、法院，而信任度分为"非常信任""比较信任""一般""不太信任""不信任"五个尺度，并分别赋予"5""4""3""2""1"的分值。分值越高，则表明组织内成员间以及组织对于政府机构的信任度越高。

另外，为了明确社会组织的社会资本对于政治参与的独立影响，本文还引入了一些可能对于政治参与产生影响的变量作为控制变量，具体包括：组织类别、成立年代、组织成员是否拥有正式编制、组织内是否建立了党组织。其中，组织类别分为学术性组织、专业性组织、行业性组织与联合性组织四种类型。

本文运用 SPSS 16.0 对相关变量进行统计分析。首先通过描述性统计考察社会组织的政治参与现状，其次运用因子分析对社会组织的政治参与进行梳理，指出政治参与的特征，最后运用多元回归分析考察社会组织的社会资本对于政治参与的影响。

四　社会组织政治参与的现状与特点

（一）政治参与的现状分析

表1显示的是社会组织的政治参与现状。首先，从政治参与的总体看，十五种形式的政治参与大多处于"没有""比较少"和"一般"三个层次，而"比较多"和"非常多"的比例相对较小。这说明，当前我国社会组织的政治参与行为较少。其次，从不同形式的政治参与看，在"参加政府组织的座谈会""给政府官员打电话""通过私人关系接触表达意见""提交调查报告或政策建议报告"四种方式上，回答"比较多"或者"非常多"的比例明显高于其他方式，说明当前社会组织主要通过上述四种方式参与政治。最后，在"领导组织内人员上访""组织请愿或静坐""召开群众集会，争取群众支持"和"通过游行示威、暴力等其他方式"四种方式上，回答"没有"的比例均高达50%以上，远远高于其他政治参与方式。这说明，当前社会组织基本上不采用这四种方式参与政治，而这四种方式属于直接性、群体性和对抗性较强的政治参与方式，向来不被提倡，一般的社会组织也没必要为了一点利益而冒更大的风险。

表1　组织的政治参与现状

单位：%

政治参与＼参与程度	没有	比较少	一般	比较多	非常多	合计
参加政府组织的座谈会	19.0	25.1	37.9	15.4	2.6	100.0
提交调查报告或政策建议报告	20.5	22.8	46.8	8.4	1.5	100.0
给政府官员打电话	14.8	23.1	48.9	12.6	0.5	100.0
给政府部门写信（包括发电子邮件）	39.1	20.5	32.8	7.1	0.5	100.0
发动会员给政府机关写信、打电话等	28.2	32.3	31.2	7.4	0.8	100.0
通过私人关系接触表达意见	29.4	24.5	26.2	19.6	0.3	100.0
向新闻界反映情况	35.2	22.1	34.2	7.9	0.5	100.0
召开记者招待会，表明本组织观点	43.6	26.0	21.8	7.7	0.8	100.0

续表

参与程度 政治参与	没　有	比较少	一　般	比较多	非常多	合　计
在媒体上宣传本组织的理念主张	43.1	37.1	13.2	5.8	0.8	100.0
与其他团体联合，共同行动	39.1	19.3	32.3	8.4	0.8	100.0
通过司法途径解决问题	40.2	33.8	17.2	8.0	0.8	100.0
领导组织内人员上访	51.9	20.8	12.8	13.9	0.6	100.0
组织请愿或静坐	67.6	17.5	10.5	3.6	0.8	100.0
召开群众集会，争取群众支持	54.4	26.0	12.4	6.9	0.3	100.0
通过游行示威、暴力等其他方式	64.9	18.6	11.3	4.6	0.6	100.0

（二）政治参与的特点分析

那么，当前我国社会组织的政治参与呈现怎样的特征呢？如表2所示，本文运用主成分法对于十五种方式的政治参与进行了因子分析，经过变量最大化旋转，共抽取出三个因子。其中一个因子包括五种参与方式：（1）参加政府组织的座谈会；（2）提交调查报告或政策建议报告；（3）给政府官员打电话；（4）给政府部门写信（包括发电子邮件）；（5）发动会员给政府机关写信、打电话等。这五种参与方式具有通过制度化程序，由组织直接向政府机构表达利益诉求的特点，因此命名为"直接制度性参与"。另一个因子包括了六种参与方式：（1）通过私人关系接触表达意见；（2）向新闻界反映情况；（3）召开记者招待会，表明本组织观点；（4）在媒体上宣传本组织的理念主张；（5）与其他团体联合，共同行动；（6）通过司法途径解决问题。这六种参与方式具有借助网络媒体、其他社团、司法机关等资源，间接与政府机关对话的特点，因此命名为"间接联合性参与"。最后一个因子包括四种参与方式：（1）领导组织内人员上访；（2）组织请愿或静坐；（3）召开群众集会，争取群众支持；（4）通过游行示威、暴力等其他方式。如前所述，这四种参与方式具有直接性、群体性和对抗性的特征，属于较为激烈的政治参与方式，因此命名为"直接对抗性参与"。因此，当前社会组织参与政治的方式主要分为三大类别，即直接制度性参与、间接联合性参与和直接对抗性参与。另外，为了更为全面地考察当前社会组织的政治参与，本文还根据十五种政治参与方式的平均值，将它们合并为一个整体变量，即政治总参与。

表2　组织政治参与的因子分析

项　目	直接制度性参与	间接联合性参与	直接对抗性参与	共　量
参加政府组织的座谈会	0.805	−0.056	0.233	0.706
提交调查报告或政策建议报告	0.858	−0.060	0.144	0.760
给政府官员打电话	0.603	0.596	−0.087	0.727
给政府部门写信（包括发电子邮件）	0.744	0.147	0.257	0.641
发动会员给政府机关写信、打电话等	0.573	0.432	0.211	0.560
通过私人关系接触表达意见	0.025	0.787	0.060	0.623
向新闻界反映情况	0.124	0.808	0.246	0.728
召开记者招待会，表明本组织观点	0.086	0.827	0.292	0.776
在媒体上宣传本组织的理念主张	0.122	0.592	0.447	0.565
与其他团体联合，共同行动	−0.076	0.705	0.375	0.643
通过司法途径解决问题	0.217	0.541	0.500	0.589
领导组织内人员上访	0.351	0.124	0.615	0.517
组织请愿或静坐	0.187	0.183	0.847	0.786
召开群众集会，争取群众支持	0.084	0.471	0.737	0.773
通过游行示威、暴力等其他方式	0.239	0.238	0.790	0.738
特征值	1.315	6.586	2.232	10.133
平均方差（%）	8.768	43.906	14.878	67.552

以上基于温州市社会组织的调查，实证性地考察了当前社会组织的政治参与现状及特点。据此可指出，当前社会组织对于十五种方式的政治参与均有不同程度的参与，这说明当前社会组织的政治参与已经呈现多样化。既有通过正规途径进行的制度性参与，也有借助网络媒体进行的间接性参与，还有诸如通过请愿、静坐、示威这样的激进方式进行的对抗性参与。总体上，当前社会组织的政治参与呈现如下特点。

第一，政治参与程度整体偏低，但已趋向多元化、例行化、制度化。这说明，我国社会组织的发育还不成熟，对于政治参与的意识还有待提升。同时，多元化的政治参与方式也显示了社会组织政治参与的巨大空间，以及国内对于社会组织越来越大的理解和支持力度。另外，例行化和制度化的特点，一方面反映了我国社会组织"官方化""半官方半民间化"的典型特征，社会组织是政府的助手，成员大部分拥有机关或事业单位编制；另一方面也显示当前社会组织在政治参与自主性和灵活性上的严重不足。

第二，组织越来越频繁地依靠电话和互联网等远距离交流工具参与政治。电话和网络的兴起，使组织参与政治更加方便和快捷。同时，电话和互联网的匿名性与共享性等特征，也注定其会在未来的组织政治参与过程中发挥重要作用。

第三，比起激烈的、对抗性的政治参与方式，组织更愿意采取温和的、合作式的参与方式。请愿、静坐、游行示威或暴力反对等政治参与方式，具有一定的风险性。虽然，有时它可能会产生更加及时和明显的效果，但是大多数时候易被一些非法分子和极端势力所煽动和利用。因此，国家提倡谨慎选择这种类型的政治参与方式。此外，我国社会组织的官方化背景也大大降低了这种政治参与方式的产生。

总之，当前社会组织的政治参与方式总体上可以分为三大类别，分别是直接制度性参与、间接联合性参与和直接对抗性参与。直接制度性参与是指一般的社会组织通过例行化的会议、调查报告、日常监督等向上级或相关部门汇报工作，反映情况或提出建议等；间接联合性参与指的是社会组织联合其他社团或媒体针对政府腐败问题、政策建议、利益维护等方面做出的行动；直接对抗性参与主要是指一种群体性的、抗争性的、激烈的政治参与方式，它具有及时快速地反映群体诉求的优点，但有很大的风险性。目前，我国的社会组织主要选择的政治参与方式是直接制度性参与，相对而言，对于直接对抗性的政治参与的态度还是比较谨慎的。

五 社会组织的社会资本对政治参与的影响

那么，社会组织的社会资本与政治参与存在怎样的关系呢？多元回归分析的结果具体如下（见表3）。首先，模型1、模型2、模型3和模型4

的决定系数（Adj. R^2）分别为 0.415、0.413、0.193 和 0.315（P<0.01），说明它们所示的结果均具有很强的解释力；其次，模型 1、模型 2、模型 3 和模型 4 显示，组织类别、成立时间、有无正式编制、是否建立党组织以及社会资本与政治参与的关系，呈现以下几种倾向。

第一，组织类别对于政治总参与、间接联合性参与不具有显著影响，而对于直接制度性参与和直接对抗性参与却产生显著的影响，具体体现为：学术性组织和专业性组织的直接制度性参与和直接对抗性参与分别少于和多于联合性组织，而行业性组织与联合性组织却不存在显著差异。

第二，组织的成立时间对于直接制度性参与不产生显著影响，但是成立时间与政治总参与、间接联合性参与、直接对抗性参与却存在显著的负向关系，即组织的成立时间越长，上述三种形式的政治参与越少。

第三，是否具有正式编制对于政治总参与、间接联合性参与、直接对抗性参与不具有显著影响。但是与没有正式编制相比，拥有正式编制的组织会较多地进行直接制度性参与。

第四，组织内部是否建立了党组织对于政治总参与、直接对抗性参与不产生显著影响。但是与没有建立党组织的组织相比，建立党组织的组织会较多地进行直接制度性参与，而较少进行间接联合性参与。

那么，在排除上述变量的影响后，社会资本的各个因素与政治参与具有怎样的关系呢？

第一，组织网络对政治参与会产生不同的影响。其中，会员数量对于任何形式的政治参与均不具有显著的影响，而志愿者数量除对于直接制度性参与不具有显著影响外，对于政治总参与、间接联合性参与、直接对抗性参与均产生显著的正向影响。与主管部门的关系对于直接制度性参与、直接对抗性参与不具有显著影响，但是与主管部门的关系越密切，政治总参与和间接联合性参与越少。另外，与政府机构的关系对于直接对抗性参与不产生显著影响，但是对于政治总参与、直接制度性参与和间接联合性参与却产生显著的正向影响，即关系越密切，上述三种形式的政治参与越多。

第二，组织活动参与对政府参与的影响不一。具体而言，组织成员参与组织活动，对于政治总参与、直接制度性参与、间接联合性参与不产生显著影响，但是组织成员积极主动地参与组织活动，有助于减少直接对抗性参与。

第三，组织信任对于政治参与具有不同倾向的影响。组织内成员之间的信任对于政治总参与、直接制度性参与、间接联合性参与不产生显著影响，但是对于直接对抗性参与却产生显著的正向影响。与政府机构间的信任对于直接制度性参与、间接联合性参与不产生显著影响，而对于政治总参与、直接对抗性参与却产生显著的正向影响。

表3   组织社会资本与政治参与方式的回归分析

项　　目	模型 1 政治总参与	模型 2 直接制度性参与	模型 3 间接联合性参与	模型 4 直接对抗性参与
组织类别[a]				
学术性组织	− 0.294（0.355）	− 0.494（0.199）*	− 0.279（0.248）	0.479（0.218）*
行业性组织	0.040（0.276）	0.035（0.155）	− 0.206（0.192）	0.211（0.169）
专业性组织	− 512（0.351）	− 0.617（0.197）**	− 0.390（0.245）	0.495（0.215）*
成立时间	− 0.017（0.005）**	0.000（0.003）	− 0.009（0.003）*	− 0.008（0.003）**
有正式编制[b]	0.235（0.293）	0.441（0.164）**	− 0.125（0.204）	− 0.081（0.179）
建立党组织[c]	0.050（0.275）	0.512（154）**	− 0.348（0.191）*	− 0.114（0.168）
组织网络				
志愿者数量	0.032（0.009）***	− 0.007（0.005）	0.020（0.006）**	0.019（0.005）***
与主管部门关系	− 0.318（0.134）*	0.074（0.075）	− 0.293（0.093）**	− 0.098（0.082）
与政府机关关系	0.315（0.079）***	0.132（0.045）**	0.110（0.055）*	0.073（0.049）
组织活动参与	− 0.179（0.192）	− 0.065（0.108）	0.196（0.134）	− 0.310（0.117）**
组织信任	0.040（0.216）			
组织内成员信任		− 0.182（0.121）	− 0.121（0.151）	0.343（0.132）**
对政府机关信任	0.127（0.030）***	0.026（0.017）	− 0.004（0.021）	0.105（0.019）***
截距	33.058（9.980）**	0.523（5.603）	18.278（6.957）**	14.257（6.117）*
调整后的 R^2	0.415	0.413	0.193	0.315

注 1. 数值为非标准化回归系数 B 值，括号内数值为标准误； * $P < 0.05$， ** $P < 0.01$， *** $P < 0.001$。

2. a 的参考类别为联合性组织；b 的参考类别为无正式编制；c 的参考类别为没有建立党组织。

有关社会组织的社会资本与政治参与的研究发现，社会资本和政治参与之间呈现复杂的关系特点：第一，不同形式的社会资本对相同的社会组织的政治参与产生不同的影响。这无疑告诉我们，要趋利避害，合理地运用社会组织的社会资本，使其在制度框架内有序地进行政治参与。第二，相同类型的社会资本对不同的社会组织的政治参与产生不同的影响。这也告诫我们，要分清利弊，把握社会组织政治参与的有力资本因素，使其在资本整合下最大化地发挥政治功能。因此，本研究发现的现实意义有两个：一是指出了除政治、经济、制度、文化等之外，社会资本也是影响组织政治参与的关键因素之一；二是明确了不同形式的社会资本对于组织政治参与的影响，从而为组织更好地参与政治找到了对策。

六　促进社会组织更好地参与政治的对策建议

根据上述研究发现，就如何促进和引导社会组织有序的政治参与，本文提出如下建议，即规范直接制度性参与，加强联合性参与，控制直接对抗性参与。具体说来，需要做好以下几个方面的工作。

第一，及时规范和改革新老社会组织发展。随着社会的飞速发展，社会组织的"改朝换代"也非常频繁，早先成立的一批不可避免地陷入了组织结构陈旧、组织人员青黄不接、组织工作涣散等一系列问题中，导致组织缺乏活力，政治参与明显下降。因此要重视对这些社会组织的改革，为它们注入新鲜的血液，提高政治参与的积极性。相较而言新成立的社会组织相对较为活跃，对于政治参与兴趣更高。但是，不足的是它们对于政治参与尚缺乏足够的认识和经验，明辨是非的能力还比较弱。因此，我们要进一步规范和引导这些社会组织，使它们在政治生活中发挥更加积极的作用。

第二，合理控制组织规模，发挥组织运行效率。研究发现，一个组织人数的多少并不是决定其政治参与的关键因素，相反，过多的组织成员设置还会造成行政效率低下和公共资源浪费。因此，我们在召集组织成员时要充分考虑到组织的容纳能力以及成员的素质，以便更好地开展组织内部的规范性建设，提高组织运行效率，使组织成员各尽其职。

第三，正确处理与政府机关、主管部门间的关系。政府机关作为社会组织的引导者，可以为组织发展提供一个良好的政治参与渠道，规范和引导组织走向科学发展的道路；此外，政府机关作为社会组织的合作者，可以大大提高社会资本的利用效率，减少公共资源的浪费。但同时，我们也要注意与主管部门保持适当的距离。一方面，这样可以避免对组织的绝对领导；另一方面，可以减少因为与主管部门间过分亲密而引起组织内部的消极怠工和贪污腐败等不良现象。

第四，注意保持组织的独立性和自主性。我国的社会组织一般都是在政府的监督和引导下开展工作，这样一来，除了组织自身的发展将受到限制外，组织所代表的利益群体也将面临很大程度上的片面性。因此，我们在保证组织走上正确道路的同时，特别提倡给予它们更多的独立和自主权，使其在充分发展自我的同时，可以服务于更广泛的人群。

第五，提高组织领导和成员参与活动的积极性。一个热衷于集体活动的人，比一个对集体活动冷淡的人更加倾向于通过政治参与来表达自己的心声。组织成员参与活动积极性越高，组织所能拥有的社会资源也就越丰富，组织参与政治的途径也会更加宽阔。但是，这里需要注意的是，活动参与过程中，我们应该给予领导和普通成员平等和自由表达利益的权力，否则只会加强组织的专制统治性。

第六，合理对待组织内部及组织间的"团结性"。组织间的信任对于政治参与具有一定的影响，但是我们要防止部分人或社会组织聚集在一起，通过非法的、暴力的手段来攫取私人利益，损害他人和社会的利益。本研究也发现，组织内部成员和组织间的关系越紧密，组织越有可能选择直接对抗性的政治参与方式。对此，组织自身的规范化建设、组织成员素质的提升以及在组织内部建立党支部等都是良好的应对策略。

七 结语

近年来，随着创新社会管理理念的逐步发展，政府开始越来越多地将自己的社会管理职能转交给社会组织。而社会组织由于其分布广泛、民间性强、利益集中等优势，充当了政府与社会之间的桥梁，并在促进民主政治建设方面发挥着巨大的作用。虽然，目前我国的社会组织还存在着起步晚、发展慢，专业化程度低，管理不规范等缺点，但是随着相关法律法规的逐步建立和完善，以及社会管理理念的日益深入人心，社会组织未来必定能够在政治领域扮演不可忽视的角色。

参考文献

Ibarra, H. 1993. "Network Centrality, Power, and Innovation Involvement: determinants of Technical and Administrative Roles." *Academy of Management Journal*, (03): 471 – 501.

Leana. 1999. "Organizational Social Capital and Employment Practices." *The Academy of Management Review*, 24 (3): 538 – 555.

阿历克西·德·托克维尔，1998，《论美国的民主》，董良译，商务印书馆。

亨廷顿、纳尔逊，1989，《难以抉择——发展中国家的政治参与》，汪晓寿等译，华夏出版社。

加布里埃尔·阿尔蒙德、西德尼·维伯，1989，《公民文化——五个国家的政治态度和民主制》，徐湘林等译，华夏出版社。

罗伯特·A.塔尔，1987，《现代政治分析》，上海译文出版社。

罗伯特·D.帕特南，2011，《使民主运转起来》，王列、赖海蓉译，江西人民出版社。

诺曼·尼、西德尼·伏巴，1996，《政治参与》，格林斯坦、波尔斯比主编《政治学手册精选》（下卷），储复耘译，商务印书馆。

帕特南，2001，《使民主运转起来》，王列、赖海蓉译，江西人民出版社。

金思斯，2012，《揭秘：温州社会组织的"前世今生"》，《温州晚报》2012年3月17日。

民政部，2011，《2010年社会服务发展统计公报》。

范旭、刘伟，2006，《论我国非政府组织的公共政策参与》，《科技与创业》第9期。

高红、朴贞子，2012，《我国社会组织政策参与及其制度分析》，《中国行政管理》第1期。

胡荣，2008，《社会资本与城市居民的政治参与》，《社会学研究》第5期。

李超玲、钟洪，2007，《非政府组织社会资本：概念、特征及其相关问题研究》，《江汉论坛》第4期。

刘美萍，2011，《非政府组织：扩大公民有序政治参与的重要途径》，《四川行政学院学报》第 4 期。

潘修华，2003，《论中国公民社会组织政治参与的建设问题》，《北京航空航天大学学报》（社会科学版）第 3 期。

孙录宝，2011，《社会组织政治参与探究》，《湖南民族职业学院学报》第 3 期。

塞缪尔·P. 亨廷顿，1989，《变化社会中的政治秩序》，王冠华、刘为译，三联书店。

仝志辉，2011，《社会资本与社会组织运转》，浙江在线新闻网站。

周玲，2007，《论我国社会团体的政治参与》，《湖南民族职业学院学报》第 1 期。

张敏杰，2012，《中国社会组织的发育及参与社会管理的实践》，《智库报告》第 2 期。

褚松燕，2006，《我国社会组织的政治参与分析》，《学习论坛》第 3 期。

资源依赖视角下政府对农村社会组织的政策支持研究

李熠煜　佘珍艳*

摘　要：在强政府弱社会的格局下，农村社会组织的健康发展无法游离于法制外，政府的绝对权威是其合法性的唯一来源。本文从资源依赖的角度分析农村社会组织与政府间的关系，认为二者存在不可分割的资源依赖，但这种依赖是不对称的，农村社会组织的运营离不开政府的政策支持。

关键词：资源依赖　农村社会组织　政府　政策支持

20 世纪 80 年代初，随着村民自治制度在农村兴起，国家对农村的控制能力逐渐弱化，再加上市场经济的兴起，村民意识到只有组织起来才能更好地应对政治、经济体制的变化，获得更大利益，这些因素都促成了农村社会组织的大量出现以及迅猛发展。随着社会经济的急剧变革，农村社会组织承担着部分政府职能，在提供公共物品、维护社会秩序、满足人民日益增长的物质文化需要等方面发挥着重要作用。同时，资金来源不足，管理制度不健全，经营模式欠科学等问题也制约了农村社会组织的进一步发展。较之经济和公民社会比较发达的西方国家，我国的农村社会组织需要政府的大力扶持、引导，以保证其在法制化轨道上运行。一方面，农村社会组织从政府获取资金、合法性等资源，另一方面政府可通过农村社会

---

*　李熠煜，女，湖南资兴人，湘潭大学公共管理学院教授，硕士生导师，主要研究方向：基层治理及农村社会组织。佘珍艳，女，湖南常德人，海南省三亚学院管理系教师，主要研究方向：农村社会组织。

组织提供公共服务。由此可看出，二者的互动本质上是资源依赖。为此，本文将通过分析资源依赖理论来探讨政府与农村社会组织的相互关系，并在此视角下重点研究政府对农村社会组织的政策支持。

一　资源依赖视角下政府与农村社会组织的相关性分析

资源依赖理论萌芽于 20 世纪 40 年代，是组织理论的重要分支，70 年代以来广泛应用于组织关系的研究。

1949 年，塞尔兹尼克对田纳西流域当局的经典研究为资源依赖理论提供了坚实的基础。1958 年，汤普森和麦克埃文确立了组织之间合作关系的三种类型，即联盟（包括像合资企业这样的联盟），商议（包括合同的谈判）和共同抉择（遵循塞尔兹尼克，定义为吸收潜在的干扰性因素进入一个组织的决策机构中）。1967 年，汤普森提出了一个综合性的组织的权力—依赖模式。汤普森指出，一个组织对另一个组织的依赖与这个组织对它所依赖的那个组织能够提供的资源或服务的需要成正比例，而与可替代的其他组织提供相同的资源或服务的能力成反比例。沿着这样的路线，扎尔德引入了一种"政治经济"视角，虽然它的主要目的是解释组织变迁的方向和过程，但是这一方法着重于组织内外的政治结构。与汤普森的模式一致，焦点组织的自主性被削弱，因为对资源的控制（和与之伴随的制裁）掌握在另一个组织的手中，为了解决这一问题，组织从属于正式或非正式的联盟，包括横向联盟和纵向联盟（马迎贤，2005）。1978 年，费佛尔和萨兰奇科合著的《组织的外部控制：一个资源依赖的视角》对资源依赖理论进行了综合阐述，其中包含四个重要假设：（1）组织最为关注的事情是生存；（2）没有任何组织能够完全自给自足，组织需要通过获取环境中的资源来维持生存；（3）组织必须与其所依赖环境中的要素发生互动；（4）组织的生存建立在控制与其他组织关系的能力的基础之上（李凤琴，2011）。从假设中可得出组织生存发展所需资源无法自给自足，必须从外部环境中获取，而在与外部环境交易或交换资源时往往受其制约，因此也就产生了组织的外部控制，形成对外部的资源依赖。组织对外部环境要素的依赖程度，主要取决于三个因素：（1）资源对组织维持运营和生存的重要性；（2）持有资源的群体控制资源分配和使用的重要性；（3）替代资源的可得程度（温颖娜，2010）。组织间的依赖关系通常不是单向性的，而是相互依赖彼此支持谋求更好发展。如果参与方彼此之间的依赖程度不同，并且这种依赖关系的不对称性无法经过其他的交换过程得到弥补，那么满足依赖程度较低一方的要求，则成为保证依赖程度较高一方的生存和发展所必需的前提条件。

根据资源依赖理论，农村社会组织对政府的依赖程度主要取决于三个方面：（1）政府所拥有的资源对农村社会组织的运营与生存是否必需；（2）政府对农村社会组织提供的资源是否有着充分的控制能力；（3）农村社会组织很难从政府以外的地方获得所需资源。作为与外部环境密切相关的开放性系统，农村社会组织与任何组织一样必然要从外界接受物质、信息和能量的投入，并不断适应外界环境的需要才能更好更快地发展，以服务于社会。萨德尔认为，政府与非政府组织之间的关系并不完全是单方面的顺从与服从的关系，而是彼此相互依赖的关系，这是由于它们都掌握着某些重要的资源（Saidel，1991）。转型期的中国，政府放权于社会不可能一蹴而就，政府仍处于国家治理的中心，垄断了一切权利和权力的合法性资源。在此情况下，农村社会组织的存在与发展首先受制于制度政策的供给，只有在取得合法性地位的基础上方能大显身手。此外，在农村社会组织资源稀缺，尤其是资金匮乏的情况下，政府的适当扶持是促进其健康发展的有效途径。而反过来，农村社会组织也会助益于政府对乡村秩序的管理。扎根于乡村的农村社会组织了解民众需求，能适时适地提供公共服务，并灵活高效满足民众个性化与多样化需求，甚至在政府和市场无法触及或无力顾及的领域承担公共服务提供者角色。可以说，在转变政府职能、构建社会管理体制、倡导多元化管理主体的过程中，农村社会组织会日益成为政府的得力助手。

二　政府政策支持农村社会组织的必要性

从理论上讲，公共政策是公共权威部门为完成一定时期内特定的任务与目标所制定实施的行为规范，其中最基本、最核心的主体是党和政府。"政府通过行政力量干预和调节市场机制的缺陷、塑造与维护正常的社会经济发展秩序是公共政策的逻辑起点，因此权威性是公共政策发挥作用的前提。"（刘玉、冯健，2005）一旦制定和执行，公共政策的权威性迫使有关领域的人或组织自觉遵守与维护，按照政策规定指引和约束自己的行为。

公共政策作为联结政府与社会群体的桥梁，最本质的特征是对社会公共利益进行分配，政策的制定与实行实际上是各种利益团体互相博弈的结果，背后都会涉及"把利益分配给谁"即"政策使谁受益"这样一个问题。政府利用公共政策在保护、满足一部分人利益需求的同时抑制、削弱甚至打击另一部分人的利益需求，从而达到调整利益关系的目的。由此可见，公共政策的本质是政府利用绝对权威对社会进行利益分配，因而会对构建社会主义和谐社会有着非常直接的影响。

政府政策在对社会公共事务中出现的各种利益矛盾进行调控时常常带有倾斜性。鉴于不同时期政府的工作目标有所不同，政府在满足整体利益的前提下，对某些领域或利益群体给予较多优惠或采取促进性措施，使之得到较快发展。

（一）政府合法性资源供给是农村社会组织合法生存的前提条件

合法性是由新制度主义提出用于解释组织现象的工具，通常被理解为某种组织获得外界支持、信任和理解的程度。高丙中将社团合法性分为社会合法性、法律合法性、政治合法性和行政合法性。社会合法性表示社团由于符合文化传统、社会习惯等组成的民间规范而具有的合法性，体现的是社会和个人对社团的承认，它是社团开展活动的基础；法律合法性表示社团由于满足了法律规则而获得的合法性；政治合法性表示社团由于符合国家的思想体系而被承认享有的合法性，它对于社团的存在和发展都是至关重要的；行政合法性表示社团由于遵守行政部门（国家机关或具有一定行政功能的单位）及其代理人确立的规章和程序而拥有的合法性，这四种合法性形成了一个以法律合法性为整合核心的合法性结构（高丙中，2000）。

借鉴高丙中社团合法性的分类，农村社会组织在对政府资源依赖方面主要体现在政治合法性、行政合法性及法律合法性三个方面。政治合法性对农村社会组织的发展至关重要，它涉及组织的内在方面，如组织的宗旨、活动意图等，生长于公共空间的农村社会组织首先要解决政治合法性的问题，其宗旨要体现一种积极的政治态度。行政合法性的基础是官僚体制的程序和惯例。较强的行政合法性是获得体制内相关组织支持的制度保障，在动员体制外资源的过程中也能更加便利地利用体制内力量。法律合法性的获得为农村社会组织的正当活动提供依据，只有经过严格制度嵌入成为合乎体制要求的农村社会组织才能在权限范围内运营自如。农村社会组织的政治合法性、行政合法性及法律合法性只能源于广义政府的法律制定，由政府权威性授予或赋权。

（二）政府资金资源投入是农村社会组织有效运营的保障

经济基础决定上层建筑，农村社会组织的正常运营离不开财力支持。一般而言，农村社会组织的资金主要来源于会员会费、民间捐赠、服务收费、政府补贴，其中政府补贴在整个资金中占有相当比重。按照资源依赖理论，农村社会组织对政府的依赖程度主要取决于三个方面：政府拥有的资源对农村社会组织的生存是必需的；政府对农村社会组织提供的资源有充分的控制能力；除政府以外，农村社会组织很难从其他地方获得大量所需资源。首先，作为一个有机开放系统，农村社会组织无法做到自给自足，必须从外部环境获取生存与发展必备的资源，政府补贴对农村社会组织而言是必不可少的投入；其次，农村社会组织在向政府寻求资源时，政府有能力控制财政补贴的额度和流向并有足够的能力决定是否向农村社会组织提供所需物资；最后，除去资金中占比重较大的政府补贴，农村社会组织很难获得其他充裕的替代资金来源。据此可认为，农村社会组织对政府资金存在着很强的依赖。

三 政府对农村社会组织政策支持的表现

（一）严格准入门槛，加强农村社会组织登记管理

农村社会组织的健康发展首先要有一个法制化的环境，而政府是唯一合法的能提供法律法规、政策的主体，其对农村社会组织的支持首先体现

在制度上的供给。

为保障公民的结社自由，维护社会团体的合法权益，加强对社会团体的登记管理，促进社会主义物质文明、精神文明建设，1998 年，国务院修订了《社会团体登记管理条例》，规定国务院民政部门和县级以上地方各级人民政府民政部门是本级人民政府的社会团体登记管理机关，国务院有关部门和县级以上地方各级人民政府有关部门、国务院或者县级以上地方各级人民政府授权的组织，是有关行业、学科或者业务范围内社会团体的业务主管单位，申请成立社会团体，应当经其业务主管单位审查同意，由发起人向登记管理机关申请筹备。

同年，《民办非企业单位登记管理暂行条例》颁布，以规范民办非企业单位的登记管理。通过这些法规，"归口登记，双重负责，分级管理"的管理体制正式确立。

理论上，社会组织通过行政法规获取了合法性，在以独立法人的身份参与公共生活时便于获得公信力，也有利于政府对其加强管理。实践中，经过严格把关，将那些不太规范、内部机构不健全、党和政府还不太放心的社会组织排斥在合法组织之外，为登记注册的组织营造良好的制度环境，这在当时的社会背景下体现了党和政府"维稳"的政策选择。

（二）加强制度建设，营造良好法制环境

2010 年，我国修订通过了《中华人民共和国村民委员会组织法》，该法明确规定"乡、民族乡、镇的人民政府对村民委员会的工作给予指导、支持和帮助，但是不得干预依法属于村民自治范围内的事项"，这就划清了国家政权机关和农村集体组织即乡镇政府与村委会之间的界限，实现了村民自我管理、自我教育、自我服务的愿望。

为了支持、引导农民专业合作社的发展，规范农民专业合作社的组织和行为，促进农业和农村经济的发展，2007 年，《中华人民共和国农民专业合作社法》正式实施，对农民专业合作社及其成员的合法权益予以保护，任何单位和个人不得侵犯。农民专业合作社登记办法由国务院规定，办理登记不得收取费用。

关于加强农村社会组织的建设，党和政府联合发布了一系列方针政策。2003 年，中共中央十六届三中全会和《中共中央、国务院关于做好农业和农村工作的意见》中提出，"积极发展农产品行业协会和农民专业合作组织，建立健全农业社会化服务体系"，加快制定有关法律法规，引导农民在自愿的基础上，按照民办、民管、民受益的原则，发展各种新型的农民专业合作组织。同年 10 月，中共中央、国务院关于完善社会主义经济体制若干决定中明确提出：积极支持农民按照民主自愿的原则发展各类经济合作组织。《中共中央、国务院关于促进农民增加收入若干政策的意见》（中发〔2004〕1 号）提出了鼓励发展各类农民专业合作组织的具体政策："积极推进有关农民专业合作组织的立法工作；各级财政安排专门资金支持农民专业合作组织开展信息、技术、培训、质量标准认证、市场营销等服务；有关金融机构支持农民专业合作组织建设标准化生产基地、兴办仓储设施和加工企业、购置农产品运销设备，财政可适当给予贴息；深化供销社改革，发挥其带动农民进入市场的作用。"

（三）扩大财政支持，促进农村社会组织健康发展

自十六大以来，中央加大了对农村的投入，如对农村合作经济组织给予大力支持，"三农"问题成为关注的焦点。

十七届三中全会为推进农村改革发展，明确提出以"加快以合作经济为基础的新型农业社会化服务体系""培育农民新型合作组织"等为主要内容的一系列关于发展农村合作经济的行动纲领。《中共中央、国务院关于进一步加强农村工作提高农业综合生产能力若干政策的意见》（中发〔2005〕1 号）提出，"支持农民专业合作组织发展，对专业合作组织及其所办加工、流通实体适当减免有关税费"；《中共中央、国务院关于推进社会主义新农村建设的若干意见》（中发〔2006〕1 号）提出，"积极引导和支持农民发展各类专业合作经济组织，加快立法进程，加大扶持力度，建立有利于农民专业合作社发展的信贷、财税和登记等制度"；《中共中央、国务院关于积极发展现代农业，扎实推进社会主义新农村建设的若干意见》（中发〔2007〕1 号）要求："大力发展农民专业合作组织。认真贯彻

农民专业合作社法，支持农民合作组织加快发展。各地要加快制定推动农民专业合作社发展的实施细则，有关部门要抓紧出台具体登记办法、财务会计制度和配套支持措施。要采取有利于农民专业合作组织发展的税收和金融政策，增加农民专业合作社建设示范项目资金规模，着力支持农民专业合作组织开展市场营销、信息服务、技术培训、农产品加工储藏和农资采购经营。"2007 年，财政部制定的《农民专业合作社财务会计制度（试行）》予以印发，规范合作社财务会计活动，准确核算合作社的各项经济业务和资产状况。同年 6 月，财政部国家税务总局出台《关于农民专业合作社有关税收政策的通知》规定"一、对农民专业合作社销售本社成员生产的农业产品，视同农业生产者销售自产农业产品免征增值税。二、增值税一般纳税人从农民专业合作社购进的免税农业产品，可按 13% 的扣除率计算抵扣增值税进项税额。三、对农民专业合作社向本社成员销售的农膜、种子、种苗、化肥、农药、农机，免征增值税。四、对农民专业合作社与本社成员签订的农业产品和农业生产资料购销合同，免征印花税"。

近年来政府对农村社会组织的财政支持政策归纳起来主要包括以下四个方面：一是不断加大专项投入。2007 年以来，累计投入农民合作组织发展补助资金 31.5 亿元，其中 2012 年安排 8.5 亿元，年均增长 33.6%。二是鼓励项目扶持。2010 年，农业部印发了《关于支持有条件的农民专业合作社承担国家有关涉农项目的意见》，提出支持农民专业合作社承担的涉农项目。主要包括支持农业生产、农业基础设施建设、农业装备保障能力建设和农村社会事业发展的有关财政资金项目和中央预算内投资项目，凡适合农民专业合作社承担的，均应积极支持有条件的农民专业合作社承担。三是实行税收优惠。主要体现在 2008 年下发的《关于农民专业合作社有关税收政策的通知》中，专门给予农民专业合作社税收优惠政策。四是完善制度配套。2007 年颁布的《农民专业合作社财务会计制度（试行）》，规范了合作社会计工作，保护了合作社及其成员合法权益。①

---

① 财政部农业司有关负责人就《关于支持农民合作组织发展　促进农业生产经营体制创新的意见》有关问题答记者问，http：//www. Whqyw. Com/News/Show - 4037. Html。

（四）建立新型社会化服务体系，健全互帮互助机制

2008 年十七届三中全会《关于推进农村改革发展若干重大问题的决定》提出，建立现代农村金融制度中"允许有条件的农民专业合作社开展信用合作，规范和引导民间借贷健康发展"；建立新型社会化服务体系中"加快构建以公共服务机构为依托，合作经济组织为基础、龙头企业为骨干、其他社会力量为补充，公益性服务和经营性服务相结合、专项服务和综合服务相协调的新型农业社会化服务体系"；加强农村基层组织建设中"改革和完善农村基层组织领导班子选举办法，抓好以村党组织为核心的村级组织配套建设，领导和支持村委会、集体经济组织、共青团、妇代会、民兵等组织和乡镇企业工会组织依照法律法规和章程开展工作。创新农村党的基层组织设置形式，推广在农村社区、农民专业合作社、专业协会和产业链上建立党组织的做法。加强农民工中党的工作。健全城乡党的基层组织互帮互助机制，构建城乡统筹的基层党建新格局。抓紧村级组织活动场所建设，两年内覆盖全部行政村"。

四　结论

经前文分析，无论是从登记入口、制度保障还是资金投入方面，政府对农村社会组织均严格把关并给予大力支持，促进了农村社会组织的发展壮大。但由于公共政策固有的时效性特征及社会发展规律的限制，政府政策还存在很大的改进空间。具体建议如下。

变革管理体制，完善法律法规。顺应时代要求确立的双重管理模式在新形势新社会下日益暴露其弊端，比如业务主管单位的难以确定，对社会组织本身的要求较高，大量的社会组织得不到身份认同。早在 2004 年的全国"两会"，身为全国政协委员的王名就提交了"关于改革我国民间组织双重管理体制的建议"的提案，部分专家学者致力于探讨更合适的管理制度，我国某些地区也悄然开始寻求试点社会组织登记管理的新入口。登记管理制度的改革已提上了国家的议事日程。应农村社会组织发展需要，我

国出台了一系列相关法律法规，但除《中华人民共和国村民委员会组织法》这一对基层群众自治组织进行规定的基本法之外，其他农村组织还尚无法律可依。因此，需要完善立法和理顺管理体制，建立正常的制度化、法律化的利益表达机制，在以结社自由为出发点的基础上规范农村社会组织行为。

转变政府职能，释放农村社会组织自主性空间。农村社会组织为争取自身生存空间不得不向政府寻求制度、资金、人员等诸多资源的供应。二者的关系中政府占据主导地位，政府政策取向对农村社会组织前途有着直接影响。正因如此，我国农村社会组织存在着自主性不足的典型特征。政府在加强对农村社会组织扶持力度，在资金、技术、土地、信贷等方面提供便利和优惠条件，营造有利于农村社会组织发展的政策环境的同时要把握好度，不能缺位更不能越位。一方面要转变控制观念，以服务为主、合作为辅；另一方面要转变职能，将部分公共管理与服务职能交由农村社会组织承担，建立基层政府、自治组织与农村社会组织平等合作关系。

参考文献

马迎贤，2005，《资源依赖理论的发展和贡献评析》，《甘肃社会科学》第 1 期。

李凤琴，2011，《"资源依赖"视角下政府与 NGO 的合作——以南京市鼓楼区为例》，《理论探索》第 5 期。

温颖娜，2010，《资源依赖视角中的 NGO 与政府关系——以 Y 机构"一个社工多个婆婆"现象为例》，《理论探讨》第 5 期。

Saidel. J. 1991. "Resource Interdependence: the Relationship between State Agencies and Nonprofit Organizations." *Public Administration Review*, 51（6）: 543 – 553.

刘玉、冯健，2005，《区域公共政策》，中国人民大学出版社。

高丙中，2000，《社会团体的合法性问题》，《中国社会科学》第 2 期。

农村老年社会工作：发展困境与可能路径

——基于江西的调查[*]

兰世辉　丁　娟^{**}

摘　要： 本文基于江西省抚州市 J 区所开展的问卷调查和农村社会工作实践，发现当前农村老人养老所面临的主要问题和需求，并思考当前我国农村老年事业发展的可能路径：加大政府支持力度，社会力量协同跟进；大力发展农村机构养老，力求建成综合性的多功能养老服务中心，其中嵌入社工专业服务；积极鼓励发展居家养老等多种养老方式。

关键词： 农村　养老　老年社会工作

一　江西农村养老现状

根据联合国的标准（一个地区 60 岁以上老人达到总人口的 10%，或 65 岁老人占总人口的 7%，该地区即进入老龄化社会），江西在 2005 年进入老龄化社会。截至 2011 年末，全省 60 岁及以上老年人口约 533 万，占总人口的 11.87%，65 岁及以上老年人口约 350 万，占总人口的 7.80%，其中约 3/4 的老年人生活在农村，大约 400 万人。据推算，到"十二五"期末，江西省 60 岁及以上老年人口将达到 650 万，65 岁及以上老年人口将超过 400 万，2020 年将超过 500 万。总之，人口老龄化的进程逐年加

---

　*　本文系江西省高校人文社会科学研究项目的阶段性成果（SH1103）。

　**　兰世辉（1978～），男，江西吉安人，博士，江西财经大学社会学系讲师，硕士生导师，主要研究方向为农村社会学、农村社会工作。丁娟，女，江西财经大学社会工作专业 2008 级学生。

快，社会养老的形势日益严峻。

为具体了解当前江西农村老年人的养老现状、问题与需求，笔者对江西省抚州市 J 区 A、B、C、D 四个村约 1100 户家庭的老年人进行了抽样调查，共发放问卷 160 份，有效回收 154 份，回收率 96.25%。通过对本次调查所得数据进行分析，可得出以下基本结论。

1. 近四成老人经济上入不敷出

在分析农村养老情况时，首先需要考虑经济问题。由图 1 可以看出，农村老年人每月平均可自由支配的钱主要集中在 401～600 元，但表示这些钱仍不够每月花费的有 37%，空缺主要是由老人的子女提供。此外，约有 1/4 的老人表示，物质生活比较宽裕，每月可支配的收入在 800 元以上。

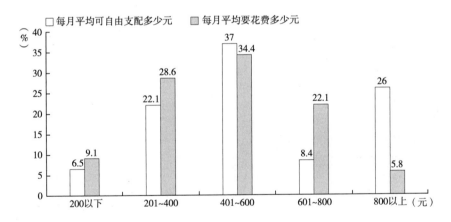

图 1　农村老年人经济情况

总的来看，该区老年人的经济情况属中等水平。图 2 显示，他们生活中的支出主要用于食物、医疗、人情和衣服方面，休闲娱乐只占了 2.7%。

2. 仅三成老人靠新农合支付医疗保健费用

笔者调查的这四个村都实行了新型农村合作医疗，缴费标准是每人每年 50 元，报销标准是到指定的大医院住院可以报销 55%～80%。大

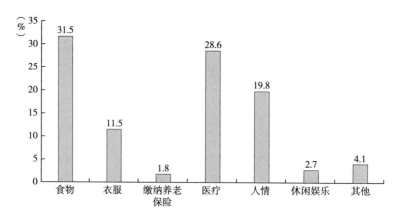

图 2　农村老年人经济支出情况

部分村民表示新型农村合作医疗所发挥的作用并不大，平时在就近诊所看病都没有报销，访谈的结果和图 3 都显示村民看病的花费的主要来源是自己。

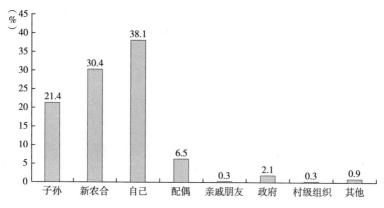

图 3　农村老年人的医疗保健费来源

图 4 显示约有 29.2% 的老人认为自己的医疗保健费处于仅仅够用的状态，而有 31.2% 的老人明确表示保健费是不够用来看病的，由此可见，多数农村老年人医疗保健费用是比较紧张的。此外，从图 5 可以看出，38.3% 的农村老年人存在生活自理方面的困难，也就是说，他们是非常需要医疗保健的，而医疗保健费用是否足够会直接影响他们的生活。

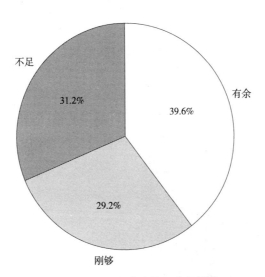

图 4 您是否有钱支付医疗保健费

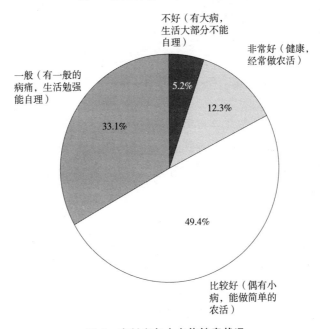

图 5 农村老年人身体健康状况

3. 半数以上老人精神生活贫乏

调查发现，约半数老年人精神生活贫乏。图 6 显示老年人最主要的精神娱乐活动是看电视、听广播，即便是 17.5% 的老人选择逛街购物，也都是在有实际购买需求时才会进行，与当下年轻人的逛街（Shopping）购物并不同。

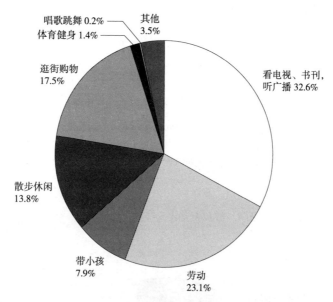

图6　农村老年人日常活动内容

多数农村没有提供设施完善的活动场所，人们所说的公共聊天场所只是习惯性去的简易露天空间，往往只有几张村民自己提供的凳子，或者两张棋牌桌子，而且在此聚集的大部分是年轻人。笔者调查的村近几年来都没有举办过任何公共娱乐活动。

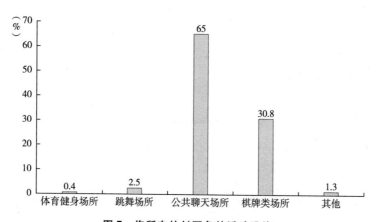

图7　您所在的村配备的活动设施

调查中我们了解到，某些老年人对精神生活的评价就是"没什么想的了，就是等死"，体现出他们极度缺乏生活热情，以及对于精神活动不抱奢望的心理状态。当被问及产生开心幸福感觉和孤独寂寞感觉的频率时他们都表示没什么感觉。到了一定年纪本应安享晚年，实际上老年人的生活愈来愈贫乏与单调。

调查发现农村留守老人的比例约为20%，而且77.3%的老人自己或与配偶单独居住。尽管有些老人的子女就在村里居住，但是子女都分家住新房子，老人一般住在老房子里。58.5%的老年人表示子女会经常看望他们，有些子女只是生活中有事时才与父母见面，更甚者有部分子女只在逢年过节时才来看望父母。

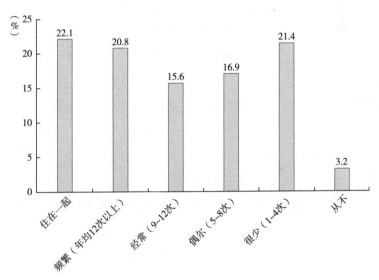

图8　晚辈看望的频率

4. 多数老人对未来生活感到焦虑

调查的四个村，新型农村合作医疗保险的覆盖率已经达到了81.2%，被访对象中没有人参加商业医疗和商业养老保险。63.6%的人表示很少得到村里人的主动帮助，但当自己需要帮忙并提出请求时邻居也会提供帮助。98.8%的老年人表示没有得到过任何社会组织的帮助。该区约有一半的老年人觉得较容易找到临时工作，因为当地正在搞建设开发，他们可以去园林或者建筑工地工作，也有大约一半的人因为年龄和身体原因找不到临时工作。通过访谈我们了解到这四个村只有4个人住进了养老院，他们都是孤寡老人，也是五保户。老人们不想住进养老院的原因有传统家庭养老观念的阻碍、养老院条件不好、在能自理的情况下养老院不如家里自在等因素。他们希望在自己熟悉的环境和亲属关系格局里，一如既往地生活。

本次问卷调查的最后一道题是"您目前需要解决的最大/最紧迫的问题是什么？您最担心的问题是什么？"大部分老年人都说出了自己当前所存在的问题和担忧，只有小部分老年人感觉没有什么问题。当前农村老年人所担心的主要问题，概括起来有七点：一是养老金问题，很多老人期望有养老金，比较担忧老了之后的经济问题。二是老了之后的生活照顾问题，担心当自己不能自理时子孙不能照顾自己，担心自己与子女关系不好会影响其对自己晚年生活的照顾，害怕子女不孝。三是自己的身体健康问题，老年人都希望自己不要总生病和去医院，希望自己不要有高血压、风湿、糖尿病等慢性病。四是医疗问题，害怕以后出现看病难、看病贵等问题。五是家人的问题，其一是希望子女听话并能多赚钱，他们认为子女有钱的老人过得很幸福，此外也担忧儿女的平安和婚姻大事；其二是希望老伴多赚钱和身体健康。六是自己目前的工作问题，希望工作顺利，如菜卖得好一些、在工地能够多干几年、小商店的生意兴隆等。七是孤独的问题，一些老人觉得最需要解决的问题就是目前没有人陪他们聊天，大部分老人希望子女经常来看望自己。

二 农村老年社会工作的现实困境

自2008年以来，江西万载、新余和上饶等地先后成为民政部社会工作人才队伍试点地区，这些地区都不同程度地在乡镇养老机构里开展了老年社会工作，尤其以小组活动为主。从社会工作实务开展的操作性而言，乡镇敬老院里老人相对集中，较容易开展小组活动，而农村老人居住分散，组织活动不易。从这一点可发现，很多时候我们主要是从提供者的角度考虑问题，而忽视了服务的真正接受主体的需要。另外，社会组织所开展的活动是以娱乐和文体活动为主，而对高龄老人的问题、精神和心理上的问题，我们往往较少触及。总之，这些社会工作的开展客观上宣传了社会工作理念、给老人也带来了一些快乐和实惠。然而，在经济欠发达地区，农村老年社会工作难以切实持续深入发展，通过调研和社会工作实践，我们发现我国农村养老困境的形成主要有以下一些因素。

1. 政府支持力度不够

政府对农村养老支持力度不够体现在三方面。一是规范落实职能缺位。政府出台的一般是指导性政策，缺乏可操作性的执行方案，从而导致一些政策落实不到位。部分村民反映低保存在应保未保和不应保受保的问题，养老服务机构水、电、气在有些地方未按居民价格收取，作为民办非企业性质的养老机构房产不能抵押，存在融资难等困境。老年社会工作服务的相关制度尚未全面建立，农村养老保障制度仍尚未完善，政府引入市场和社会力量介入养老事业仍有欠缺。二是调整职能的反应迟钝，政府针对养老机构和老年人的政策过于死板，未能随着市场、社会的变化作出相应调整。如政府给予老年人和养老机构提供的补贴不能随着物价的变化而变化。政府出台的政策对市场和社会的变化不能作出灵敏的反应。三是政府财政支持对农村养老支持力度太小。新农合保障水平偏低，调查数据显示65.6%的老人认为医疗保健费主要来源于自己，平时不大能感受到新型农村合作医疗的福利。新农保的养老金待遇由基础养老金和个人账户养老金组成。基础养老金标准目前为每人每月最低60元，个人账户养老金的月计发标准为个人账户全部储存额除以139。以最低档缴费档为例，如果某农村居民每年缴费100元，地方政府补贴缴费30元，缴满15年后，连同利息个人账户资金为2000多元，除以139，个人账户养老金接近15元，再加上政府补贴60元，村民最低每月拿到75元养老金（吴振，2010）。75元的养老金对于当下生活水平的农民来说保障水平显得太低。总体而言，占总人口30%的城镇居民消耗了用于社会保障全部支出的89%，而占70%的农民却只分配到11%

（连玉明、武建忠，2010）。

2. 机构养老缺口大

我国农村五保老人和特困老人所住的敬老院政府投入不足，存在规模小、床位少、设施陈旧、服务人员不足等问题。公立养老机构现有条件难以为五保、特困老年人提供较好的支持；在社会工作服务机构运营中，政府扶持、税收优惠、社会捐赠等因素都起了一定的作用，但作用有限，民办养老机构主要的资金来源还是个人出资和自我经营，因此很容易出现资金困难的状况，养老的物质生活和精神生活随之受到限制。截至2005年底，各地建有各级各类养老服务机构近39546家，床位149.7万张，收养老人1102895名，仅就床位数来讲，刚刚超过老年人总数的1%，较之于国际社会通行的5%~7%的比率相差甚远（姜彦国，2010）。我国农村养老机构数量不足、床位不足、设施简陋、服务项目和服务内容不全，现有养老服务队伍老化、文化程度低、专业化程度低，按照《养老护理员国家职业标准》要求，获得职业资质和证书的不到养老护理队伍的13%。大多数农村养老机构只能向入住老人提供食宿等一些基本的生活服务，硬件条件上无法给老人很好的生活环境，软件条件上难以给老人提供丰富的精神生活。

3. 社区养老层次低

英国的社区照顾包括社区内照顾和由社区照顾（祁峰，2010），其中社区内照顾是社区为老人提供了专业的服务，由社区照顾为老人创造了由子女、亲属和社会共同照顾老人的养老模式。社区照顾弥补了福利国家的各种缺陷和不足，使英国福利服务变得更便宜、更令人满意，同时对养老问题的反映更及时、更彻底。社区照顾在养老上的成功体现了社区在养老载体中不可或缺的作用，但我国农村目前社区养老层次低。物质支持方面，在笔者调查的四个村中只有A村对不同年龄段的老人有村级补助。养老照顾方面，农村老人的照顾主要是自己和配偶，有事时才找邻居帮忙，社区不为老人提供任何专项照顾。精神慰藉方面，社区没有为老人提供健身、娱乐、休闲场所，也未举行文化娱乐活动。从社会化程度来看，由于各种条件的限制，农村社区照顾和社区服务等社会化程度较高的保障形式所占的比例较少，而且目前的农村养老服务机构缺乏专业性，在专业人员、专业知识和专业技能等多方面尚欠缺，无法满足现代农村社区养老的专业化和社会化的需求（曹晓燕，2009）。

居家养老的发展需要依托社区，但目前社区不能为老人养老提供合适的场所、多元化的服务项目、成熟的服务模式，这些都阻碍着农村养老事业发展的进程。

4. 社会组织发展缓慢

社会组织独立于政府和市场而存在，主要包括志愿者组织和民办社会机构，当国家体系中政府不能有效地配置社会资源、市场体系中的企业又不愿提供公共物品的时候，就可以发展社会组织来弥补政府和市场的不足，合理配置社会资源。在一些福利国家，社会组织在福利建设和维护方面起着举足轻重的作用，但目前我国在发达城市有社会组织介入农村养老服务事业中来，在非发达城市社会组织参与到居家养老和机构养老中的为数不多，且官办色彩浓厚。在笔者调查的154位被访者中只有两位受访者得到过社会组织的帮助。

我国农村社会组织发展缓慢，主要原因有二：一是政策扶持和资金投入不足（谭远宏，2008）。目前政府对农村社会组织认识模糊，给予的政策扶持不够，农村社会组织的筹资在很大程度上取决于公民的自愿性和社会经济发展水平，但中国农村经济发展水平相对落后、社会资源大部分掌握在政府手里而且公民的自愿性有待提高；二是组织功能单一，能力弱小，农民参与率低（谭远宏，2008）。农村社会组织所提供的服务以技术信息为主，农民由于文化程度不高很少参与其中。我国的社会组织发展总体上还处于起步阶段，仅有少数慈善机构被公众接受并发挥着重要作用，大部分组织年支出不足20万元，志愿者人数不足20人，还没有完全发挥出社会组织在社会活动中的强大功能（刘洁、刘东胜，2010）。除此之外，我国社会组织发展缓慢的原因有社会组织缺乏完善的内部运作机制、社会组织尚未建立良好的形

象、社会组织的信息传播缺乏有效性、社会组织参与主体的关系未协调
好等。

三　农村老年社会工作发展的可能路径

1. 加大政府支持力度，社会力量协同跟进

农村养老问题是社会问题，社会工作可以作为一个很好的资源整合
者，将政府和社会各界的力量协调起来，更好地解决社会问题。农村养老
的社会主体需各尽其职、优势互补：政府在政策上和财政上大力支持，老
年人以更好的心态和更大的责任感参与养老，家庭将"孝"文化发扬光
大，社区为农村养老提供一个完善的养老平台，养老机构提供全面专业化
服务，社会组织为农村养老提供更具福利性和专业性的服务。具体措施
如下。

政府在公共服务政策制定方面应发挥主导作用。一是完善各项福利政
策，健全老年福利制度。（1）完善农村社会养老保险制度。农村养老社会
化存在社会养老保险参与率低的制约因素，主要原因是农村社会养老保险
的福利性不够强。（2）完善农村新型农村合作医疗制度，逐渐提高农村合
作医疗的支付比例。该制度可适当向老年人倾斜，对老年人按照不同年龄
段确定差异化补助标准，提高医疗资源的利用效率，因为笔者调查的对象
普遍反映平时享受到新型农村合作医疗的福利不大。（3）全面建立农村社
会养老救助制度，适当提高补助金额和扩大保障的范围，让贫困地区的农
村老人和非贫困地区贫困农村老人生活有一个最低保障。（4）落实对其他
主体的优惠政策。落实土地优惠政策，对不同营利层次的农村养老机构给
予不同层次的土地优惠，如租金的优惠。在企业所得税、个人所得税、土
地增值税、耕地占用税等方面实行税收优惠。健全慈善捐款税收减免、退
税和信息保护制度，鼓励社会资金投入养老服务。二是重新定位政府的职
能。由直接介入为主转向介入和支持非政府部门介入农村养老社会化事业
并重，将部分养老职能转移给企业、社会组织和个人，规划和监督农村养

老专业人才的培养和社会资源的合理配置，促进农村养老社会化各个主体协调发展。三是加大财政支持。首先，农村养老保险需要政府投入更多资金，政府的资金投入较少。而世界各国通行的做法是政府对农村社会养老保险给予很大的财力支持，例如，2003 年德国和奥地利的养老保险资金来源中，财政支持所占比例为 70%，在芬兰这一比例为 75%，在希腊和波兰这一比例为 90%（汪沅、汪继福，2008）。其次，建立机构养老服务体系需要政府的财力支持。公办养老机构是不可或缺的，政府要加大投入，改善养老环境和提高养老服务的质量，让五保老人和特困老人安享晚年。再次，社会养老机构在服务提供上存在市场失灵和社会公平的需要，政府需成为养老福利提供的干预者和协调者，加大财力支持，促进养老的公平和高效。最后，社区养老服务体系的建设需政府加大投入，特别是在较贫困的农村。

随着经济的持续发展，中国已累积了较大的政府财政收入，民众对政府承担养老期待较高，政府应考虑加大农村居民养老保障力度，利用其积极因素推动农村养老社会化的发展，无论是社会组织还是非营利企业介入农村养老社会化都需要政府的引导、支持和监督。

除了政府的上述作用，也要充分发挥社会力量，尤其是要大力培育和扶持社会组织发展。社会组织的属性是公益性、非营利性、志愿性、非政府性。农村需要兴办面向大众、收费较低的社会性养老服务机构，提供普惠性服务。其中，公益性的社会组织可以通过加强资金捐赠拓宽农村养老社会化的资金来源渠道，推动社会广泛关注在社会经济发展过程中处于弱势的群体，如老年人。非营利性的社会组织，可以以老年人这一服务对象为中心，以老年人的利益为机构利益的出发点，在营运的过程不断提高服务质量，而不是简单的积累财富和扩展业务；此外，非营利性组织也通过社会性的经营模式为农村居民提供工作，提高农村的经济水平和提高农村居民的生活水平，进而为养老打好坚实的经济基础。志愿性的社会组织可以通过各行各业志愿者的力量为老年人提供系统和多层次化的优惠服务，体现社会的互帮互助，为社会营造一个良好的养老环境。非政府性的社会组织可以弥补社会政策尚无力给予老年人某些帮助的不足，如给老年人提供一些力所能及的工作，既丰富了老年人的生活，又补充了老年人的经济来源。此外，现在政府大力推动的社会工作对农村养老社会化有重要意义。笔者在社会工作专业实践期间曾为孤寡老人和空巢老人提供过个案服务并为社区老年人提供社区服务，发现社会工作者能够以更人本化的方式针对性地解决老年人的问题，以更好的方式丰富老年人的精神生活。社会工作的价值观是以人道主义为基础，认为人人都有其自身的价值和尊严，人人平等，社会工作者以平等的视角看待服务对象，秉着"以人为本，助人自助"的理念，和服务对象共同解决问题，充分体现了热爱人类、服务人类、促进公平、维护正义和改善人与社会环境关系的角色功能。因此社会工作的介入可以帮助老年人得到子女的尊重，提升老年人自我效能感，通过社会工作的专业理念、方法和助人技能为老人提供更专业的服务，从生理和心理上解决养老问题。社会工作要和政府相互促进，但社会工作的角色是独立于政府的，社会工作可以独立的介入机构养老、社区养老、集体养老等。总之，政府、老人、家庭、社区、机构、社会组织在农村养老社会化功能中既独立又相互合作。它们需要发挥好各自在养老社会化中的作用，同时它们需要相互推进，共同发展农村养老事业。

2. 发展农村机构养老，社工服务嵌入其中

农村养老机构的运营可以采取公办公营、公办民营、购买服务、民办民营等多种形式，可以具备不同层次的营利性，但机构的成立、运营和解体都需按照规范的政策和制度来执行。机构养老的层次性有利于提供农村老年人的入住率，为不同的老年人提供不同层次的服务。但目前农村养老机构与多种运营模式和层次化都相差甚远，它的发展需要政府在政策上和资源上的支持、市场在经营上的调节、社会组织在服务上的帮助等。养老机构的建立也可以借鉴美国的经验，朝着网络化的方向发展，不同的养老机构提供不同的服务内容，如有些专门提供基本生活支持、有些专门提供医疗保健、有些专门提供精神娱乐，老人们可以根据自身的经济状况、健康状况选择不同性质、不同层次的养老机构。无论哪一种形式的机构，政府均给予支持和政策优惠，如免征地税、营业税等。养老机构，无论是何

种运营模式，它的可持续发展在于是否办出吸引力，办出影响力，办成真正的社会福利。养老社会化需要转变农村老人的养老观念，更需要政府部门和养老机构转变经营理念，在强化服务意识的基础上改革传统的低成本或者高费用的经营理念。

目前大部分养老机构的紧张环境对理想的机构养老提出了很大的挑战，软硬件设施的缺乏体现了资金不足，需要广泛动员社会力量参与，引导社会团体、企事业单位和外资投资兴办老年福利事业，提高老人服务质量（张建方，2010）。因此，应继续完善机构养老，力求建成综合性的、多功能的养老服务中心，设立社工岗，安排专业社会工作人员，为老人们提供相对稳定的物质、精神文化生活，相对规范的照料和专业的护理。社工定期开展相关的个案、小组和社区活动，可以为老人解决心理上的养老问题，让他们可以交流思想感情，在集体活动和人际交往中汲取精神安慰，使生活轻松愉悦。

3. 创新社区居家养老，探索多样化养老方式

社区是发展社会养老服务的良好基地之一。借鉴英国的社区照顾，可发展我国的居家养老服务，一是在政府和专门人员的倡导、组织、监督下，在群众的参与和监督下建立专业化的社区内照顾，政府投资建立老年社区活动中心，在社区内为老人提供日间照顾、夜间照顾、康复性治疗等服务。实行各种上门服务，给老人提供购物、清扫、护理等日常的生活照料，推动居家养老的发展。二是在家庭和社区的配合下发展社区养老，成立官办或民办或社会组织主办的养老机构，提供综合性的集中服务，让老人处于熟悉的养老环境中获得及时、专业、全面的养老服务。社区硬件和软件的完善程度直接影响社区照顾的质量，因此社区照顾需得到政府和社会组织给予资源、服务等方面的支持。

多样化的养老模式为老年人提供多元化的养老选择，满足更多老年人不同的养老需求。农村养老应该形成以家庭养老为基础、社会养老保险为主体、自我养老为补充的养老资源来源多元化的格局。在政府财政支持下，可以针对农村五保老人、无子女老人、空巢老人等展开一些基本的社

区照顾服务，比如提供基本服务包括上门做家务、上门理发、物业维修、陪同看病、陪同洗澡、帮助购买日用品等。在农村社区照顾服务的提供者方面，可以尝试走和城市不同的道路，在实施之初，可以充分利用农村社区互助的潜力，让特困老人的邻居、朋友等为老人提供服务，再付给这些人少量的经济报酬，也可采取"时间银行"的模式，即让提供养老服务的低龄老人、志愿者在未来需要时可享受同样时间的志愿服务。集体养老、家庭养老、社区养老、机构养老都应加强与各种机构的联系，如养老机构与医院、养老产品提供商、学校等机构结合模式，医院可为养老机构提供及时有效的医疗服务、紧密联系的养老产品供应商可为养老机构提供实惠的产品、学校可为老年人提供各种养老问题相关讲座和老年教育。

通过建立政府、集体、个人共同投入农村养老社会化的筹资机制，可以在农村建一座"没有围墙的敬老院"，把高龄困难老人组织起来，实行集中供养。比如江苏赣榆县约有5%的沿海社区建有20余处农村老年人集中居住点，规模有10户、20户到120余户不等，凡达到一定规模的老年人集中居住点，均配套居家养老服务中心、休闲广场、小型超市、娱乐活动中心等，使老年人在集中居住点的养老质量得到较大幅度提升。老年人集中居住点纳入村级发展规划，进行标准化建设，可利用废弃的村办企业、村办小学等闲置场所设施。老年人集中居住点都设有服务管理部，人员主要来自村"两委"委员和老党员、老教师等低龄志愿者（全国老龄工作委员会，2010）。农村老年人集中居住点这一养老形式，保留了传统家庭养老的优点，同时老年人又享受到了机构式的养老服务，兼具居家养老与机构养老优势，广受老人欢迎，也得到政府和社会各界肯定，是农村养老探索的一大创举。可见，只要充分发挥社会各界力量，积极创新农村养老服务方式，中国农村养老困局是可以有效破解的。

参考文献

曹晓燕，2009，《农村社区养老保障的构想》，《上海农村经济》第7期。

韩明友，2002，《人类养老行为的演进与养老社会化的必然》，《社会科学战线》第5期。

姜彦国，2010，《加强我国农村养老机构建设的对策探讨》，载于黄蓉生编《含弘论丛》（论文集），西南大学研究生编辑社。

连玉明、武建忠，2010，《中国民情报告》，中国时代经济出版社。

刘洁、刘东胜，2010，《目前我国非营利组织发展中的问题及对策》，《东华大学学报》第 4 期。

刘志英，2011，《发展社会化养老服务：问题与对策研究——以湖北省为例》，《学习与实践》第 7 期。

祁峰，2010，《英国的社区照顾及启示》，《西北人口》第 31 期。

全国老龄工作委员会，2010，《赣榆县建设农村老年人集中居住点破解农村养老难题》，《老龄工作简报》第 11 期。

谭远宏，2008，《中国农村非营利组织的发展与特点》，《湖南农业大学学报》第 5 期。

汪沅、汪继福，2008，《制约农村养老社会化发展的因素分析》，《人口学刊》第 3 期。

吴振，2010，《新农保的问题与出路探析》，《现代商业》第 17 期。

张建方，2010，《养老社会化模式的对策探讨》，《魅力中国》第 3 期。

Board of Population Research. 2002. "How Far Can Fmily Support for the Rural Elderly Go?". *Chinese Sociology and Anthropology*, Vol. 34.

Ding, Shijun. 2004. "The Rural Elderly Support in China and Thailand." *Geriatrics & Gerontology International*, Vol. 4.

Joseph, Alun E. and Philips, David R. 1999. "Ageing in Rural China: Impacts of Increasing Diversity in Family and Community Resources." *Journal of Cross - Cultural Gerontology*, Vol. 14.

反贫困与社会救助

社会救助对象"瞄偏"成因与"纠偏"举措

——以最低生活保障制度为例

赖志杰[*]

摘　要： 社会救助的性质决定了其对社会成员实施的救助必须是有选择的。确定救助对象包括制定保障标准和对申请者进行家庭经济状况调查两个步骤，在实施的过程中因制定的保障标准偏低、申请者存在"福利欺诈"与"弃真错误"、社会救助服务人员审查不力与"取伪错误"、家庭经济状况调查缺乏可操作性的核对方法等会导致救助对象"瞄偏"。"纠偏"的有效举措包括适度提高保障标准以扩大覆盖人口及提升保障水平、加强社会救助人员队伍建设以提升审查业务水平、建立有效的家庭经济状况核查机制以规范核查行为和完善法律法规体系以明确违规行为的法律责任。同时，加强制度宣传也有利于提高"瞄准度"。

关键词： 社会救助　最低生活保障　对象　瞄偏　纠偏

一　社会救助对象的确定

所谓"对象"，一般是指一个行动所指向的客体，即行动的接受者（关信平，2009）。作为社会保障的组成部分，社会保险对象的权利与义务是对等的，权利的获得必须以缴费义务的履行为前提，而社会福利、社会救助对象权利的获得无须履行任何缴费义务，资金来源和给付是单

---

* 赖志杰（1984～），男，江西寻乌人，南开大学社会工作与社会政策系博士研究生，研究方向：社会政策、社会工作研究。

向的。但与社会福利采用"普遍性"的"按人头发放"方式以提高其对象的生活质量不同，社会救助采用"选择性"的"须经家庭经济调查"方式以保障其对象的最低生活。因此，社会救助执行的是"特殊社会关照"原则，将社会资源用于真正困难的个人和家庭，以提高制度的行动效率，同时尽量避免救助对象的"福利依赖"和普通社会成员的"福利欺诈"。

社会救助对象确定的过程，即是受益者选择机制建立及其运行的过程，就最低生活保障制度而言，先是设定保障标准，再通过家庭经济状况调查甄选出符合给付的对象。

（一）制定保障标准

最低生活保障标准是界定低保制度覆盖范围、确定补助水平以及安排财政资金的重要依据，但如何确定低保标准，一直是实务界和学术界争议较大的问题。根据民政部、国家发改委、财政部和国家统计局最新指导意见，低保标准可以采用基本生活费用支出法、恩格尔系数法或消费支出比例法进行制定和调整。① 这三种方法最核心的依据是"必需食品消费支出"，通过市场调查确定当地食品必需品消费清单，根据中国营养学会的能量摄入量、相应食物摄入量以及食品的市场价格进行计算。

在基本生活费用支出法下，N 年度的低保标准 = N 年度的必需食品消费支出 + N 年度非食品类生活必需品支出，其中"非食品类生活必需品支出"根据调查数据确定的维持基本生活所必需的衣物、水电、燃煤（燃气）、公共交通、日用品等消费清单进行测算。在恩格尔系数法下，N 年度的低保标准 = N 年度的必需食品消费支出／（N - 1）年度的最低收入家庭恩格尔系数，其中"最低收入家庭恩格尔系数" =（必需）食品消费支出÷最低收入家庭消费总支出×100%。消费支出比例法实际上是前述两种方法计算出的低保标准在以后年度的一种简化调整，N 年度的低保标

---

① 详见《关于进一步规范城乡居民最低生活保障标准制定和调整工作的指导意见》（民发〔2011〕80 号），民政部网站 http：//www. Mca. Gov. Cn／Article／Zwgk／Fvfg／Zdshbz／201105/20110500154356. Shtml。

准 = （N - 1）年度居民人均消费支出 × （N - 2）年度低保标准 ÷ （N - 2）年度人均消费支出。

（二）对申请者进行家庭经济状况调查

对低保申请者进行家庭经济状况调查的实质是执行低保标准，计算其家庭成员人均收入，从而确定是否给予救助以及救助标准（补差金额）。县级人民政府民政部门、街道办事处和乡（镇）人民政府以及受其委托的村（居）民委员会主要通过入户调查、邻里访问以及信函索证等方式对申请者的收入进行调查，随着经济的发展和人民生活水平的提高，也开始调查申请者的资产，以全面核实其家庭经济状况和实际生活水平。在程序上一般包括上述三级机构的评审、审核和审批（以下简称"三级审查"）以及"三榜公布"，还包括确定救助资格之后的复核。

二 社会救助对象确定中的"瞄偏"及其成因

（一）社会救助对象确定中的"瞄偏"

在实践中上述两个步骤并不能准确而全面地将符合条件的救助对象甄选出来，仍然存在"瞄偏"的现象。最低生活保障对象的"瞄偏"主要表现为以下几种情况：一是符合救助条件者未被纳入救助范围，即所谓的"应保未保"；二是不符合救助条件者纳入了救助范围，即所谓的"保不应保"；三是符合救助条件者纳入救助范围之后其经济状况得到了好转，不再符合救助条件却仍在享受救助，即所谓的"应退未退"。救助对象"瞄偏"造成的直接后果是降低了社会救助资金的使用效率，间接后果是损害了社会公平，同时造成养懒汉的"福利依赖"现象。因此，相对于直接后果，"瞄偏"的间接后果更为严重，且是无法估量的。社会救助对象"瞄偏"是一个世界性的难题，随着制度的完善及社会监督的跟进，我国救助对象"瞄偏"的现象在减少，但仍在一定程度上存在。

（二）社会救助对象"瞄偏"的成因

社会救助对象"瞄偏"的原因是多方面的，有制度设计方面的缺陷，也有制度执行方面的不足；有社会救助服务人员方面的问题，也有申请者方面的问题。以最低生活保障制度为例，以下四个方面影响了"瞄准度"。

1. 保障标准：偏低

当前基本是以"必需生活品消费支出"或"必需食品消费支出"来考虑制定低保标准的。虽然四部门的最新指导意见还指出各地可以参考当地上年度城乡居民人均消费支出、城镇居民人均可支配收入、农民人均纯收入、城乡低收入居民基本生活费用，以及经济发展水平、财政状况等因素对测算得出的低保标准予以适当调整，但这种调整规定是非硬性的。总体而言，我国低保标准的确定是基于"绝对贫困"概念的，决定了它是低水平的，如表1所示，2006～2011年城市低保标准占城市居民家庭月人均可支配收入的比例均在20%以下，农村低保标准占农村居民家庭月人均纯收入的比例均未突破25%。低水平的低保标准又决定了制度的窄覆盖，2006～2011年城市低保制度的救助人口一直维持在2300万人上下；农村低保制度救助人口最近两年也处于稳定期，2011年救助5305.7万人，比2010年的5214.0万人仅增长约1.8%。[①] 2011年城乡低保制度救助总人数7582.5万人，[②] 不足全国总人口的6%。概言之，偏低的保障标准导致社会救助对象"备选"人群不足。

2. 申请者："福利欺诈"与"弃真错误"并存

社会救助资金来源和给付的单向性是申请者进行"福利欺诈"的直接

---

① 数据来源：《2006年民政事业发展统计公报》《2007年民政事业发展统计公报》《2008年民政事业发展统计公报》《2009年民政事业发展统计公报》《2010年社会服务发展统计报告》《2011年社会服务发展统计报告》，民政部规划财务司网站，http：//Cws. Mca. Gov. Cn/Article/Tjbg/。

② 数据来源：《2011年社会服务发展统计报告》，民政部规划财务司网站，http：//Cws. Mca. Gov. Cn/Article/Tjbg/。

表1　城乡低保标准与居民家庭人均收入的比较

年　份	城　市			农　村		
	低保标准 （元）	居民家庭月人均可 支配收入（元）	比例 （%）	低保标准 （元）	居民家庭月人均 纯收入（元）	比例 （%）
2006	169.6	980.0	17.3			
2007	182.4	1148.8	15.9	70.0	345.0	20.3
2008	205.3	1315.1	15.6	82.3	396.7	20.7
2009	227.8	1431.2	15.9	100.8	429.4	23.5
2010	251.2	1592.5	15.8	117.0	493.3	23.7
2011	287.6	1817.5	15.8	143.2	581.4	24.6

数据来源：根据《2006年民政事业发展统计公报》《2007年民政事业发展统计公报》《2008年民政事业发展统计公报》《2009年民政事业发展统计公报》《2010年社会服务发展统计报告》《2011年社会服务发展统计报告》（见民政部规划财务司网站，http：//Cws.Mca.Gov.Cn/Article/Tjbg/）和《中国统计年鉴2012》（见国家统计局网站，http：//www.Stats.Gov.Cn/Tjsj/Ndsj/2012/Indexch.Htm）整理而成。

原因。正是因为无须履行缴费义务，大多数社会成员都希望能够在不同程度上获取社会救助给予的利益，认为"不拿白不拿"。一个重要的诱因是当前其他专项救助，如教育救助、医疗救助、住房救助、司法援助、就业救助一般都将低保对象自动纳入救助范围。实施综合救助可以全面解决困难居民的生活与发展问题，但也导致了申请者家庭人均收入与低保标准"一元之差（收入高于低保标准一元就不能享受低保待遇）则待遇天壤之别"（梁万富，2006）。部分申请者为此故意隐瞒其家庭收入和财产，使之低于或尽可能低于低保标准，从而获得或尽可能多地获得补差额，进而又可以在更大范围内获得其他专项救助带来的收益。部分申请者不惜"拆户"，将没有收入或低收入的家庭成员"剥离"出去单立门户以申请低保救助资格，但仍以家庭名义共同生活，共同使用各项经济资源。

　　申请者发生"弃真错误"（李艳军，2011）的主要原因是对低保制度的政策目标、申请所需材料、申请流程不了解或不够了解，阻断了他们对低保救助的申请。这一方面是因为低保制度在基层的宣传不够，甚至一些村（居）委会干部对政策也不完全了解；另一方面是因为申请者文化水平较低，制度信息获取困难，农村地区以老人、妇女和儿童为主的留守人群更是如此。申请程序过于复杂，部分居民认为申请成本超过了救助收益也是申请者发生"弃真错误"的重要原因。成本主要包括经济成本和社会成本，经济成本发生在申请材料的搜集、准备上，社会成本包括"三级审查""三榜公示"可能带来的"羞辱"等。

3. 社会救助服务人员：审查不力与"取伪错误"兼有

社会救助服务人员是指处理"三级审查""三榜公示"事务的相关工作人员。他们的工作导致低保救助对象"瞄偏"，包括客观条件限制致使的审查不力和主观上有意为之的"取伪错误"（李艳军，2011）。有效的审查需要有专门的执行机构和服务人员队伍，它所耗费的行政成本、经济成本是较为庞大的。实践中，县级民政部门内部设立了专门的机构管理和经办低保业务，并配备了工作人员，但绝大部分仍较难保质保量地承担辖区内的低保工作，人手短缺是主因。街道办事处和乡（镇）虽然名义上配备了低保专干、民政助理，但是这些人员往往身兼数职，主要精力放在了计划生育、招商引资、社会治安综合治理等对当地来说更为重要的工作，只能"业余"地处理低保工作。于是这两级机构将大量的低保管理、审查方面的工作转移给了村（居）民委员会。大部分村（居）干部文化程度不高，对政策领悟水平有限，加之并没有一套行之有效的家庭收入和财产计算、核查方法，导致他们在审查时拥有极大的自由裁量权，表现出一定的随意性。同时，现有的社会救助服务人员业务素质参差不齐，街道办事处和乡（镇）、村（居）民委员会的人员流动性也较大，多是"半路出家"，没有接受过社会救助方面的专业学习，没有相关的工作经历。一些地方低保工作经费配备不足，基本的办公设备和交通工具无法落实；长期聘用人员或临时聘用人员比例较大，工资待遇较低，又进一步挫伤了工作热情和积极性，加剧了人员的流动。

"取伪错误"造成所谓的"人情保""关系保"，在两种情况下发生，一是社会救助服务人员为了个人利益，通过了家庭人均收入高于低保标准的申请者的审查。这类现象多发生在村（居）层面，相关人员将低保救助资格违规给予亲朋好友以及与其有利害关系的其他人员，如随着基层民主制度的施行，许诺给予投票人低保救助资格甚至成为村（居）干部候选人以在竞选中拉票；另一种情况是审核机构将低保救助资格当作维护"集体利益"的一种"资源"，如有的乡（镇）将其当作一种"摆平术"，用于在私底下收买上访事件的当事人，以避免上访升级为影响社会稳定的事件（欧阳静，2011）。

4. 家庭经济状况调查：缺乏可操作性的核对方法

无法制止"福利欺诈"、社会救助服务人员对申请者家庭经济状况审查不力的技术性障碍是缺乏可操作性的家庭收入和家庭财产核对方法。在实践中，申请者家庭成员的非正规就业收入、外出打工收入、子女赡养费收入基本无法核对；受我国《商业银行法》等法律限制，申请者家庭的银行存款、股票及其收益等也无法核对。申请者家庭成员的工资收入的核对往往得不到雇主的配合，现行的法律法规下雇主不会因为开具雇员不实工资收入证明而获得惩罚。在农村地区面临的另一个重大问题是居民收入以实物为主，难以货币化，尤其是所饲养的家禽。在低保制度建立之初，社会救助服务人员一度使用"代理性家计调查"，即选用适合当地民情的一两项容易辨别的指标来判断申请者个人或家庭的经济状况（顾昕、高梦滔，2007），比如是否在使用电视机、电话、手机、空调，是否饲养宠物，是否佩戴首饰等，核对电费、电话费金额等，并以此作为是否给予救助的关键性指标，实行"一票否决"，或者超过一定标准就取消救助资格。综上，缺乏可操作性的申请者家庭收入和财产核对方法，给企图"福利欺诈"的申请者可乘之机，也给社会救助服务人员的审查工作带来极大的困难。

三　社会救助对象"纠偏"的举措

恰当水平的"瞄准度"应能确保社会救助发挥"最后一道防线"的制度职能，同时避免"养懒汉"，维护社会的公平正义。就最低生活保障制度的性质和我国当前低保资金投入水平来看，提高"瞄准度"，实现"应保尽保"、避免"保不应保"、落实"应退尽退"，可以采取以下举措。

（一）适度提高保障标准以扩大覆盖人口及提升保障水平

与"绝对贫困"对应的另一个概念是"相对贫困"，使用"基本生活水平"来划定受益者，即按当地一般家庭都能达到的生活水平来确定救助标准。不少发达国家和地区已经在使用"相对贫困"的概念来界定社会救助对象，我国台湾地区的贫困线——"最低生活费标准"的划定也是基于这一概念。1999 年起，台湾统一以"当地最近一年的平均每人消费支出60%"作为最低生活费标准线（邱莉莉，2011）。当前我国的贫困问题仍然较为严峻，按 2010 年的扶贫标准，我国农村贫困人口和城市贫困人口之和约为 0.5 亿人；[①] 按 2011 底发布的新扶贫标准，农村贫困人口和城市贫困人口之和约为 1.50 亿人。[②] 按中央的要求，我国对农村贫困人口坚持开发式扶贫方针，实行扶贫开发和农村低保有效衔接，前者是脱贫致富的主要途径，后者是解决温饱问题的基本手段（张毅，2011）。同时，我国社会未来的发展中还可能出现新的贫困类型和严重的贫困问题，一是转变经济发展方式所带来的失业和贫困问题；二是我国快速城市化进程中带来的贫困问题；三是人口快速老龄化背景下的贫困问题（关信平，2011）。因此，当前我国不宜全面启用使用"相对贫困"制定低保标准，否则在短期内将使我国低保救助和反贫困的任务骤增。

当务之急是适度提高低保标准，建立低保标准与必需生活品物价挂钩的调节机制。在近年持续通货膨胀、物价上涨的形势下，低保救助金的实际购买力在下降，对救助对象的日常生活冲击较大。目前大部分省份建立了以 CPI 为依据的低保标准调节机制，但这种调节机制仍然不够合理。CPI的计算涵盖城乡居民生活消费的食品、用品、衣着、家庭设备用品及维修服务、医疗保健和个人用品、交通和通信、娱乐教育文化用品及服务、居

---

① 说明：按 2010 年的扶贫标准（1274 元），农村贫困人口为 2688 万人；城市贫困人口按城市低保救助人口 2311 万人估算。

② 说明：按 2011 年的扶贫标准（2300 元），农村贫困人口为 1.28 亿人；城市贫困人口按城市低保救助人口 2277 万人估算。

住等八大类，262 个基本分类的商品与服务价格，范围远远大于关乎城乡低保家庭基本生活的"必需生活品"。故而使用 CPI 作为依据对低保标准进行调节，其效果受到非生活必需品的"稀释"，使调整的幅度偏小，多年积累下来造成了低保标准越来越低的发展趋势，如以 2005 年的数据为 1，2006～2011 年，CPI 的涨幅为 21.8%，而其中食品类的涨幅高达 58.5%（唐钧，2012）。因此，在调节低保标准时，应重点考虑必需食品和必需生活品的价格变动情况，建立低保标准与必需生活品物价挂钩的调节机制。

（二）加强社会救助人员队伍建设以提升审查业务水平

一是要稳妥解决社会救助服务人员编制和工作经费问题。编制问题的解决将从根本上消除社会救助服务人员内部同岗不同酬、同绩不同酬的问题，有助于提高县级民政部门、街道办事处和乡（镇）社会救助服务人员的工作积极性和队伍的稳定性。同时，必须配足开展低保工作所需的工作经费，确保社会救助服务人员能够正常开展相关工作。二是要加强现有社会救助服务人员队伍的培训。社会救助工作不但政策性强，而且专业性也强，应该重点对村（居）委会社会救助服务人员、文化程度在中专或高中及以下的人员、从事社会救助工作在两年以下的人员进行培训，培训内容既要包括基本的社会工作、社会保障、社会管理方面的业务知识，也应注意对职业道德、人文关怀意识的培养。三是提高社会救助服务人员的招录标准。从社会救助服务人员队伍整体素质提高的角度考虑，街道办事处和乡（镇）及以上社会救助机构在现有编制自然减员，或其他原因需要招录新人员时，应提高招录门槛，明确（优先）录用社会工作、社会保障及相关专业人员。在这个过程中也应该警惕"帕金森定律"所带来的"金字塔上升现象"，杜绝西方国家所谓的"福利机构挥金如土"现象在我国重演。西方不少国家，救济机构的行政管理费用超过了救济预算总额的 60%，大部分救济款被不是穷人的救济机关占用，或者说救济机构和人员的无限制扩张导致了救济资金的无效膨胀（葛道顺，2003）。

另外一种思路是建立一支独立于政府社会救助行政组织体系之外的社

会工作队伍。社会工作的介入可以使申请者资格审查和需求评估、审批标准掌握等方面的工作更加个性化、有针对性；社会救助的管理中引入专业社会工作，能够更好地采用各种专业调查评估方法、技术手段、心理技巧和信息网络，更专业地将统一的政策标准准确应用于千差万别的个体，也能够更好地把握复杂的政策法规体系（关信平，2010）。可以借鉴香港和台湾的做法，由专业社会工作者个别化、个性化地承担社会救助申请者家庭经济状况核对工作，而村（居）委会工作人员则是扮演"协查"角色（唐钧，2012）。

（三）建立有效的家庭经济状况核查机制以规范核查行为

实施家庭经济状况调查时，对于低保申请者家庭以及已保家庭故意隐瞒收入、收入不稳定、收入难以精确量化和相关部门不配合的情况，除提高社会救助服务人员的经济状况核对水平外，亟待建立规范有效的家庭经济状况核对制度。在审查内容方面，对于容易被申请者隐瞒的银行存款、有价证券、房产、汽车等进行重点核查，在获得申请者授权的基础上，联合金融、住建、公安等部门进行核查。同时，也可以建立第三方证明制度，由申请者的亲友对申请者家庭的收入和财产信息的真实性进行证明。可以对已保对象进行分类，以提高家庭经济状况复核的效率，有效开展动态管理。对于"三无"人员、重残户，可以延长复核周期，一年一复核；对于"支出型"贫困低保家庭，可同时给予专项救助，并对其进行不定期复核；对其他类型的低保家庭，可以半年一复核。

人性化地进行家庭经济状况调查有利于减少申请者家庭的故意隐瞒。应允许申请者家庭拥有一定数量的用于维持正常生活和应急之用的实物及货币资产，如北京市规定低保家庭人均可拥有不超过申请时城市低保标准24个月总的实物资产及货币资产。① 为达到鼓励就业，增强低保救助对象流动性的目标，在对救助对象的救助资格进行跟踪复核时，可对其积极就

---

① 详见《北京市社会救助家庭经济状况认定指导意见（试行）》，北京市社会救助信息网，http：//Bjshjz. Bjmzj. Gov. Cn/ShowBullteein. Do？ Id＝30702&Dictionid＝7083101&WebsitId＝70890&NetTypeId＝2&Subwebsitid＝。

业的所得在一定时间内给予一定比例的豁免。也可以设立高于低保标准的低保退出标准,实行低保标准弹性化,促使有劳动能力的低保对象更积极地寻找就业(关信平,2011)。

(四) 完善法律法规体系以明确违规行为的法律责任

社会救助法律体系应该包括宪法中有关社会救助的条款、社会救助法及其他相关法律、行政法规、地方性规章和部门规章等。社会救助法草案历经国务院常务会议两次审议均未通过,迄今仍未能提交全国人大审议。低保行政法规目前仅有 1999 年发布的《城市居民最低生活保障条例》,对城市低保标准的制定、家庭经济状况调查进行了较为笼统的规定,给实际工作的开展留下了较大的自由裁量空间。而农村低保的实施依旧停留在国务院通知的层次上,尚无行政法规。低保制度在救助对象瞄准方面阶段性、片面性的顶层设计,当前仅靠国务院和相关部委陆续发布文件加以修补。因此应加快提升低保法制化水平,尽快出台社会救助法,健全低保的行政法规、地方性规章和部门规章,对故意隐瞒家庭经济状况的申请者、已保对象和"人情保""关系保"的责任人的法律责任加以明确。对于前者,取消救助资格的同时追回其骗取的低保金,视情况处以一定的罚款,对其日后申请低保及其他专项社会救助项目的救(援)助资格时给予重点审查。对于后者,取消救助资格的同时追回发放的低保金,视严重程度对责任人进行通报批评、调离原工作岗位、党纪政纪处分,直至追究法律责任。

此外,加大低保制度的宣传对提高"瞄准度"的作用也不可小觑。提高广大群众尤其是困难群众对低保政策目的、运行原理和申请流程的知晓水平,可起到两方面的作用,一是提高群众对低保制度的认识水平,积极行使社会救助权利,同时主动遵守相关规定,减少"福利欺诈"和"弃真错误"的发生;二是扩大群众对低保制度运行全过程的监督,有效遏制申请者和已保对象的欺诈行为,以及低保管理经办机构、社会救助服务人员"取伪错误"等违规现象。

参考文献

葛道顺，2003，《建立公正、积极、高效的社会救助体系》，《中国社会科学院院报》第 20 期。

关信平，2011，《中国综合社会救助制度发展战略》，载郑功成主编《中国社会保障改革与发展战略（救助与福利卷)》，人民出版社。

关信平，2010，《社会工作介入社会救助的必要性、任务及体制机制》，《中国社会工作》第 22 期。

关信平，2009，《社会政策概论》，高等教育出版社。

顾昕、高梦滔，2007，《中国社会救助体系中的目标定位问题》，《学习与实践》第 4 期。

梁万富，2006，《阶梯式社会救助制度探究》，《中国民政》第 10 期。

李艳军，2011，《农村最低生活保障目标瞄准机制研究》，《现代经济探讨》第 1 期。

欧阳静，2011，《"维控型"政权多重结构中的乡镇政权特色》，《社会》第 3 期。

邱莉莉，2011，《北京与台湾社会救助之比较》，《北京社会科学》第 6 期。

唐钧，2012，《"十一五"以来社会救助发展的回顾及展望》，《社会科学家》第 6 期。

张毅，2011，《中央扶贫开发工作会议在北京召开》，《人民日报》11 月 30 日第 1 版。

可持续生计框架下关于农村社会
救助的思考[*]

朱海平^{**}

摘　要：农村社会救助的力度近年来不断增强，然而，部分救助对象存在长期依赖社会救助的现象，救助效果有待提升。农村救助对象在人力资本、社会资本、自然资本、物质资本和金融资本等方面处于或轻或重的劣势，挖掘他们在生计资产方面的潜力，通过组织类似综合农协等团体建构新的社会资本或组织资本，有助于救助对象走出困境，从而摆脱对救助制度的长期依赖。

关键词：可持续生计　农村　社会救助

一　生计的含义

"生计"（livelihood）在英文里的含义指"生活的手段"（means of living）、"收入"（income）和"职业"（occupation）等。在汉语中，"生计"指"维持生活的办法"和"衣、食、住、行等方面的情况"。^① 可见，和"职业""收入"等概念比较，"生计"一词的内涵更丰富，更能完整地表

　　* 本文为云南省哲学社会科学规划课题"云南边疆社区社会救助问题及对策研究"
（YB2012121）、云南省教育厅科学研究课题"云南省边疆社区社会救助研究"
（2011Y318）的阶段成果之一。

　** 朱海平，男，湖南双峰人，中国人民大学博士，云南师范大学讲师，主要研究方向为社
会政策、发展社会学。

　① 中国社会科学院语言研究所词典编辑室编《现代汉语词典》，商务印书馆出版，1996，第
1129 页。

达生存的复杂性，更有利于理解穷人的生存策略。

多数学者是在"建立在能力（Capabilities）、资产（Assets）和活动（Activities）基础之上的谋生方式"这个意义上使用生计这个概念，Sen 把"能力"（Capabilities）看作人能够生存和做事情的功能（Sen，1997）。Chambers 和 Conway 将"资产"（Assets）划分为有形资产和无形资产两个部分（Chambers and Conway，1992）。Scoones 将资产划分为四种类型：自然资本、金融资本、人力资本和社会资本（Scoones，1998）。不过，英国国际发展署（Department for International Development，DFID）将其中的金融资本进一步细分为金融资本和物资资本。在生计能力和生计资产的拥有上呈现显著差异的不同主体，其生计活动也会有很大差别。例如，传统农民的生计活动主要在第一产业中展开，城里人的生计活动则主要在第二产业或第三产业中进行。

虽然不同学者对生计的定义有所不同，并且，随着时间的推移，生计概念本身也在发展和完善之中，但是，生计概念的核心要素（能力、资产和活动）依然保持一致和稳定。

二　可持续生计框架

"可持续生计"这个概念源于对解决贫困问题的探讨，最早见于世界环境和发展委员会的报告。"1992 年，联合国环境和发展大会（UNCED）将此概念引入行动议程——特别是第 21 项议程，主张把稳定的生计作为消除贫困的主要目标。第 21 项议程指出，稳定的生计可以使有关政策协调地发展、消除贫困和可持续地使用资源"（辛格、吉尔曼，2000）。此后，联合国开发计划署、世界银行、英国国际发展机构等国际援助机构逐渐将可持续生计框架运用到反贫困的研究中，对发展中国家的贫困问题与发展问题进行研究并付诸实践。

由于对生计概念的定义有所差别，不同的学者和机构针对可持续生计也提出了各自的分析框架，例如，Carney 和 Scoones 提出了可持续生计分析框架（Carney，1998；Scoones，1998），Bebbington 提出以资本和能力为核心的综合分析框架（Bebbington，1999），Ellis 提出了生计多样化分析框架（Ellis，2000），英国国际发展署（DFID）建立了 SLA 框架（DFID，1999）。在这些分析框架中，以 DFID 建立的 SLA 框架最具典型性，被国内外许多组织和学者采纳。

SLA 框架是在 Sen、Chambers 和 Conway 等人的相关理论的基础上形成和发展起来的一套发展规划方法。该方法的目的在于帮助贫困人口获得持久的生计改进，SLA 框架中所包括的要素及其相互关系如图 1 所示。

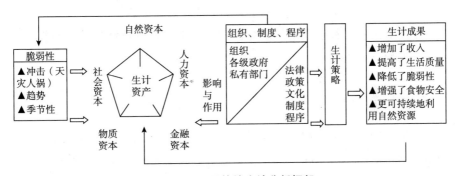

图 1　DFID 可持续生计分析框架

注：粗放化经营、集约化经营、生计多样化和迁移等是个人和农户采纳的主要生计策略。

从该框架可以发现，生计资产在 SLA 框架中居于核心地位，该框架将生计资产划分为人力资本、社会资本、自然资本、物质资本和金融资本五种类型。"自然资本指能从中导出有利于生计的资源流和服务的自然资源的储存（如土地和水）和环境服务（如水循环），简而言之，就是以生存为目的，用于生产产品的自然资源。"（李斌、李小云、左停，2004）物质资本指用于创造物质财富过程中除去自然资源的物质，如道路交通、运输工具、通讯、能源、住房、饮水设施、生产工具、种子、农药和肥料等。金融资本在此处不是指由工业垄断资本和银行垄断资本共同形成的垄断资本，而是指储蓄、工资和报酬以及可以获得的贷款和个人借款等。人力资本指劳动者的健康状况和劳动能力，以及所拥有的知识、技能。社会资本指社会关系、组织和协会等社会资源。

DFID 的可持续生计分析框架通过一个二维平面图来展示生计构成的核心要素及要素之间的结构关系，这个简单的二维图形虽然不能充分展示框架各构成部分之间的互动联系和反馈关系，但是，通过这个框架可以发现，在政策和制度等因素所造就的风险性环境中，在资产与制度和政策双方的相互影响下，生计资产的性质和状况决定了所能采用的生计策略，该类型生计策略必然导致某种生计结果，生计结果又反作用于生计资产，影响资产的性质和状况（李斌、李小云、左停，2004）。

三 我国农村社会救助对象的生计资产状况

学界有关农村社会救助的研究比较多，本文在可持续生计分析框架下对该问题展开思考。

（一）自然资本人均拥有量不足

我国人均耕地资源缺乏，2005 年度全国土地利用变更调查结果显示，我国人均耕地面积由 2004 年的 1.41 亩进一步减少到 1.4 亩，仅为世界平均水平的40% ,① 此后，耕地面积仍在不断减少。沿海、沿江与沿河流域的农民拥有相对丰富的渔业资源，随着过度捕捞和环境污染等问题的加剧，水产资源不断萎缩，甚至导致部分渔民上岸改行。同时，我国也是一个森林资源稀少的国家，人均森林面积 0.145 公顷，不足世界人均占有量的 1/4；人均森林蓄积 10.151 立方米，只有世界人均占有量的 1/7；全国乔木林生态功能指数为 0.54，生态功能好的仅占 11.31%，生态脆弱状况没有根本扭转。② 作为中国农民的一部分，我国农村社会救助对象所拥有的自然资本更加不容乐观。

（二）物质资本匮乏

近年来，随着新农村建设运动的开展，农村的物质资本状况有了很大的改善，然而，对于绝大多数农村社会救助对象来说，其物质资本状况堪

---

① 中国政府网，http：//www. Gov. Cn/Jrzg/。

② 国家生态网，http：//www. Forestry. Gov. Cn/Portal/Main/s/65/Content－326341. Html。

忧。一是安全住所缺乏。有些救助对象居住在祖辈传承下来的低矮、潮湿、破旧的房屋里，年久失修，生命安全受到威胁。二是饮水和卫生设施差。三是能源不足。农村救助对象的能源问题主要表现在缺乏燃料。四是农资昂贵。主要农作物的种子往往通过杂交而成，市场价格高；农药和化肥的价格不断上涨。部分农村救助对象因经济困难自留种子、减少农药和化肥的使用量，从而导致作物产出很低。

（三）金融资本短缺

金融资本指储蓄、工资、救济金以及可以获得的贷款和个人借款等。农村救助对象的小额贷款需求，面广效益低，农村金融机构往往不太愿意放贷。一旦想要扩大再生产或者因其他原因而需要大笔款项时，该群体很难从金融机构获得贷款。部分农村救助对象能从政府领取一些救济金，如五保户的五保供养费等，对于老年救助对象来说，能解燃眉之急，这些救济金和养老金可算是农村救助对象的一笔金融资本，不过，在物价高涨的年头，也发挥不了其他更大的功能。

（四）人力资本有待提升

农村社会救助对象所拥有的人力资本很有限。首先，健康状况总体堪忧。由于经济困窘，救助对象常常营养摄入不足并影响其健康，因贫致病、因病致贫，形成恶性循环。其次，文化程度低。该群体的教育程度和科技素质偏低，50岁以上的群体尤其明显。再次，劳动能力低下。劳动能力是体格健壮的救助对象所拥有的最重要的人力资本，其他如年老者、体弱者、严重残疾者等群体基本丧失了劳动能力，这部分人在农村社会救助人员里为数不少。最后，技术欠缺。农村救助对象绝大多数都缺乏技术或手艺，在就业市场毫无竞争力可言。

（五）社会资本有待拓展

考察农村社会救助对象的社会资本可以从以下三个方面进行。一是其社会关系中是否有公务员和教师等公职人员以及是否拥有海外关系等；二是是否参加过种植、养殖等农业协会；三是面临困难时能否寻求到相应的帮助。农村社会救助对象在这几方面往往处于不利地位，社会资本非常欠缺。

四　关于我国农村社会救助工作的思考

社会救助在我国源远流长，同时，又吸收了西方的一些救助思想和实践经验，近年来，我国社会救助理论和实践取得了长足的进步，同时，也存在一些不足。

（一）提高干预层次

CARE 在可持续生计分析的基础上，提出了生计供给（livelihood provision）、生计保护（livelihood protect ion）和生计促进（livelihood promotion）等发展干预的三个层次，其中，生计供给的思路主要在于给农户提供饮水、食物、住房以及其他基本服务，生计保护主要为农户提供以工代赈、工具、种子以及灌溉系统，生计促进则为农户提供一定的资产，改善其生产、消费和交换环境等。我国大多数地方所实施的农村社会救助囿于生计供给这个层次，应当在种子供应、资产积累、交换环境的改善（生计保护和生计促进）上做进一步的努力。

（二）提升人力资本

对于农村救助对象来说，比起克服收入贫困，消除能力贫困是一个更具根本性的工作。在推行新型农村合作医疗的同时，落实相关医疗救助政策，减轻疾病对农村救助对象的危害，是提升该群体人力资本的前提。此外，应当因地制宜地举办相应的教育培训，增加其种植和养殖方面的知识和技能，提升其人力资本。

（三）拓展社会资本

在可持续生计框架中，社会资本指社会关系、组织和协会等社会资源，除了家庭、姻亲、邻里等社会资本之外，我国农村社会救助对象所拥有的社会资本非常有限。日本、韩国、我国台湾地区的实践和杨团研究员在我国内地进行的综合农协试点表明，农民可以依靠组织和协会来增加社会资本，农村社会救助对象也不例外。通过组织和加入综合农协等农民组织，农村救助对象可增加社会资本，从而在一定程度上改善自己在市场中的弱势处境。从目前来看，切实地推进综合农协等试点工作，不失为从结构的视角增加农村救助对象社会资本的一个有益的探索。

（四）加强制度与程序环节

通过可持续生计框架可以发现，组织、制度以及程序等因素作用于风险性环境，并且生计资产与组织、制度以及程序相互影响。我国农村社会救助工作在制度与程序等环节还存在一些不足，必须采取有力措施予以加强，一是加强各级政府的责任。进一步明确县、乡、村各自的社会救助职责，各尽其职，相互协作，确保每一个对象能及时获得救助。二是提高农村社会救助工作的法律地位。农村社会救助工作只是以国务院通知的形式发布，政策执行中存在一定程度的随意性，因而，要提升农村社会救助工作的法律地位，使其由政策指导向法制保障迈进。三是进一步发挥非政府组织的作用。非政府组织在我国的发展中，规制过度和规制不足的问题同时存在，这是应当解决的首要问题。此外，要注意克服公益的特殊性、父权性和业余性等非政府组织固有的三大缺陷。非政府组织参与开展社会救助工作，将成为我国社会救助体系中一支不可或缺的重要力量，在这个意义上，组织资本可以成为农村社会救助对象生计资产的第六种资本。四是推进社会救助文化建设。社会救助是一个政府主导、各界广泛参与的社会性工作，要营造一种包括私有部门在内的社会各界积极履行自己社会责任的文化氛围。

参考文献

Bebbington, A. 1999. "Capitals and Capabilities: A Framework for Analyzing Peasant Viability." *Rural Livelihoods and Poverty*, *World Development.* 27 (12).

Carney D. 1998. *Implementing a Sustainable Livelihood Approach*. London：Department：International Development，No. 52 – 69.

Chambers，R. and R. Conway. 1992. "Sustainable Livelihoods：Practical Concepts for the 21st Century." IDS Discussion Paper，No. 296.

DFID. 1999. *Sustainable Livelihoods Guidance Sheets*，London：DFID.

Ellis，F. 2000. *Rural Livelihoods and Diversity in Developing Counuries.* New York：Oxford University Press.

Scoones，I. 1998. *Sustainable Rural Livelihoods*：*A Framework for Analysis.* IDS，Working Paper，No. 72.

Sen，A. K. 1997. Editorial：*Human Capital and Human Capability.* World Development，25（12）.

李斌、李小云、左停，2004，《农村发展中的生计途径研究与实践》，《农业技术经济》第 4 期。

纳列什·辛格、乔纳森·吉尔曼，2000，《让生计可持续》，《国际社会科学杂志》（中文版）第 4 期。

农村低保"指标化"管理的影响、原因与对策

——以贵州省为例

李振刚

摘　要：本文主要针对农村最低生活保障制度实施过程中出现的"指标化管理"现象进行研究。根据课题组 2012 年在贵州省的实地调查资料，文章首先介绍了贵州农村低保制度建立发展的过程及农村低保制度实施以来发挥的积极作用，其次，分析农村低保实施过程中所产生的"指标化管理"现象所带来的问题和影响。再次，重点分析了农村低保指标化管理的原因。最后，就如何完善农村低保制度进行了思考，提出了相关的政策建议。

　　贫困人口多、贫困面大、贫困程度深是贵州的特殊省情。由于这样的省情，始终有一部分人需要政府的帮助，来维持基本的生活，特别是鳏寡孤独和残疾人等特殊困难群体。贫困人群大部分又集中在农村。传统的对农村特困群众进行的定期定量生活救助及临时救助，一般都是根据地方政府财政情况来决定救助的人数和标准，往往导致很多贫困人口得不到救助，或者虽得到救助但是救助的水平很低。农村低保制度的建立，为稳定、持久和有效解决农村人口贫困问题提供了制度保障。贵州省领导高度重视农村低保制度的建立和完善，在 2009 年全省农村低保工作会议上，林树森省长讲到，"对贵州来说，农村低保可以说是天大的事"，并要求必须由"一把手"亲自抓农村低保。农村低保制度的建立标志着政府对抗贫困的斗争进入了"两轮驱动"的历史阶段：低保维持生存、扶贫开发促进发

展，开发与救助相结合（李学术等，2010）。那么，在贵州农村低保实施近5年，其效果如何，尚存在哪些问题，需要怎样改进，这是本文探讨的主要问题。

一 贵州农村低保制度建立发展的过程

到目前为止，贵州农村低保的建立大致经历了两个阶段。一是，初创阶段（2007～2009年）。2007年7月贵州正式实施农村居民最低生活保障制度（简称农村低保）。为此，省政府陆续出台了相关文件，主要有《省人民政府关于全面建立实施农村居民最低生活保障制度的意见》（黔府办发〔2007〕15号）、《省人民政府关于全面建立农村居民最低生活保障制度有关问题的通知》（黔府办发〔2007〕57号）。二是，发展完善阶段（2010年至今）。2009年全省农村低保扩面提标工作会议之后，制定出台了《贵州省农村居民最低生活保障工作规程（试行）》，确立了按户施保，按标补差的基本操作原则。

到2009年底，农村低保实施两年多来，保障人口324万人，累计发放农村低保资金46.5亿元。到2011年底，全省共有农村低保对象225.5万户、530.9万人，全年共发放农村低保资金54.99亿元，比上年增加73.3%。

二 农村低保制度实施后的效果和影响

农村低保制度实施后，从上面的统计数字中我们可以看到从总体上讲，低保对于保障、改善贫困群众的生活发挥了很大的作用。特别是在贵州发生冰冻灾害和旱灾等特大灾害时，低保制度确实发挥了保障困难群众基本生活的作用。

在肯定低保制度的积极作用的同时，通过实地调查和文献研究，我们发现低保制度的建立，对于社会救助的一些基本原则和理念产生了影响。同时，它在实际工作中也产生了一些消极影响。

（一）低保制度建立对社会救助原则产生的影响

相对于传统的农村社会救助项目"农村五保"、农村临时救济，农村低保制度是一项新的制度。有学者（尚晓援，2007：225－229）通过城市低保制度的研究，指出低保制度的建立对原有社会救助原则产生了影响。主要表现在三个方面。

（1）从对没有劳动能力的人进行救助，到对有劳动能力的人和没有劳动能力的人都进行救助。因为低保制度是以户为单位进行申报，只要家庭收入低于"低保线"就纳入低保进行救助。对有劳动能力的人进行救助，一是社会认可的问题，二是产生福利依赖以及虚假申领的问题。因此，如何对有劳动能力的人给予救助同时加上一定的限制条件，是一个重要的政策设计问题。

（2）在新制度下，政府、家庭、个人和直系亲属之间相互承担的责任在改变。原有的五保、临时救济把主要的责任放在个人和家庭上面，只有在个人和家庭缺位时，国家才介入。在新的制度下，这种相互之间的责任正在发生一定程度的改变。亲属（尤其是直系亲属）之间的相互支持程度应该达到什么程度，政府在什么情况下应该干预，干预到什么程度，这就关系到政府和家庭、个人之间责任的重新定义的问题，这个定义还在进行中。例如，有的地方出现人户分离，把年老父母与子女分开，单独由父母申请低保，把子女承担的赡养义务推向政府。总的原则是政府的干预不应该减少家庭的责任（挤出效应），但是也不能因为国家承担的责任过少而导致一些群体生活困难。

（3）新制度，具有以社会权利为基础的特征，即基层工作人员任意处置的权利缩小了，被保障对象可以根据自己的权利要求得到保障。例如，很多农户都主动要求享受低保待遇，并认为这是自己的权利，并不像以前那样对政府感恩戴德。

（二）农村低保制度实际运作过程中的问题和影响

低保除了对社会救助制度本身产生影响，实际工作中也存在一些问题，同时产生不利的影响。下面是一位村支书在座谈中的一段讲话。

农村低保是一种救济式扶贫，落实难度大。给老百姓发钱，发出矛盾来了，发出想法来了，干部的压力很大。既然低保主要是解决生活问题的，救济式扶贫应当侧重于"三无"等生活确实有困难的人员。其他资金应当用到基础设施建设和人力资源培训等开发式扶贫项目上。农户都生活在一个社区里，户与户的差别不是很大。今年我们落实了 420 户低保户，肯定有一部分村民得不到，得不到就会有意见。老百姓会认为，我们在拿钱养懒汉，有劳动能力的不劳动，而得到救济和帮扶，而我们天天在劳动，得到的帮助很少，觉得不公平。现在的体制是给指标，户均不低于 2.6~2.8 人，我们村 420 户，1200 多人。虽然是动态管理，但是低保总户数和总人数不能变动、调整。

这段话不仅是他一个人的看法，也是很多其他基层干部的看法，它集中地反映了当前农村低保工作中存在的一些主要问题和带来的消极影响。根据调研资料，主要归结为以下几方面。

（1）影响了社区团结、造成社区分裂。有的人拿低保、有的人没有拿低保，没有拿到的必然觉得心里不平衡。不但影响了干群关系，造成了吃低保的和没有吃低保的人之间的隔阂，许多上访户也正是因为吃不到低保而上访。

（2）降低了扶贫资金的使用效率。低保主要是保障在低保线下的群众能够生活在低保线以上。但是，一方面低保线偏低，应该得到救助的特别是长期保障户和重点保障户，即使全额享受也只有 125 元，合每天 4 元钱，很低的标准，对于提高困难群众生活水平作用有限。另一方面，又要按照很多的指标，必须把低保金发出去，造成低保金发放像撒胡椒面一样，最少的每个月只有 35 元钱，每天 1 元钱。所以，低保制度真正帮助群众脱贫的效果并不显著。

（3）增加了干部的工作负担。目前，低保工作每年都要进行核查，由于核查工作本身难度大，再加上低保人口面大，工作量很大。据某村干部反映，村委会所有人要足足干两个礼拜才能把核查工作做完。再加上低保指标到底给谁或不给谁，给村干部心理也造成一定负担。在乡镇，由于工作量大、繁琐，很多人都不愿意做低保工作，民政助理员的流动性很大。

（4）低保角色和功能错位。低保制度的目的是维持困难群众的基本生活。但是在实际操作过程中我们发现，基层干部往往把它作为推动其他工作的手段和工具。例如为了让村民配合发展相关产业项目，或者为了让村民配合修路征地工作，甚至计生工作，只要其配合开展有关工作，就将其纳入低保对象。这既有干部对政策的理解掌握的问题，更主要的是他们有很多的低保指标要完成，除了最困难的农户外，还有多余的指标可以分配。

而造成上述影响的直接原因主要是低保工作的"指标化"管理。即县里给乡里分指标、乡里再给村里分指标，主要是根据人口数来分配低保的人数、户数和资金。

对于"指标化"管理这个问题，早在 2009 年贵州省农村低保工作会议省长讲话中就提到过这个问题的严重性，指出"采取分指标分钱的做法，农村低保制度只会越走越偏，矛盾将逐步显现出来"，要求各地"坚决不允许采取分钱、分指标的办法"。但是，两年多过去了，这种现象丝毫没有改变，其原因何在，是接下来主要想讨论的问题。

三 农村低保指标化管理的原因

当前，农村低保指标化管理，不仅是分指标问题，还有指标太多、涉及面太大的问题。造成这种局面既有特殊的政策背景因素，也有低保制度本身的原因。

（一）政策背景的影响

2009 年，中央政府出台了《关于做好农村最低生活保障制度和扶贫开发政策有效衔接试点工作的指导意见》，同年底贵州省农村低保扩面提标工作会议以后，贵州开始了低保核查工作。在核查过程中，县乡的领导出于获得更多的扶贫资金和项目的考虑，放宽了标准，上报了比较多的低保对象。如访谈中某镇民政助理提到：

> 刚开始实施农村低保时，我们镇只有 700 多个农村低保对象。在
> 2010 年低保核查时，开始符合条件的就报，结果报少了，县里要求多
> 报。2010 年核查过后，定下了基本数字，后来又要求减少，每年减少
> 10%。我们也不情愿减少，毕竟还是给老百姓一笔收入。二季度我们
> 减少了 100 多人，都是外出打工者。现在指标多了，村民得了低保也
> 不感谢村里，下了（退出）就要找村里。

（二）低保制度本身的原因

政府认为低保制度的核心是把符合标准和条件的农村贫困人口全部纳
入保障范围，做到"应保尽保"。2009 年省长讲话中提出，分指标的做法
使村与村之间不平衡，一些富裕村的指标太多而贫困村指标太少，影响了
"应保尽保"目标的实现。同时，讲话指出问题的关键是基础工作不扎实，
特别是困难群众的收入没有搞清楚。那么，是不是收入查清楚了，指标化
管理的问题就解决了呢，收入到底能不能搞清楚？

接下来，我们从低保标准的制定、保障对象的确定和低保资金的筹集
几个角度对目前的制度进行一个分析，尝试从中寻找答案。

关于保障标准的确定

低保标准的确定是低保制度的关键之一，它是衡量谁能够享受低保以
及享受多少的参照系。在贵州省刚开始实施低保的时候，全省采用统一的
最低生活保障线 700 元/每年，其参照的是当时的国定贫困线 668 元。后
来，省里放弃统一低保线的做法，提出以县为单位制定低保线，实现"应
保尽保"。

根据省里的有关规定，制定和调整农村低保保障标准，由县级人民政
府民政部门会同财政、农委、扶贫、统计、价格等部门，在认真调查研
究、统计分析和充分论证的基础上测算提出，报本级人民政府批准，并报
上一级人民政府备案后公布执行。也可以由各市（州、地）人民政府（行

署）统一制定和调整后公布执行。农村低保保障标准按照能够维持当地农村居民全年基本生活所必需的吃饭、穿衣、用水、用电等费用确定，并随着当地生活必需品价格变化和人民生活水平提高适时调整。

可见，低保线的制定其基本出发点是能够保障农村居民的基本生活，能够满足基本需要，由县级部门进行制定和调整。

2009 年以后，各县也都进行过测算，但是最后公布的测算结果基本都是围绕国定贫困线上下波动。例如，2012 年我们调查的几个县农村低保标准都是 1500 元，与国定评困线一致。这样做是不是符合实际，是否科学，我们以 Y 县城乡低保线的制定为例进行简要分析。

表 1　Y 县城乡低保标准的计算

单位：元/月

	食　品	非食品	合　计	公布低保线
城　市	143.76	126.06	269.82	270
农　村	170.49	124.27	294.76	125

注：根据 Y 县民政局提供资料整理。

Y 县有关部门采用了菜篮子法（是一种比较科学和简单易行的方法）对城乡居民的最低生活费进行了测算。包括了食品和非食品两部分。非食品主要考虑了居住（水、电）、日杂开销（理发、洗漱用品）、衣着、交通、通讯、有线电视、教育、医疗几方面的成本。可见，从其出发点来看，已经不是仅仅考虑温饱问题，而是考虑到了如何维持一个普通人的基本生活，是比较合理、进步的。其测算的结果与实际也比较贴近。从表 1 中，我们可以看到，测算的结果是农村的生活成本要比城里高一些，主要是农村人干重体力活，食品支出比城里人要高。但是，我们看到实际公布出来的低保线，城市的是按照实际测算的结果，农村却是测算结果的 43%，不足城市标准的 1/2。其理由是，农村居民多有田土，大多食品是自产自食，故按 25% 计算食品支出，最后算出 125 元的标准。

这里的主要问题是，用菜篮子法计算最低生活费是从需求和消费角度出发的，并不考虑收入。而计算农村低保标准的时候却考虑收入，自然降低了标准，使得农村低保标准仅仅能够维持温饱，也造成了城乡低保标准的巨大差异。

而且对农民自产粮食的考虑是基于有劳动能力的人，而实际最困难的户和人往往是没有劳动能力或劳动能力很弱的，他们的生活需求、生活成本和城里人是一样的。当然，也可以看出测算得还不够细致，没有分年龄段来测算需求。

根据这个例子，我们可以从方法的角度看出，为什么农村低保标准低。当然，制定比较高的保障线，地方政府存在太多人纳入保障的顾虑，担心对地方政府财政形成过大的压力。但是，基本的原则还是要保障农民的基本生活，而不仅仅是保障温饱。我们也可以看出，低保标准完全由政府部门来制定，没有民众的参与，到底定多少完全由部门说了算，但是该标准是否合理、可行却无人监督评判。可见，在低保标准的制定过程中缺少民众的参与。

关于低保对象的确认

低保对象的确认，也就是低保工作的瞄准机制问题，将收入核查和民主评议相结合是目前确定低保对象的基本做法。

（1）收入核查

收入核查被认为是做好农村低保工作的基础，基层政府花了大量的时间来做此项工作。为此，贵州省统计部门制定了详细的（包括139项内容）计算家庭收入的统计表格。但是，在农村将收入查清实属不易，主要面临的问题有以下几方面。

首先，收入计算的问题。一是农村家庭种植、养殖收入核定难。通常，核查人员执行的家庭收入计算方法多是指导性、常态性的。农村家庭种植、养殖业设定的收入是假定一个正常劳动力劳作后所获得的收入，一个弱劳动能力者通常难以达到。而且，农民的收入还受到自然灾害和病虫害的影响，从时间上看难以预测未来的收入。二是农村家庭赡养费很难计算。在农村，家庭赡养费问题极为复杂。如何计算赡养费，如何确认是否给付，给付多少极为艰难。三是外出打工收入难以核查。

其次，家庭单位的确定和家庭人口的核定问题。到底是以核心家庭还是以扩展型家庭为核算单位，以共同居住还是以户口簿记为单位，操作时标准不一。《操作规程》规定了家庭以共同生活的家庭成员为核算单位，但是如何把规定在实际工作中落实也比较难操作。特别是老年人与子女同住一个屋檐下，但是户口分立、分灶吃饭的情况，这在贵州农村比较普遍。这样，如何来计算家庭人口各地标准不一。

此外，仅仅靠收入来确定低保对象是不合理的，农村低保标准不能完全反映贫困农户的真实全貌。基于农村居民年人均纯收入的方法虽然揭示了农村贫困的重要层面，但客观上说只是提供了有关贫困的不完整描述。因为农村中有些真正困难的家庭，多是因家庭成员重病、重残、劳动力缺乏和医疗费用支出较大等多种因素复合而成，若仅凭家庭收入核实低保对象，不尽合理。此外，从资产的角度来看，还应考虑家庭财产问题。

（2）民主评议

为了克服单纯以收入审核低保资格标准的不足，《工作规程》还规定了民主评议的方法。民主评议也称民主评困是指在收入核查的基础上，通过召开农村低保民主评议小组会议，初步确定农村低保对象和保障待遇水平。民主评议有其自身的优势，评议代表们对生活的社区非常熟悉，很容易识别家庭条件差的家庭，操作比较简单，有些地方在低保对象的确定时也主要采取这种方法。但是，民主评议也有很大的局限性。在民主和法治程度不高的农村易于异化为按宗族、亲缘等关系获得低保资格，损害低保确认的公正性。此外，一些贫困家庭和社区其他人平时来往少，评议的时候很少有人替他们说话，所以也不太容易被评上。此外，民主评议还有指标化管理逻辑在里边，即给定指标后，按照困难程度来排队，最困难的户数等于指标数，而不是按照需求来进行保障。

综上所述，目前根据家庭收入和民主评困的方式并不能有效地识别贫困人群，因此，实现"应保尽保"也就很难。

（3）低保资金的筹集和使用

低保资金的筹集也是低保制度的关键之一。当前，低保资金的筹集主要来自财政，主要涉及资金预算的额度以及各级政府财政责任的划分。

贵州全省所需低保资金预算的依据有三个关键因素：贫困线、贫困人口数量、贫困人口人均收入。以上数据均来自贵州省统计局、国家统计局贵州调查总队和省扶贫办联合进行的关于农村贫困监测中的数据。

例如，2007 年刚开始实施农村低保时，贵州定的低保标准是 700 元（当时国家的贫困线是 668 元），全省贫困人口 276.64 万人，平均人均纯收入为 506.62 元，那么所需的低保资金大概是 9 亿元，这一数额就可以实现"应保尽保"。到 2009 年，国定贫困线是 1196 元，贵州的贫困人口为 585.38 万人，如要将这部分的收入提高至 1196 元，人均补差 488.98 元，共需补助金 28.62 亿元。

所需低保资金在国家、省、市、县之间按比例进行分摊。国家按照全省的贫困人口进行拨款，省级人民政府再按照市、县的贫困人口安排资金。

例如，2009 年遵义市农民收入在 1196 元以下的贫困人口是 73.6 万人（国家统计局贵州调查总队、贵州省统计局数字），省级按照 73.6 万人，年人均补差 488.98 元的 70% 予以补助。各县（区、市）按照省、市已经确定的低保金出资比例，足额落实到位。省市县三者低保金合一后作为县级低保发放的资金，视贫困人口的数量进行消化。

从有关的低保政策分析来看，省、市、县预算时所依据的标准是国定贫困线，贫困人口的数据来自统计局，也是扶贫部门的数据。所以在低保核查时，基层政府要求尽量与扶贫部门的数据相衔接。这样就基本定下了贫困人口的基数。

在县级政府层面上，原则上要求各县制定自己的低保标准，根据实际调查的真实贫困人口来消化资金。也就是说判定享受低保的资格标准不一定是国定贫困线，低保的人口数也不一定和统计、扶贫部门的数字一样，而是根据实际需要救助的人的情况来定。从另外一个角度理解，就是省、市、县在做低保资金预算时主要参照的是统计和扶贫部门的数字，是自上而下的；而具体的各县的救助标准需要考量救助的人数，是要根据各县的具体情况来定，应该是自下而上的。

但实际情况是，在县级以下仍然采取分指标方法，而非由基层逐级上报实际需要救助的人。其中的影响因素之一是，下一年度的低保资金的预算是根据上一年度低保的人数和平均补助标准来做的。在各县（市）自己承担比较小的财政比例的情况下（遵义地区，省级承担70%，同仁地区省级承担90%，地市和县又按一定比例承担），县市还是愿意多报些低保人数，尽量与扶贫部门的数字接近，以便获得比较多的低保资金。所以只能采取指标化管理。

从低保资金的使用上来看，低保资金是专款专用，不能别用他途。我们前面已经分析过，农村低保标准比较低，而农村真正需要救助的贫困人口（主要是老弱病残）并不是那么多，如果仅救助实际最需要帮助的贫困人群，资金肯定消化不完，所以必须扩面。

综上所述，目前低保标准低、低保对象又难界定，地方政府在尽量将低保资金预算最大化的情况下，采取指标化管理也是没有办法的办法。

四　完善农村低保制度的思考及建议

从目前贵州低保制度的设计来看，基本上走的是以家计调查为基础的社会救助制度安排。根据过往经验，实践中家计调查的成本很高，我们从贵州的调查也看到了。而这样的制度安排是有条件的，研究表明，以家计调查为基础的社会救助需要三项技术条件：第一，对收入水平了解比较容易。如果存在大量的非正式经济和隐性就业，家计调查的社会救助方法就会失效；第二，国家或地区的政府机构有必要的行政能力来管理家计调查的安全网；第三，政府有经济能力弥补贫困线和实际收入之间的差额。我们可以看出，农村的情况是不符合这些条件的。

那么，农村社会救助应该选择怎样一种制度设计才能够有效瞄准贫困人口并进行适当救助呢？他山之石可以攻玉，澳大利亚的社会救助制度也许会给我们一些启示。

澳大利亚没有建立社会保险制度，而是建立了以社会救助制度为核心的独特的保障制度。其特点是：第一，它是选择性的、以家计调查为基础。第二，社会保障的待遇支付以类型划分为基础，老年人、残疾人、病人及照料他们的人、单亲家庭、失业者是几个主要的接受政府社会救助的群体。第三，待遇发放不是无条件的，而是要根据家计调查和财产调查的结果。第四，联邦政府从公共财政中对社会保障提供支持，全国统一标准。

在通过选择性的方法确认目标群体的时候，澳大利亚的主要特点是首先利用类型划分的方式确定受惠群体，再利用家计调查的方法确定在特定类型群体内的受惠对象。这种将类型划分和家计调查相结合的方法有利于简化确认受惠对象的操作过程。类型划分方法的另外一个好处是可以把现金救助对经济影响的副作用限制在比较小的范围内。现金救助对工作人口的工作努力程度有负面影响，当低收入人群发现享受免费的救助比工作更合算时，他们可能不去找工作，长期生活在贫困线边缘。而对于非劳动年龄段的人口和无劳动能力的人口，如老人、残疾人和儿童来说，他们本来就没有工作能力，社会救助对工作努力方面的负面影响是不存在的。为了解决有劳动能力的受救助者工作动机不足问题，待遇领取者必须在指定的组织中参加一定数量的义务工作，才有资格领取救助。

澳大利亚有关类型划分、家计调查、活动调查相结合的制度设计对完善救助体制也是非常有启发的。虽然，贵州低保制度设计中也有分类施保的措施，如长期保障户、重点保障户和一般保障户，但是这种分类方式比较粗。问题关键还在于，我们的制度设计是把家计调查放在了首位，类型划分放在次位。在制度刚开始实施时，采取了三类五档的方法，基层干部是比较认可的，后来采取的以家庭收入为基础，按差补贴的方法被基层干部认为是将简单的问题复杂化。

我们应当根据贫困人口的类型设立相应的津贴制度，比如老年人、残疾人、病人及照料他们的人、单亲家庭、失业者津贴等。其实真正的贫困人口主要也是这些人，他们的基本生活保障了，绝大部分贫困也就基本消除了。因此，未来社会救助制度改革完善的方向是以类型划分为基础的以保障基本生活为首要目标的综合社会救助体系。

为了实现这样的目标，我们需要对现有的低保制度进行调整，与现有项目进行整合、衔接。

（1）对贫困群众进行类别的划分，包括没有劳动能力者和有劳动能力者。对没有劳动能力者要进一步细分，比如老人又分为"三无"老人和非"三无"老人，残疾人又可根据残疾的类别和等级来分，等等。

然后，在考虑家庭的成员结构、收入水平、生活费支出、致贫原因等基础上，结合最低生活保障线标准的确定，分类别、等级划定出属于保障对象的条件与范围，以及接受救助的标准。对于有劳动能力者，要限定其接受救助的期限，以及对其接受救助增加附加条件，比如，参加社区公益劳动、参加技术培训等等。这样，便于准确瞄准救助对象。

（2）制定更加科学合理的最低生活标准，例如根据家庭人口规模和家庭成员构成的不同来制定不同的保障标准。此外，制定公众所能接受的低保标准，一定要引入公众参与机制，不能仅仅由政府部门决定。

（3）合理设定各级政府承担的社会救助资金的比例，降低基层政府救助资金预算最大化的动力。

（4）加强与现有救助制度的衔接。目前有一些鲜明的以类型为基础的救助项目，如农村五保制度和孤儿救助制度。要建立综合性的救助制度，要将这些制度进行整合。比如，五保户，有的地方只拿五保待遇，有的地方只将其纳入低保，而有的地方是既享受低保又享受五保，存在一定程度的重复救助。

（5）与其他社保项目特别是农村养老保险制度衔接。目前，接受低保的绝大部分是老年人，某村80%的低保对象是老年人。社会保险制度设计的目的是维持收入而不是反贫困。目前，已经领取基础养老金的老年人，基本都没有缴费，可以获得每个月55元的养老金，如果将其标准适当提高，那么老年贫困群体将大大减少。目前，已经缴费的农民，80%选择缴100元，即使缴够15年，也才1500元，根本就解决不了太大问题。为了实施这一制度，雇用了一批人，还要实现保值增值，这造成制度成本很高的局面，不如将其变为老年人津贴制度。

（6）与扶贫部门工作相衔接。值得注意的是，需要衔接的不是贫困人口的数字，而是工作对象和工作内容的衔接。低保主要提供基本生活保障，对那些有劳动能力的，扶贫部门应主要提供生产型的服务，包括资金、培训和技术服务等等。

参考文献

李学术、熊辉、刘楠，2010，《低保制度背景下农村扶贫开发的功能定位及其发展机制》，《经济界》第 3 期。

尚晓援，2007，《中国社会保护体制改革研究》，中国劳动社会保障出版社。

社会福利与老年服务

中国流浪未成年人的干预制度与实施障碍

——对贵州毕节事件的反思

祝西冰 *

摘　要：对流浪未成年人的保护是每个国家都应尽的责任与义务，中国在四大权利保障，多元主体参与，寻找、救助与回归结合等原则基础上，为他们搭建了集预防、救助、管理、教育及矫治等功能为一体的介入制度。本研究以贵州毕节事件为个案进行分析，结果发现：这一制度下的流浪未成年人很难得到及时干预与保护。家庭监管不足、政府不作为、社会力量薄弱或未成年人的特殊心理等是致使未成年人流浪的主要原因，所以此介入制度表现为事后治理，执行结果难免滞后。为此，要保护流浪未成年人，必须认识到中国未成年人流浪本质上是制度性问题，未成年人背后的户籍、计划生育、义务教育和社会保障等制度安排才是致使流浪的根源；只有将制度性问题的消解纳入制度范畴，从源头上减少未成年人的大面积流浪，实现制度性预防与事后干预的结合，才能使介入制度落到实处。

关键词：未成年人　流浪现象　制度性根源　应对策略

一　问题提出

1982 年 12 月 4 日第五届全国人民代表大会第五次会议通过的《中华

---

* 祝西冰，博士研究生，研究方向是社会政策。本文是江苏省研究生科研创新基金项目"家庭发展视野下的社会政策研究"（CXZZ12 - 0013）的阶段性成果。

人民共和国宪法》第四十九条规定：父母有抚养教育未成年子女的义务，禁止对儿童有任何形式的虐待。1991 年 9 月 4 日第七届全国人民代表大会常务委员会第二十一次会议通过的《中华人民共和国未成年人保护法》明确规定未满 18 周岁的未成年人依法享有生存权、发展权、受保护权、参与权，国家根据未成年人身心发展特点给予特殊优先保护，保障未成年人的合法权益不受侵害。

未成年人的成长关系着国家与民族的兴衰。一方面，中国是典型的少子老龄化，2010 年第六次全国人口普查时，0～14 岁少儿人口占 16.6%，比 2000 年第五次人口普查下降了 6.29 个百分点；60 岁以上人口占 13.26%，比 2000 年人口普查上升了 2.93 个百分点；65 岁以上人口占 8.9%，比 2000 年人口普查上升了 1.91 个百分点（陈友华、胡小武，2011）。这说明中国人口年龄金字塔底部收缩迅猛，同时顶部膨胀势不可当。联合国预测：2027 年中国人口将转为负增长，21 世纪末人口规模可能缩减到 9.4 亿，其中，0～14 岁人口所占比重将下降为 15.9%，65 以上人口将增至 28.2%（United Nations，2010；United Nations，2011）。未来中国需要不断提升人口素质，尤其是数量呈下降趋势的未成年群体的素质。关注每个未成年人的健康成长，不仅是人口发展的内在要求，也是国家与社会必须要承担的伦理责任。另一方面，中国城市化进程表现出典型的半城市化。2011 年中国城市化率达到 51.3%，城市人口已超过农村人口，但农民在劳动报酬、就业、教育、医疗等方面并不能与城市居民享受同等待遇，而与此同时，流动人口规模也在不断扩大。至少有 2.21 亿流动人口[①]要解决自己在流入地的就业、子女教育及老人养老问题，这些问题受到以户籍制度为基础的社会福利制度制约，由此出现了数量庞大的留守儿童、流动儿童、空巢老人及问题夫妻，这些都是导致流动人口家庭不稳定的隐患。有研究表明，流动人口在流入地生活与就业趋于稳定，住房条件与子女教育已成为流动人口重点关心的议题（国家人口计生委，2012）。中国人口的高流动性要求关注流动家庭，尤其是这些家庭中的未成年子女。

---

① 数据来源：全国第六次人口普查结果。

保护每一个未成年人是政府与社会义不容辞的责任与义务。但近期发生的"贵州五名儿童垃圾箱内取暖中毒死亡"①惨案，使保护流浪未成年人的主流话语遭到痛斥。作为未成年人，他们没有接受义务教育；作为流浪未成年人，他们未得到及时救助与保护；死亡是这些流浪未成年人对所处社会与国家最直接的回应。为此从这一事件出发，笔者试图在总结中国流浪未成年人的干预制度基础上，分析该事件中流浪未成年人不能得到有效保护的原因，以此提炼干预制度可能存在的诸多障碍，最终为完善流浪未成年人的干预制度提供对策建议。

二 中国流浪未成年人的干预制度

流浪未成年人又称"流浪儿童"或"街头儿童"，泛指 18 周岁以下，脱离家庭和离开监护人流落社会连续超过 24 小时，失去基本生存和可靠保障而陷入困境的少年和儿童（刘继同，2002；金双秋、李少虹，2009：330）。改革开放以来对中国流浪未成年人的有关规定见表 1。

表 1　中国改革开放以来与流浪未成年人相关的规定

时　间	项目名称	主要内容
1982 - 5 - 12	《城市流浪乞讨人员收容遣送办法实施细则（试行）》（2003 - 8 - 1 废除）	全国范围内建立收容遣送站，收容遣送流浪乞讨人员（流浪未成年人）
1990 - 8 - 29	《联合国儿童权利公约》	享有幸福所必需的保护和照料，最大限度地确保存活与发展；保护受法定监护或照管时，不受到任何形式的身心摧残、伤害或凌辱、忽视或照料不周、虐待或剥削；暂时或永久脱离家庭环境的儿童，或为其最大利益不得在这种环境中继续生活者，应有权得到国家的特别保护和协助；父母在其能力和经济条件许可范围内有确保儿童发展所需生活条件的首要责任

① 简称"毕节事件"。

时　间	项目名称	主要内容
1991 - 9 - 4	《中华人民共和国未成年人保护法》（2012 - 10 - 26 修订）	享有家庭、学校、社会及司法保护；流浪乞讨或者离家出走的未成年人，民政部门或者其他部门应当负责交送父母或者其他监护人；暂时无法查明其父母或者其他监护人的，由民政部门设立的儿童福利机构收容抚养
1991 - 12 - 29	《中华人民共和国收养法》（1998 - 11 - 4 修订）	收养保护与被监护权规定
1992 - 2 - 26	《九十年代中国儿童发展规划纲要》	妥善安排流浪未成年人的生活和教育
1995 - 9 - 19	《中央社会治安综合治理委员会关于加强流动人口管理工作的意见》	对长期流浪、无家可归，失去正常生活、学习条件和安全保障的未成年人，采取保护性的教育措施；在城市试办流浪儿童保护教育中心
1999 - 6 - 28	《中华人民共和国预防未成年人犯罪法》（2012 - 10 - 26 修订）	预防未成年人犯罪的基本原则，未成年人不良行为的预防、矫治和未成年人对犯罪的自我防范
2001 - 5 - 22	《中国儿童发展纲要（2001~2010 年）》	从健康、教育、法律保护和环境四个领域提出未成年人发展的主要目标和策略措施
2003 - 8 - 1	《城市生活无着的流浪乞讨人员救助管理办法》和《城市生活无着的流浪乞讨人员救助管理办法实施细则》	县级以上城市人民政府应当根据需要设立流浪乞讨人员救助站；受助残疾人、未成年人或者其他行动不便的人，应通知其亲属或者所在单位接回；根据受助人员的情况，救助期限一般 <10 天
2006 - 1 - 18	《教育部等十九部门关于加强流浪未成年人工作的意见》	预防未成年人流浪和做好返乡未成年人的安置工作；保证流浪未成年人基本生活需要；强化对流浪未成年人的管理；注重流浪未成年人的教育；努力促使流浪未成年人回归社会；打击幕后操纵和利用未成年人进行违法活动的犯罪行为；完善流浪未成年人救助保护机构；各部门协调做好未成年人合法权益保护
2006 - 6 - 29	《中华人民共和国义务教育法》	所有适龄儿童、少年必须接受九年义务教育
2006 - 7 - 24	《流浪未成年人救助保护机构基本规范》	设置流浪未成年人救助保护机构；对接待、入站、基本服务、特殊服务、教育、培训、就业、心理辅导与行为矫治、离站等做出规定

续表

时 间	项目名称	主要内容
2007 – 5 – 8	《"十一五"流浪未成年人的救助保护体系建设规划》	改善流浪未成年人的救助保护设施条件，增强救助管理机构的救助保护、教育矫治、预防干预和服务保障等能力，完善流浪未成年人救助保护体系
2009 – 3 – 11	《民政部关于在全国开展救助管理机构规范化建设的意见》	鼓励、支持与培育民间组织、慈善机构开展流浪乞讨人员救助工作，既可采取项目合作，也可探索实行政府购买服务；发动基层组织、社区居委会等参与救助管理，使救助管理工作"网络化"，注重志愿者与社工队伍建设，争取社会资源为受助人员服务
2009 – 7 – 16	《关于进一步加强城市街头流浪乞讨人员救助管理和流浪未成年人解救保护工作的通知》	民政部门、公安部门、卫生部门和城管部门各尽其责保护流浪未成年人合法权益
2011 – 8 – 8	《中国儿童发展纲要（2011～2020年）》	生存、保护、发展和参与方面的政策目标、策略措施、组织领导与监测评估体系建设
2011 – 8 – 18	《国务院办公厅关于加强和改进流浪未成年人救助保护工作的意见》	主动救助、积极救助、儿童优先，帮助流浪未成年人回归家庭，强调流出地救助保护机构要对流浪未成年人的家庭监护情况进行调查评估；对确无监护能力的，由救助保护机构协助监护人及时委托其他人员代为监护；对拒不履行监护责任、经反复教育不改的，由救助保护机构向人民法院提出申请撤销其监护人资格，依法另行指定监护人
2013 – 2 – 5	民政部关于印发《流浪未成年人需求和家庭监护情况评估规范》的通知	了解流浪未成年人需求和家庭监护情况，评估流浪未成年人生活照料、心理疏导、行为矫治、回归安置等救助保护的多元化服务

资料来源：政府相关部门门户网站。

　　制度是在特定条件下约束与规范个人行为的各种规则，它可使行为达到一定程度的标准化与可预见性，而且还能有效解决人们行为中出现的各种协调问题及囚徒困境（凡勃伦，1964：10；康芒斯，1962：104）。中国流浪未成年人干预制度从封建王朝就已有之，至今已形成由系列法律规则所构成的体系。根据表1，中国流浪未成年人的干预制度如下。

首先，流浪未成年人享有未成年人所应有的生命权、受保护权、发展权与参与权。生命权要求国家与社会要尽可能保证每个未成年人有健康生存的机会；受保护权要求家庭、学校、社会及司法履行保护未成年人的责任与义务；发展权要求未成年人至少享有接受九年义务教育的权利与义务；参与权要求未成年人能根据个人意愿参与社会及家庭事务。

其次，未成年人可能因贫困、教育不当、家庭暴力及社会不良因素等影响而外出流浪，家庭、学校、政府、社区及相关服务机构应承担起预防未成年人流浪的责任与义务。父母或法定监护人对未成年人流浪负有首要责任，父母在自身能力与经济条件许可范围内有责任为未成年人营造一个良好的健康生活与教育环境，并履行好对未成年子女的监护权。未成年人在校期间，学校有责任履行对未成年人的监护责任与教育义务，教师不仅应对未成年人进行知识传播与德育教育，还应与未成年人的父母相互配合，履行未成年人在校期间的监护义务。政府、社区及相关服务机构不应以任何理由伤害未成年人合法权益，对可能流浪或正在流浪的未成年人，社区、街道、民政部门或居民有责任予以关注或劝导，确保流浪未成年人健康与发展的条件。

最后，对在外流浪的未成年人，国家有责任启动流浪未成年人救助保护体系。城管、公安、社区居民或社会组织可帮助流浪未成年人，使他们能最快得到流浪未成年人救助保护中心或救助管理站的救助，流浪未成年人也可以到街道社区、公安局、民政局或救助管理站主动寻求帮助，救助管理站也可以通过流动救助车、社区服务点或街头救助点设置等方式寻找需要帮助的流浪未成年人。对接受救助的流浪未成年人，民政部门、公安机关、教育机关、卫生部门、劳动保障部门、司法部门、共青团、妇联、残联等部门需要协同合作确保他们的基本生活、健康，对有违法行为的流浪未成年人应给予思想教育与正面引导。流浪未成年人救助保护中心或救助管理站是救助流浪未成年人的主要单位，有责任在对流浪未成年人的家庭监护情况进行调查评估的基础上对他们进行适当安置，包括回归家庭或委托社会福利机构履行监督义务。

综上所述，中国流浪未成年人的干预制度可概括为四大权利保障、预防与保护相依、多元主体参与和寻找、救助与回归结合。具体缘由如下所述：一是未成年人并不具备成熟的心智及独立生存的能力，他们必须在监护人保护下才能健康成长与发展，未成年人流浪并不代表他们不需要被监护与保护，在流浪中丧失生命权、受保护权、发展权与参与权的风险更大，所以对流浪未成年人的干预必须建立在保障四大权利基础上。二是未成年人并非都是先天好流浪，更多时候流浪是被逼之举，所以事前预防往往比事后救助更重要。三是干预未成年人流浪需要多元主体参与，尤其是家庭与政府。四是对正在流浪的未成年人要主动寻找，积极救助，最重要的是为这些流浪未成年人找到合适的归属。

另外学界也在不断充实这一制度，严海波（2005）认为对流浪未成年人的干预最根本的是要大力发展经济，保障地方居民的基本生活，解决贫困问题；薛在兴（2009）认为流浪未成年人的问题是家庭内推力与社会外拉力共同作用的结果，因此干预应包括教育制度改革、问题家庭干预、非营利组织的介入；王思斌（2006）与孙莹（2005）主张引入社工制度完善政府救助体系；谢琼（2010）认为三位一体的流浪未成年人干预体系需要融合国家、政府、社会和家庭等各方力量，国家通过立法干预和司法保护为流浪未成年人的权益保护提供法律支持，政府通过制定、规范政策和加大财政投入充当流浪未成年人的救助体系责任主体，社会团体和组织则应依托自身优势积极提供社会服务，家庭也要承担起应有的监护和教育义务。

三　毕节事件中干预制度的失效

国家在制度层面为流浪未成年人构建了集救助、预防、管理、教育及矫治等功能为一体的干预体系，这不仅需要各级政府部门协调配合，也需要动员社会力量广泛参与。然而，"毕节事件"在《国务院办公厅关于加强和改进流浪未成年人救助保护工作的意见》颁布不久，就狠狠地抽了中国流浪未成年人的救助与保护工作一记耳光。包括七星关区民政局局长在内的 8 位相关责任人被免职或停职，各省市纷纷实施事后补救，舆论也将矛头指向政府职能部门。这一事件有几个特殊之处：死亡地点特殊，就在当地街道办事处附近；身份特殊，都是七星关区本地人，生在苗村，皆姓陶，为堂兄弟，年龄在10岁左右，其中4名孩子父母均在深圳打工，5个孩子辍学，身材瘦弱、营养不良、衣衫褴褛；时间特殊，五名孩子分两批，流浪时间近十天，主要以行乞、收废品或偷盗为主，在寒冷的冬天曾在拆迁工地的窝棚、公交站及垃圾桶过夜；事件发生过程特殊，垃圾桶中毒身亡，见证者很多，但与其对话的仅有捡垃圾的老太婆孙庆英（中国青年网，2012）。细析事件缘由如下。

首先，家庭监护失效，他们流入社会。个中缘由在于他们处在经济发展相对落后的少数民族地区，家庭相当贫困，为谋生路，父母均外出打工，这些孩子便由81岁的奶奶照顾。有调查发现，死亡的未成年人基本都是超生子女，他们的父辈兄妹9人，5子4女；丧子父亲中，陶进友老二，有3子1女，死者陶中林是小儿子，小学3年级便辍学回家放牛；陶学元老四，有3子1女，死者陶中井和陶中红是老四的两个儿子，唯有陶中井还在上小学六年级，成绩特差，很早已对上学失去兴趣；陶元伍老五，有3子，死者陶冲和陶波是他的两个儿子，他与妻子未到法定年龄便结婚，后因时常吵架离婚，妻子改嫁。在死者父辈五兄弟中，老三患有先天性智力障碍，至今未婚；陶进才是老大，两儿外出打工留下7个孙子女需要照顾，无暇顾及其他孩子，亲戚之间也很少交流，这些超生的孩子基本处于无人管的状态（魏一平、邱杨，2012）。这些孩子所在的家庭基本上失去监管子女的能力，这是导致未成年人流浪的直接原因。

其次，政府不作为导致未成年人流浪致死悲剧。一是陶家贫困状况在村里众所皆知，政府并未给予贫困救助。二是陶家所在的苗寨擦枪岩村，大多数家庭的孩子都是计划外所生，政府的社会管理缺位，从结婚登记到计划生育都存在漏洞，外出打工生子计生委是顾及不到的，即便罚款也不能使情况有所好转，可能还让家庭变得更穷。三是陶家孩子在外流浪多日，当地政府并未对流浪未成年人进行有效干预。五个未成年人流浪街区并无救助站点，这个区的救助工作是由殡葬执法大队负责，大队中实际执行任务的有9人，负责城区三十多平方公里的6个街道巡查工作，工作人员少，任务繁重，难免有所疏忽。可见政府职能缺失是导致第二重防线未能有效发挥作用的原因。

再次，社会使力不足，五个流浪未成年人游离于正式与非正式制度之外。陶家五个孩子所在的乡村小学，由于教育资源欠缺、师资力量薄弱、学生层次多样、教学指标难以达标等问题，在对未成年人教育上能力非常有限。陶家五个死亡的孩子并非都是在校学生，陶冲和陶波因超生未能上户，小学一年级因没法报名而辍学；陶中红因报名不及时而中途辍学；陶中林是因为成绩不好且不想读书而辍学；唯一上到六年级的陶中井也因旷课而辍学。根据国家政策，未成年人不应因户口原因而不给入学，对于正在旷课辍学未成年人应给予高度关注，但是当地小学面对"控辍保学""义务教育巩固率"等制度压力，加上地方教育观念淡薄，家长水平有限，他们与家长之间的沟通也存在诸多不便，学校没有办法强行要求所有孩子都来校读书。即便政府强制，面对这些家长也有理难辩，所以对不符合条件规定或家长支持下的辍学者，学校基本都是睁一只眼闭一只眼。在这种条件下，这几个流浪未成年人被排斥在教育制度之外。

最后，这些未成年人的家庭无法承担监护责任。流浪未成年人他们自己不愿意读书，外出打工年龄又受限制，无奈之下只能以乞讨流浪方式生活。但是令人心寒的是，他们并未受到当地村委会、居委会或社区居民的关注。学前流浪儿童保护与救助的社会组织力量在中国仅处于发展初期，尤其是在经济发展缓慢的地方，更是缺乏存在的土壤。此外，履行政府职能的救助管理站在当地名声不好，同时这些对未来有美好憧憬的未成年人也未曾考虑需要救助。可以说，是上述因素共同酿造了这场悲剧。

家庭监管失效、政府无作为、社会使力不足及未成年人自身存在问题是这五个孩子流浪致死的直接原因，也是流浪未成年人干预制度失效的外在表现。任何制度安排都不可避免地存在缺陷，但是制度失效与制度缺陷不同，失效更可能是人为的制度性生成，制度设计的目标周期与制度实施的实效之间的差距是衡量制度是否失效的标准，偏离价值目标、脱离制度环境、忽视制度成本、制度实施滞后、制度合成谬误、制度规范真空、制度程序失当、制度执行乏力、制度监督低效都可能是失效的表现（杨静光，2008）。毕节事件中干预制度失效主要表现在对流浪未成年人合法权益保护的制度设计与对流浪未成年人生命权、受保护权、发展权与参与权的赤裸裸忽视之间的错位。

四　干预制度实施中的诸多障碍

贵州少数民族地区经济贫困且思想封闭，但这些并不能成为导致这一悲剧的托辞，只是这些因素可能使干预制度更容易在中国落后地区失去作用。毕节事件的发生，不仅仅是制度实施环节存在问题，未成年人背后的户籍、计划生育、义务教育和社会保障等制度安排都应被纳入考虑。多元主体参与下流浪未成年人的预防与保护机制未能有效保障流浪未成年人的权利，并不是因为制度设计理念有问题，而是受中国宏观政策与制度环境制约。

一是户籍制度及在此基础上包括教育、医疗、就业、居住、养老、救助等在内的一整套制度安排，在人口流动与城市化大背景下，造成了未成年子女与父母分离这样一种不正常的社会现象，但是在国人看来，甚至在知识分子看来这都是常态的。毕节事件当事人之所以不能享受到正常的家庭照顾权利，是因为这些未成年子女若要就学，就不能跟随在外打工的父母一起生活，只能留守在老家被奶奶看养，这便埋下流浪的隐患。

二是极端的计划生育政策形成了对超生子女的制度排斥。中国除实行严格的身份制管理外，计划生育政策剥夺妇女自由生育的权利，人为规定多生育子女的父母应向社会缴纳一定的社会抚养费。在这一情况下，很难承担这笔费用的贫困家庭只能隐藏生育，这些计划外的孩子理所当然成为黑户，未能纳入国家管理范畴。即便这些贫困家庭能承担这笔抚养费用，超生子女的出生给家庭带来的损失，也难免会削弱家庭的经济能力，从而使这些家庭变得更加贫困。除此之外，计划生育政策所配套的福利体系，这些超生子女也无福享受。毕节事件当事人不仅无法从父母那里得到温暖，还要遭受制度的排斥。

三是土地制度发生变化。农民享有一定的土地使用权，不过随着城市化的进程，大量土地被政府征用，大量农民失去耕种土地出外谋生，现在农村多为留守儿童或老人，很少有人在耕种土地。这个变化逐渐动摇了中国传统社会的根基，家的观念已经很难在新一代的未成年人身上维系。他们生活的世界告诉他们，只要长大就可像父母一样在外打工赚钱养自己。毕节事件中，对于这五名贫困家庭的未成年子女来说，打工观念已在他们出生时便埋下伏笔。

四是义务教育制度存在问题。九年义务教育制度早在全国范围内推行，这就意味着只要是中国公民，就应该接受九年义务教育，这不仅是权利，也是义务，它有利于全民素质的提高。但中国的义务教育具有明显的地方差异，尤以城乡差异为甚。大量偏远农村很难成立中心小学，很多未成年人每天上学需要花费很多时间在路上，而且地方教育质量非常差。义务教育的结果是未成年人并不喜欢上学，而且学到的知识也非常有限。所以义务教育在中国并没有真正落到实处，农村孩子就学以及持续就学仍存在很大问题，这也是导致毕节事件中五名孩子不想上学而愿流浪的原因。

五是社会保障制度不健全。我国已经建立了覆盖城乡的最低生活保障制度，毕节事件当事人所在的家庭即便申领了低保，几百元的收入也不能维系家庭的基本开支，他们父母常年在外打工，这些孩子的日常生活开支费用既不能从父母那里直接得到，也很难从奶奶那里得到。社会保障制度对全民生活的保障，又将如何反映在这些留守或流浪的未成年人身上？

毕节事件只是制度失效的个案，干预制度并非孤立存在，也非一种理想化执行状态，制度执行能力不足致使未成年人流浪无法得到及时干预，而多重政策的联合效应又增加了这种干预的难度，二者的交互作用使流浪未成年人保护工作被搁置。这些都是制度性与结构性的，如果这些制度不加以改变，中国的大量流浪儿童问题不可能得到解决。

除此之外，责任主体界限不明与保护救助意识不到位、社会力量还不具备独当一面的条件也影响着这套制度的实行。未成年人流浪的预防与事后保护，家庭、学校、社区、政府及其职能部门、社会组织等都是干预的主体，只是它们的责任并没有被明确地细化，所以流浪未成年人干预中存在责任相互推卸的可能。

受到工作体制和政策的限制，救助站在应对各种无理要求时，迫于被投诉或者被无端指责的压力而予以救助，对他们而言相当一部分恶意乞讨者、跑站者等已应接不暇，流浪未成年人很难被兼顾。此外，各地救助管理站和当地儿童福利院、精神病院等社会福利机构及其他地区救助管理站的业务往来特别频繁，除保证数十万流浪者流浪过程中的衣食住行之外，还面临着福利机构与相关服务部门接待能力不足等问题。这一问题极大地影响了救助工作的效率，人为地增加了工作的难度，对流浪未成年人的救助更是被排除在外。此外，重复救助造成救助保护资源的极大浪费，救助—护送—再救助—再护送常常出现在经济较落后地区的流浪未成年人身上。在确定流浪未成年人去向方面，职业介绍、心理辅导、教育培训等特殊服务缺乏专业技巧，职业介绍可能因引入虚假信息而好心办坏事，心理辅导在10天内并不能彻底改正流浪未成年人的不良行为或思想，教育培育仍然需要义务教育作为配合。面对诸多困境与难点，要有效解决流浪未成年人的问题并非易事，所以睁一只眼闭一只眼也是自然。既然政府不管，家庭又有推卸的理由，社会也就理所当然地将责任推开。对流浪未成年人的干预，如果责任不明，干预制度就很难发挥作用。在这一问题上，能力只是其中一个方面，更为重要的还是对流浪未成年人的保护意识未建立起来，否则干预制度的实施不会是被动消极的，而应是各干预主体主动介入。

当然，解决未成年人的流浪问题需要社会力量的积极参与。这些社会力量包括救助管理站以外能够对流浪救助产生影响的个人、群体以及法人组织、非政府组织、非营利机构、企业、事业单位等。《中国慈善事业发展指导纲要（2011～2015）》主张积极发展慈善组织、慈善捐助、慈善监管和志愿服务，试图建立法律规范、政府推动、民间运作、全民参与的慈善事业发展格局，提高公益慈善组织的公信力，发挥慈善组织在保障民生方面的作用。深圳市民政局在2011年第71号文件中，鼓励社会组织参与流浪乞讨人员救助，尤其对流浪乞讨人员开展社工干预、心理辅导、行为矫正、教育培训、重点区域巡查和调查取证等工作，提高流浪乞讨人员分类管理能力与水平，同时也以物质奖励方式鼓励市民随手拍，以更为准确地反映社会流浪问题。

现在的问题是社会力量是否具备介入能力？社会组织在中国还处在重新起步阶段，专业能力与素养还需要提高，掌握的资源非常有限，很大程度上还需要依赖政府。不仅如此，它们的工作效率有时甚至比政府还低。中国目前各大高校都在发展社会工作专业，培养专业社会工作人才，但现状是随着各大院校的盲目扩招与低效教学，社会工作专业毕业生大多不能在在校学习期间具备工作所需之专业素养，踏入社会后很难发挥专业所长，社会工作专业迟迟不能得到社会认可。更严峻的是大量毕业生难以找到专业对口的岗位，而只能另谋他职。在这样的情况下，若政府大范围赋予社会力量预防与救助流浪未成年人的光荣使命，那可能使这一干预制度中途夭折，因为现阶段社会组织非常有可能因为能力不足而无法很好地提供专业服务，从而为干预制度实施带来更大的困难。

五　完善流浪未成年人干预制度的对策与建议

对流浪未成年人的干预与保护并不是中国独有，全世界都在关心流浪未成年人，尤其是非洲和拉丁美洲国家。它们从流浪未成年人的需要出发，强调社会组织以项目形式展开生存状况、健康状况、教育状况及发展状况的干预，内容包括保障人权、组织化援助（M. O. Ribeiro，2008）、提升流浪未成年人的自我意识（Bernardo Turnbull，et al.，2009）、建构社会资本（Stephenson，S.，2001）、学校介入（MacAlane Junel Malindi，2012）、满足健康与社会需要（Renato Souza，et al.，2011）、社区介入（Melissa S. Harris，et al.，2011；A. Veale，et al.，2003）、家庭支持介入（M. R. Waller，et al.，2001）、政策制定要倾听服务提供者的声音（H. Özden Bademci，2012）、感染 HIV 风险干预（B. L. Timona，2012）等。综合西方经验与中国实际，流浪未成年人的干预制度可从以下几个方面进行完善。

首先，顶层设计先行，关注流浪未成年人的需要。中国改革的成功有赖于顶层设计的科学性，流浪未成年人的干预制度也应遵循这个规律。地方应在遵循整体方向不变的情况下制定具体实施细则，这样可在一定程度上避免政策碎片化，且能在削减地方权威的基础上避免腐败滋生。这也就对顶层设计提出了更高的要求。现行干预制度中，国家明确要保障流浪未成年人的基本权利，但是在实践层面很难操作化。流浪未成年人与一般的成年人不同，他们遭受来自家庭、教育、社区、住房及就业等多方面的排斥，更容易面临毒品、犯罪、暴力或艾滋病等风险（Xue Zaixing，2009），所以普适性的制度安排并非是从流浪未成年人自身需要出发。为此建议：一是中国流浪未成年人更多的是被动流浪，人身安全、食品、住房等基本生存需要是最为重要的；二是类别化已有制度中的四大权利保障，生存权为基础，受保护权为条件，发展权与参与权是目标。在中国现阶段，顶层设计应重点关注基本生存权。

其次，从制度层面明确预防机制中的家庭责任和保护机制中的政府责任。要预防未成年人流浪，保护其合法权益，必须从制度层面规定家庭或监护人所应承担的责任。结合未成年人保护法和义务教育法，亲属携带子女乞讨、监护人故意遗弃或拒绝承担监护与教育责任的，应追究当事人的民事责任或撤销其监护资格，从根本上务必将保护流浪未成年人的责任落实到具体有能力的个体上。一旦家庭失去保护能力，政府就要承担起责任，考虑到政府承担力的问题，现阶段需要继续完善社会保障体制。

再次，鼓励政府以公共服务外包的形式引入社会力量。较之市场与社会，政府占有相对较多的资源。在保障流浪未成年人基本生存权的问题上，政府必须负起责任，以竞争外包的方式引入有能力的社会组织，使其所提供的服务应尽可能满足流浪未成年人的需要，既关注流浪未成年人的心理、认知、情绪及个性，也考虑到文化、政策、立法机构及宗教等因素的影响。需要明确的是这些外包服务更多的是提供补偿性服务，并不能取代政府在保护与救助流浪未成年人中的主要责任。政府可在完善规则制定，提升公共意识，保护智障人士、精神病患者、残疾人等特殊未成年人，提升相关职能部门协作能力等方面有所作为，不过现在的问题是这些组织在中国还非常少，而且服务经验不足。

最后，完善干预制度中的问责监督职能。好的制度需要一个透明公开的问责监督机制。既然是政府主导的干预制度，问责监督首要对象非政府莫属。对流浪未成年人的救助，救助站与儿童保护中心是执行机构，另外还有民政、公安、卫生等十几个部门，救助对象在接受服务之时便意味着多部门、机构的协作和配合，为此要实行问责监督比较困难，这里提出几点建议：首先，流浪未成年人的基本需要是否得到满足是问责的基本标准，政府应从根本上解决问题；其次，问责监督应包括内部监督与外部监督，内部涉及不同政府及相关职能部门，外部监督可引入第三方监督；再次，公开规则制定、人财物力投入、干预过程；最后，制度化问责监督，如定期开会讨论干预制度存在的问题，分析经费预算与量化评估指标，最终对外公布监督评估结果。

参考文献

陈友华、胡小武，2011，《低生育率：中国的福音》，《南京社会科学》第 8 期。

凡勃伦，1964，《有闲阶级论——关于制度的经济研究》，蔡受百译，商务印书馆。

国家人口计生委，2012，《中国流动人口发展报告 2012》，中国人口出版社。

金双秋、李少虹，2009，《民政概论》，北京大学出版社。

康芒斯，1962，《制度经济学》，于树生译，商务印书馆。

刘继同，2002，《郑州市流浪儿童救助保护中心的个案研究》，《青年研究》第 1 期。

冉钰烽，2012，《贵州 2012 年第三季度民政事业统计季报分析》，贵州民政厅网，11 月 6 日。

孙莹，2005，《流浪儿童问题的干预策略——社会工作的视角》，《社会福利》第 3 期。

王思斌，2006，《社会政策实施与社会工作的发展》，《江苏社会科学》第 2 期。

魏一平、邱杨，2012，《毕节儿童死亡事件调查》，《三联生活周刊》第 48 期。

谢琼，2010，《流浪儿童救助：政策评估及相关建议》，《山东社会科学》第 1 期。

薛在兴，2009，《流浪儿童问题研究评述》，《中国青年政治学院学报》第 6 期。

严海波，2005，《关注中国城市流浪儿童——徐州市流浪儿童状况调查》，《青年研究》第 2 期。

杨静光，2008，《制度失效的原因新探——基于制度生产的分析视角》，《理论与改革》第 5 期。

中国青年网，2012，《贵州毕节 5 名流浪儿最后时光》，11 月 21 日，http：//News. Si-na. cn/？ Sa = t124d7220388v2357&Wm = b207。

A. Veale，G. Dona. 2003. "Street Children and Political Violence：a Socio – demographic

Analysis of Street Children inRwanda. " *Child Abuse & Neglect*, (27), pp. 253 – 269.

Bernardo Turnbull, Raquel Hernández, Miguel Reyes. 2009. " Street Children and their Helpers: An actor – oriented Approach. " *Children and Youth Services Review*, (31), pp. 1283 – 1288.

B. L. Timona. 2012. " Infectious Diseases of Street Children in Nairobi, Kenya, Alumbasi. " *International Journal of Infectious Diseases*, (16).

Jean Grugel and Frederico Poley Martins Ferreira. 2012. " Street Working Children, Children's M. O. Ribeiro, 2008, Street Children and Their Relationship with the Police. " *International Nursing Review*, (55), pp. 89 – 96.

H. Özden Bademci. 2012. " Working with Vulnerable Children: Listening to the Views of the Service Providers Working with Street Children in Istanbul. " *Children and Youth Services Review*, (34), pp. 725 – 734.

MacAlane Junel Malindi. 2012. " The Role of School Engagement in Strengthening Resilience among Male Street Children. " *South African Journal of Psychology*, (42), pp. 71 – 81.

Melissa S. Harris, Knowlton Johnson, Linda Young, Jessica Edwards. 2011. " Community reinsertion success of street children programs in Brazil and Peru. " *Children and Youth Services Review*, (33), pp. 723 – 731.

M. R. Waller, R. Plotnick. 2001. " Effective Child Support Policy for Low – income Families: Evidence from Street Level Research. " *Journal of Policy Analysis and Management*, (20), pp. 89 – 110.

Renato Souza, Klaudia Porten, Sarala Nicholas, Rebecca Grais. 2011. " Outcomes for Street Children and Youth under Multidisciplinary Care in a Drop – in Centre in Tegucigalpa, Honduras. " *International Journal of Social Psychiatry*, (57), pp. 619 – 626.

Stephenson, S. 2001. " Street Children in Moscow: Using and Creating Social Capital. " *Sociological Review*, (49), pp. 530 – 547.

S. Louw, R. P. Reyneke. 2011. " Indicators for a Social Work Intervention Plan for Street Children. " *Tydskrif vir Geesteswetenskappe*, (51), pp. 214 – 237.

United Nations. 2010. *World Population Ageing* 2009. United Nations Publications, pp. 73.

United Nations. 2011. *World Population Prospects*. The 2010 Revision.

Xue Zaixing. 2009. " Urban Street Children in China: a Social Exclusion Perspective. " *International Social Work*, (52), pp. 401 – 408.

家庭福利政策缺失：农村留守老人福利之痛

银平均[*]

摘　要：农村"留守老人"的出现是中国特色现代化进程中实施的各种政策使然。留守老人在农村社会发展中的作用不可或缺，但缺乏社会支持机制的有力保障。对江西农村留守老人的调查研究表明，虽然农村留守老人的养老支持是以家庭为主，但许多留守老人在劳动负担加重的同时，失去了子女提供的生活照料、物质支持、精神慰藉等，得不到子女的赡养，晚年生活境况凄凉。世界各国的社会福利改革在削减政府福利责任、强调家庭福利责任的同时，通过家庭政策实现了"家庭看护社会化"，强化对家庭的支持，增强了家庭的功能。我国的福利政策中缺乏家庭政策支持以强化家庭功能。拥有家庭的人反而得不到政策的直接支持，在家庭功能弱化和土地保障失效的情况下，这种福利政策的悖论性削弱了家庭的功能，成了农村留守老人的福利之痛，进一步恶化了农村留守老人的生活处境。制定家庭福利政策，增强家庭的功能，为留守老人构建由政府、社区、社会服务机构、家庭和个人构成的社会支持体系，是新农村建设中解决"留守老人"问题、建设和谐新农村的理性选择。

关键词：农村留守老人　家庭福利政策　社会工作服务

一　问题的提出

我国农村"留守老人"的出现是中国特色现代化进程中实施的各种政策使然。在数以亿计的乡—城移民涌进城市的过程中，由于政策体制性社

---

*　银平均，江西财经大学人文学院副教授。

会排斥，他们的市民化进程缓慢，致使他们不能举家全迁，农村出现了数以亿计的留守族，其中，农村留守老人规模日益庞大。这种大规模的乡—城移民极大地改变了农村的社会结构和家庭结构。留守老人以及留守妇女成为农村社会发展中不可或缺的重要力量，然而他们缺乏社会支持机制的有力保障，尤其是农村留守老人的养老面临非常严峻的考验。研究表明，农村劳动力外出在改善部分留守老人经济条件的同时，使得空巢老人日益增多，留守老人的负担被人为地加重了。他们的生活照料资源严重短缺，家庭地位降低，内心孤独和寂寞感日益增加。这些严重影响到留守老人的生活质量和生活满意度，进一步削弱了农村家庭的养老保障功能，加上缺乏相应的社会支持，留守老人养老所面临的严峻问题，成为我国农村养老政策体系的严峻挑战。

有鉴于此，本文基于留守老人面临的问题，揭示我国家庭政策缺失导致农村留守老人面临的问题更为严峻的后果，并就如何通过制定家庭福利政策，增强家庭的功能，建立、完善留守老人社会支持体系作出进一步分析和探讨。

二 留守老人面临的问题

1. 农村留守老人规模日益庞大，农村养老压力剧增

改革开放至今，随着大规模乡—城移民潮的出现，农村留守老人规模与日俱增。越来越多的研究和报道显示，农村留守老人数量逐年直线上升。2000 年，我国 60 岁及以上的留守老人大约在 1800 万（杜鹏等，2004：44），2006 年，我国农村留守老人达到 4500 万（叶敬忠，2009：26）。我国第一部老龄事业发展蓝皮书——《中国老龄事业发展报告（2013）》指出，我国老年人口已达 1.94 亿人，农村老年人留守现象更加突出，2012 年约有 5000 万，其中的高龄、失能和患病老年人的照料护理问题亟待关注（潘跃，2013）。2013 年 4 月 7 日的《大众日报》报道，全国留守老人今年将突破 1 亿，大部分在农村。在"家庭养老"的传统模式

下，子女是农村老年人晚年生活的重要保障。然而，随着近些年农村青壮年劳动力的大量外流，家庭养老的基础受到了动摇，农村养老压力空前增加。

2. 农村留守老人面临的问题日益严峻，不仅影响到他们的家庭生活，也对农村社会的和谐稳定构成威胁

笔者对江西农村的调查显示，子女外出后农村留守老人的生活来源和赡养受到很大程度的影响。他们要承担非常繁重的劳动，但农业收入微薄，其生活来源主要是子女等亲属，获得的社会支持较少。而绝大多数子女打工的收入很少用于孝敬父母，受子女孝敬程度的影响，留守老人的生活来源网络规模很小，他们的赡养状况也不容乐观，加上缺乏来源于村集体、敬老院和政府或其他社会服务组织的支持，他们的贫困现象相当普遍。除此之外，留守老人还面临着生活照料者缺失、精神慰藉缺乏的问题。尤其在生病期间，他们既不能得到子女的照顾，又缺乏来自社会的医疗护理，他们的健康和生命质量受到严重影响。由于子女长期不在身边，留守老人的孤独感与日俱增，幸福感普遍较低（银平均、王丽，2012：18，20－22）。有学者把留守老人在年老力衰时"不得不应对贫困情境的逼迫""依然从事物质生产、看护孙辈"的现象称为"消极的生产性老年"（王思斌，2012：3）

国内外大多数研究对劳动力乡城移民给农村留守老人带来的影响持悲观态度，认为消极影响大于积极影响，对农村养老体系构成严峻挑战（银平均、黄文琳，2011：196）。当前，留守老人居住方式空巢化和隔代化，劳动负担沉重，生活照料缺失，孤独感增强，家庭地位下降（杜鹏等，2004：51－52），而且大部分留守老人收入低，2/5以上的留守老人处于贫困状态（周祝平，2009：33）。可以说，留守老人在经济供养、生活照料和精神慰藉等方面的需求大，但因为政府和社区对留守老人的关注程度和帮扶力度不够，所以他们从政府和社区中所获得的支持很少（罗蓉、成萍，2010：223）。农村留守老人面临的问题，既影响到他们的家庭生活，也对农村社会的和谐稳定构成威胁。

三 家庭福利政策的缺失及其对农村留守老人的影响

到 20 世纪末，受生育率下降、离婚率升高、人口老龄化、流动性增强等综合因素的持续影响，发达国家，尤其是 OECD（Organization for Economic Cooperation and Development，世界经济合作与发展组织）国家的家庭规模不断缩小，家庭结构出现了多样化发展，居住日益离散，家庭成员的关系越来越松散化。以应对人口和家庭变化为主要目标的家庭政策成为 OECD 国家政策体系的重要组成部分，家庭成为为数不多的福利扩张领域。家庭福利政策是部分 OECD 国家为了稳定家庭功能、促进社会和谐而实施的政策。家庭福利主要供给手段包括现金、实物提供和税收优惠。其中，税收优惠在家庭福利中的地位和作用不断提升。2007 年 OECD 国家仅面向家庭的公共支出就占到了 GDP 的 2.2%（王军平、翟丽娜，2012：108）。

我国福利政策具有对家庭的强烈依赖和对"家本位"价值观的强调的特点（Jones-Finer C.，1993：198-217）。农村养老政策充分体现了这种价值观。长期以来，国家对农民的福利供给只限于社会救助性的保障，宣扬的是"养儿防老"、"孝道养老"、依靠土地养老。在政策制定层面，持"传统家庭养老和土地养老相结合的模式是适合我国农村养老的理想模式"观念的人不在少数。依赖传统家庭养老制度的运作秩序成为我国农村福利制度设计的逻辑基础，基本排斥了社会化养老的模式选择。虽然我国农村已经开始实施养老保险，但由于政策的可及性、信任度等问题，农民参保数量极少。2008 年国家统计数据显示，截至 2007 年末，我国参加农村养老保险的人数只有 5171 万人，占全部农村人口的 7.1%，全年只有 392 万农民领取了养老金（国家统计局，2008）。

在家庭养老保障功能日益弱化、土地保障功能难以发挥作用的今天，面对农村留守老人日益严峻的问题，我国政策没有作出调整，没有一个制度性的替代方案来填补留守老人养老资源丧失带来的"福利资源的空缺"。留守老人反而因为有子女被现行福利体系所"屏蔽"和"排斥"。地方政府是否为农村留守老人提供社会资源，取决于他们是否符合国家对农村

"老年人"的支持政策，而非是否"留守"。按照现行规定，农村敬老院入住者只能是"五保"老人，留守老人因为有子女、不是无赡养义务人的老年人被拒之门外，不得享受五保供养。有的农村敬老院接收有子女的老人入住，但留守老人往往因收费超过他们的承受能力而无缘这一政策，能入住者都是家庭经济条件好、子女不愿意或无力照料的非留守老人。对于参加新农合医疗保险的留守老人而言，医疗费用的报销面临诸多制度性藩篱和困难，新农合医疗制度未能真正解决留守老人的医疗需求问题（李春艳、贺聪志，2010：115－117）。目前，政府对农村留守老人"丧失"的养老资源既没有采取有效措施保护，也没有旨在强化家庭养老功能或者社区养老功能的政策出台，更没有出台政策推动市场和社会养老服务力量介入农村。这种"断裂"的制度安排把农村留守老人排斥和抛弃在现代社会福利体系之外，加剧了留守老人晚年生活困境，是农村留守老人问题的根源所在。

四 制定家庭福利政策，增强家庭的功能，建立完善留守老人的社会支持体系

1. 制定家庭福利政策，重视财政投入，增强对家庭的支持，强化家庭保障功能

西欧各国家庭福利政策项目涵盖了儿童照护、子女受教育及老人、残疾人等特殊群体的支持，内容包括：在妇女怀孕、分娩和抚育婴儿方面的福利，颁发涉及子女抚育、成长、教育的各种家庭福利金，公民住房补贴，对绝对贫困家庭的补贴，对老年人的生活补贴，涉及家庭领域的传统社会福利。欧洲社会民主主义的福利国家承担了原属女性的育儿、照顾老人的工作并使其社会化。日本为应对老龄化也推行了"家庭看护社会化"的家庭福利援助政策。世界各发达国家政府收入的1/3甚至1/2都用于公共服务，各国农村养老保险制度的健全和高度发展，国家财政支持发挥了不可或缺、举足轻重的作用。德国的农民养老保险制度虽然一贯强调个人的责任，资金来源以个人缴费为主，但是，政府的补贴也在1/3左右。法

国的农业人口尽管占总人口的比例不到10%，但农村养老保险基金的给付得到了政府财政和其他公共保险部门的大力支持，来自外部的资金占3/4，政府补贴占1/2（陈婷，2008：34）。

在现代社会，通过实施社会福利政策保障和满足弱势群体最基本的需要，防范生活中的各种风险，消除不确定性，是政府作为社会管理者的责任。可是，目前我国农村老年政策存在不完善的地方，同时政府"介入过多与投入不足"的"越位"和"缺位"问题并存。一方面，政府投入了大量资金建设公办养老机构，留守老人因为有子女无法成为政策的受益者，目前服务对象大部分却是健康和经济收入条件较好的老人（潘跃，2013）；另一方面，我国财力雄厚，却因财政支持不力，在农村普遍建立养老保险的设想并没有成为现实。依照国际经验，无论从人口与城市化情况看，还是从人均GDP看，或者从财政收入水平来衡量，我国已经具备了在农村普遍建立养老保险的条件。希腊1961年建立农村社会养老保障制度时的农村人口所占比重是所有国家中最高的，为56.2%，日本为56.1%（1959），葡萄牙为52.7%（1977），西班牙为48.8%（1974），德国为24%（1957），我国为56.1%（2006）。如果以人均GDP水平衡量，日本1959年建立农村养老保险时人均GDP为653美元，而我国2007年人均GDP为2500美元（卢海元，2008：42-44）。我国财政收入在1994—2007年的平均增长率为18.60%，高于GDP的增长率13.13%。2007年我国的财政收入是51322亿元，为1992年农村养老保险刚实施时的12.36倍（曾五一、刘小二，2009：34-39）

当前我国政府应通过立法，在制定和完善农村养老保险、医疗保险、社会救助等政策的同时，抓紧制定和实施家庭福利政策，为农村养老提供财政资金支持，强化对家庭的支持。留守老人在极端困难的经济和社会状况下除负担农活外还坚持养育孙子女，这本身是对社会的一种巨大贡献。家庭福利政策可以起到反贫困化的作用，避免留守老人生活处境的进一步贫困化和他们社会地位的边缘化。

2. 建立、完善农村留守老人社会支持体系，保障他们的各项权益和需要

我国农村的老人支持主体是家庭，国家支持相对太弱，社会力量支持

极少，老人之间的互助基本没有。为此，有必要建立由正式支持和非正式支持组成的留守老人社会支持体系（见图1），切实保障留守老人的各项权益和需要。

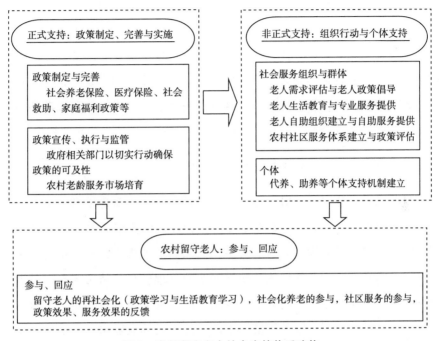

图1 农村留守老人社会支持体系建构

正式支持是指政府通过立法，制定和完善养老保险、医疗保险、社会救助、家庭福利政策等相关政策体系，确保农村养老的政策和财政资金支持。按照"个人缴费、集体补助、政府补贴"的原则，实行中央财政、地方财政、个人三方或多方分摊的机制筹措养老资金。一方面，推进"新农合"制度扩面，提高留守老人等特殊人群的医疗报销比例，适当报销门诊费用。另一方面，重组医疗卫生资源，加强农村社区医疗卫生体系建设，实现公共医疗服务均等化，培育农村老龄服务市场。

非正式支持是指社会组织、群体和个体的各种帮助和支持。政府可倡导建立社区服务机构，开展养老政策宣传，发动老人主动响应社会化养老政策；开展老人的养老需求评估、普及老年生活知识、提供老年人心理辅导等专业性的老龄化服务；倡导老人建立自助组织，开展互助和自助服务；开展农村养老政策与服务效果评估。

留守老人应积极参与、回应社会组织提供的服务活动。一方面积极参与由社会服务组织以及政府开展的养老政策学习与生活教育学习，积极参加社会养老保险，有能力的留守老人可积极参与代养、助养和养老互助活动等社区养老服务活动；另一方面积极响应社会服务组织开展的各种活动，并对政策效果、服务效果提供真实的信息反馈，参与养老政策的效果评估，推动养老政策的完善和服务质量的提高。建立和完善由正式支持和非正式支持组成的社会支持体系，既可以满足老人需求，又可以节约财政开支，拓展养老资金的多元化融资渠道，培养社会成员互帮互助精神。

3. 增加农村养老资源供给，提高农村养老专业化程度和服务专业化水平

目前江西省建立了针对"三无"老人的乡镇公办敬老院和养老院，也有一些"收费制"、设备优良的现代化养老院，但价格高昂，受益群体主要为家庭富裕、子女没有时间或者不愿意照料的老人。此外，机构的工作人员基本没有经过专业的训练，缺乏专业的心理辅导、情绪疏导以及老年护理等专业知识，服务水平低下，老人们的精神需要难以满足。农村的养老资源无论是数量还是服务质量远不能满足农村养老需求，更不能满足留守老人的养老需求。

为此，政府一方面可以通过政策扶持增加社会养老机构，鼓励社会组织把服务范围扩大到留守老人，适当降低留守老人的机构养老费用，并鼓励把服务辐射到留守老人家里，开展居家服务；另一方面，政府应该强化养老的专业化程度和服务水平，加强护理专业人才培养，对于养老服务从业人员强制实行资格准入制度，重视老年服务的专业训练，提升从业人员的理论水平和服务水平。

4. 开展社区教育，改变"养老是私人事务"的观念，营造友善的环境

养老已经成为我国非常严重的社会问题。而在广大农村，受传统观念影响，人们普遍认为，养老是子女的事情，是家庭私事，而非公共社会问题，留守老人问题也不例外。留守老人遭遇的问题是其子女对他们安排不周到，

或者对其不孝，邻里社区人员没有责任和义务向留守老人提供援助。

研究表明，健康老人可以维持其独立生活能力，因而拥有持续生产力并对社会有所贡献。而在老人不能独立生活的情况下，家庭和社会都有责任去照顾他们（梅陈玉婵、齐铱、徐永德，2009：10）。我国农村留守老人承担了我国城市化和人口流动的高额成本，国家和社会有责任组织相应的社会资源，改善留守老人的生活和生命质量。

近来的批判女性主义理论也认为，照顾应是男女共担、社会共担的责任，公/私领域的照顾不应当被人为分开；家庭内部照顾的重要性应当被公开认同，而非仅仅被视为一项私人责任（Martin - Mattews & Phillips，2008）。养老已经成为现代社会的一项事业，对留守老人的照顾理当不应被忽略。确保留守老人权益成为政府、社会和家庭不可推卸的历史责任。因此，在农村社区建设当中，除了从政策、资金和专业服务方面做出各种努力外，政府应充分重视和调动社会组织、媒体、志愿者力量，利用各渠道广泛开展社区教育，在全社会营造尊老、敬老、爱老的氛围，积极推进家风、民风和社会风气的好转。其一，学校要加强对青少年及儿童的尊老、敬老、爱老、助老等孝道教育，要加强家长的道德教育，改变全社会"爱心下移"（关注下一代）的现象，为老年人尤其是农村留守老人营造友善环境。其二，媒体在弘扬孝道、惩治不孝方面要肩负起舆论引导与监督责任，发挥舆论应有的作用。其三，法律对于被人举报的遗弃、不赡养老人的行为坚决予以严厉的制裁，形成全社会"尊老、敬老、爱老、助老"的良好社会氛围。

参考文献

杜鹏、丁志宏、李全棉、桂江丰，2004，《农村子女外出务工对留守老人的影响》，《人口研究》第 6 期。

叶敬忠，2009，《关注农村留守人口》，《Women of China》第 3 期。

潘跃，2013，《今年老年人口将突破两亿》，《人民日报》2 月 28 日第 8 版。

《农村留守老人，守望与希冀》，http：//Paper. Dzwww. Com/Dzrb/Content/20130407/Articel02002MT. Htm，2013 - 04 - 07。

银平均、王丽，2012，《欠发达地区农村留守老人社会支持机制建构的思考——基于江西的实证研究》，《广东工业大学学报》第 3 期。

王思斌，2012，《从消极生产性老年到积极生产性老年》，载梅陈玉婵、南希·莫罗 - 豪厄尔、杜鹏《老有所为在全球的发展——实证、实践与实策》，北京大学出版社。

银平均、黄文琳，2011，《农村留守老人问题研究的现状及其趋势》，《江西社会科学》第 2 期。

周祝平，2009，《农村留守老人的收入状况研究》，《人口学刊》第 5 期。

罗蓉、成萍，2010，《农村留守老人养老现状研究》，《人民论坛》第 7 期。

王军平、翟丽娜，2012，《OECD 国家家庭福利政策实践与启示》，《人民论坛》第 5 期。

Jones - Finer C. 1993. The Pacific Challenge：Confucian Welfare States. Jones - Finer, Catherine. *New Perspectives on the Welfare State in Europe.* London：Routledge.

国家统计局，2008，《2008 年统计年鉴》，http：//www. Stats. Gov. Cn/Tjsj/Ndsj/2008/Indexch. Htm。

李春艳、贺聪志，2010，《农村留守老人的政府支持研究》，《中国农业大学学报》（社会科学版）第 1 期。

陈婷，2008，《财政支持农村社会养老保险研究——以江苏省为例》，南京农业大学硕士学位论文。

卢海元，2008，《建立全覆盖的新型农村社会养老保险制度》，《农村工作通讯》第 2 期。

曾五一、刘小二，2009，《中国财政收入与经济增长关系的实证分析》，《统计与信息论坛》第 7 期。

梅陈玉婵、齐铱、徐永德，2009，《老年社会工作》，格致出版社。

Lupton，D. 1999. *Risk.* London：Routledge.

Martin - Matthews, A. 2008．Introduction. In A. Martin - Matthews & J. Phillips（eds.）*Ageing at the Intersection of Work and Family Life：Blurring the Boundaries.* New York：Taylor & Francis.

养老金双轨制的路径依赖、困境及其出路

刘　慧[*]

摘　要： 近年来，养老金双轨制已引起社会群众的强烈不满，人们对养老金双轨制改革的呼声渐高。本文主要从描述养老金缴费比例、绝对值和替代率的现状出发，阐述养老金双轨制的负面影响。养老金双轨制在制度变迁过程中存在着较强的路径依赖，即计划经济体制的惯性作用、制度设计的消极影响等方面的依赖效应。而在改革的过程中，也会面临着利益群体内部的强大阻力、过渡性养老金水平难以确定以及转制成本巨大等方面的困境。为此，应该始终坚持公平原则、与现行经济发展水平相适应的原则及老人老办法、中人中办法、新人新办法的原则，将机关、事业单位的改革同步进行，建立统一的城镇职工基本养老体系并建立机关事业单位退休人员的职业年金，以推动养老金双轨制改革的顺利进行。

关键词： 养老金　双轨制　改革

近年来，养老保障一直是人们所关注的焦点问题，养老金待遇水平不仅关系到每个公民退休后的生活质量，更影响着整个社会的公平正义与和谐稳定。然而，由于历史、社会体制等方面的原因，我国的养老金双轨制长期存在，且随着时间的推移、经济的发展，企业退休员工与机关事业单位退休人员的养老金待遇水平存在巨大的差异，这不仅影响了劳动力市场人才的合理流动，而且造成国家财政负担沉重，更重要的是，养老金双轨制极大地损害了社会公平正义，严重地破坏了社会的和谐稳定。

---

　*　刘慧，江西财经大学人文学院硕士研究生，主要研究方向：社会政策。

一　双轨制养老的现状分析

养老金双轨制是我国计划经济向市场经济转型的特殊产物，是指对不同工作性质的人员采取不同的退休养老制度（彭升、王巢凤，2012）。即政府机关和事业单位退休实行由财政统一支付的退休养老金制度，而企业职工则实行由企业和职工本人按一定标准缴纳的"缴费型"制度。我国建立社会保障制度的初衷是实现公平公正，通过收入再分配政策缩小贫富差距，降低人们的被剥夺感，使人们能够安居乐业。然而现行的养老金双轨制，直接导致机关事业单位退休人员与企业退休职工的收入差距不断拉大，有损社会公平，也违背了社会保障制度建立的初衷。

（一）个人缴费的比例差异大，导致起点不公

我国机关事业单位的退休制度是由国家财政全额承担，个人几乎不需要承担缴费义务；而企业经过一系列市场化改革后，已基本上形成了责任分担、权利与义务相结合的现代化社会保障模式，企业和个人均需要缴费，分别进入社会统筹和个人账户。目前各地机关事业单位养老保险的个人缴费比例为2%～8%，大多数地方在3%左右，甚至不少地方不建立个人账户，职工的退休金由国家财政负担。同时，经过多年的改革探索，城镇企业职工基本养老保险"统账结合"的制度模式已渐成体系，个人缴费比例已经达到8%，实现了权利和义务的统一，公平和效率的结合（刘婉琳、唐瑜，2009）。这种缴费方式的不同，造成了企业退休职工与机关事业单位退休人员的养老金筹资环节的不同，也就是起点上的不公平，同时也为养老金收入鸿沟埋下了伏笔。

（二）养老金的绝对值差异大，导致结果不公

相关资料显示，1990年企业、事业单位和机关单位退休人员的平均养老金分别为134元/月、148元/月和143元/月，三类群体的退休待遇之比是1:1.10:1.06，此时，三者之间的收入差距尚处于相对合理的范围内。

然而随着城镇企业职工基本养老保险制度的建立，这一差距开始拉大。2005年，企业、事业和机关单位退休人员的平均养老金分别为714元/月、1346元/月和1468元/月，三类群体的退休待遇之比为1∶1.89∶2.06，机关单位人员的退休金是企业退休员工工资的两倍。无论是绝对数额还是养老金的比值，两个群体之间的收入差距都在不断扩大（王辛梓，2008）。这种差距的不断拉大主要是由两者的计发基础不同而导致的，机关事业单位人员的退休工资主要是由其退休前的职务工资/岗位工资与级别工资/薪级工资/技术等级工资决定的，而企业退休职工的基本养老金的计算基础是社会平均工资，而公职人员的工资水平要远高于社会平均工资。因此，计发基础的不同直接造成机关事业单位人员与企业退休人员养老金绝对值的差距。

表1　企业与事业、机关单位养老金比较

单位：元

年份	企业	事业单位	机关单位	比　值	年份	企业	事业单位	机关单位	比　值
1990	134	148	143	1/1.06/1.10	2000	512	805	788	1/1.57/1.54
1995	321	422	435	1/1.31/1.35	2001	531	921	964	1/1.73/1.82
1996	366	492	484	1/1.34/1.32	2002	615	1014	1096	1/1.65/1.78
1997	402	549	548	1/1.37/1.36	2003	644	1151	1221	1/1.79/1.90
1998	442	602	606	1/1.36/1.37	2004	653	1220	1328	1/1.87/2.03
1999	481	702	707	1/1.46/1.47	2005	714	1346	1468	1/1.89/2.06

数据来源：依据各年份《中国劳动统计年鉴》相关数据整理。

（三）养老金替代率差异大，导致生活水平出现反差上的不公

替代率是指职工退休后其养老金待遇水平与其在职时的工资水平的比例（郭阳，2008）。机关事业单位工作人员获得的养老金属于待遇确定型，以本人退休前工资为基数、以工作年限长短确定替代比例。从表2数据中我们可以看出，机关事业单位的养老金替代率远远高于企业单位退休员工，企业人员退休金只有退休前工资的50%左右，机关事业单位退休人员

能达到90%以上。养老金替代率作为衡量劳动者退休前后生活保障水平差异的重要指标，能够真切地反映出同一个劳动者退休前后的生活质量的差异。不同身份的退休人员在养老金替代率方面的巨大差异表明养老金双轨制度横向上的不公平。

表2　企业与事业、机关单位养老金平均替代率比较

单位：%

年份	企业	事业单位	机关单位	年份	企业	事业单位	机关单位
1995	72.1	92.1	94.3	2001	60.94	96.14	95.45
1996	74.09	94.62	91.49	2002	62.18	91.85	93.92
1997	76.28	95.98	93.4	2003	56.89	94.81	93.14
1998	71.64	94.96	93.95	2004	50.35	88.8	89.2
1999	70.63	97.23	95.03	2005	47.82	86.28	84.62
2000	66.8	100.23	94.37				

数据来源：依据各年份《中国劳动统计年鉴》相关数据整理。

我国的机关单位是国家为行使其职能而设立的各种机构，其作为国家的权力部门，本身具有非生产性，机关单位工作人员（公务员）的工资全部来源于财政拨款。事业单位则是由国家机关或其他组织出于公益目的，利用国有资产举办的社会服务组织，其员工的工资也大多来源于财政拨款。从这里我们可以看出，机关事业单位人员由于其工作性质的特殊性，其所在单位并不具有生产性，也就是说其给社会带来的经济效益远比不上企业员工，而他们的退休金待遇水平却远远高于企业退休员工。社会保障的根本原则就是社会公平，而当前我国现行的养老金双轨制呈现碎片化状态，按身份与群体区别对待，企业职工与公务员、部分事业单位人员养老保险制度区别待遇且差别较大（李晶，2012）。这种双轨制的弊端已逐渐显现出来。首先，养老金双轨制人为地拉大了人们的退休收入的差距，严重地阻碍了社会的公平公正，影响了社会的和谐稳定。其次，这种体制的不合理性也造成了一些社会不良现象的连锁反应。近年来，"公务员热"部分原因就是机关单位的"高福利"与"旱涝保收"的退休待遇，这也严重地阻碍了我国人才的合理流动，造成人力资源配置的不合理。最后，机

关事业单位退休人员退休金来源于国家财政，这种国家统筹的模式也给国家的财政带来沉重的负担。

二　养老金双轨制的路径依赖

路径依赖理论是由美国经济史学家 David 提出的，他首先把路径依赖概念引入社会科学领域，并且用它来研究技术变迁问题。后来经过 Arthur 和 North 等学者的发展，路径依赖成为理解历史重要性的重要概念（Arthur，1989）。20 世纪 90 年代，路径依赖概念被广泛应用于制度变迁、社会学和政治学研究（尹贻梅、刘志高、刘卫东，2011）。"路径依赖"概念向人们传递了这样一种思想，即组织的结构和制度的结构是从过程中产生的，在这个过程中，过去的事情影响着未来的发展，使之沿着特定的路径发展，这条路径是在对过去事件的适应下产生的（赵晓男、刘霄，2007）。也就是说，路径依赖作为由一系列事件构成的自增强过程，早期的细微差别容易导致以后发展路径及发展结果的巨大差异，当其达到某个临界点时，整个系统便锁定在某个低效或无效状态而难以脱离现有的发展轨迹。

我国城镇企业退休职工与机关、事业单位退休人员的待遇水平之所以相差甚远，不仅是源于计发方法、筹资模式、支付渠道等方面的影响，而且是因为在顶层的制度设计上，传统的渐进式改革的思维根深蒂固，原有的经济基础、制度环境、社会结构和技术特点等使我国改革现行养老金制度依赖于原有的模式，从而将养老金体制锁定在低效率的、被动的均衡状态。

（一）计划经济体制的惯性作用

从计划经济向市场经济转轨，是一个重大的制度变化过程。这种过程具有路径依赖的特征是不言而喻的（吴敬琏，1995）。我国的养老金双轨制由来已久，新中国成立伊始就已经存在，企业职工的养老根据 1951 年颁布的《中华人民共和国劳动保险条例》，而机关事业单位的公职人员则根据其他条例来退休，在此基础上，公职人员的退休待遇高于企业职工。1958 年考虑到需要降低公职人员的养老待遇，以避免浪费，进而减轻财政负担，《国务院关于工人、支援退休处理的暂行规定》出台，企业职工及公职人员不需缴纳任何费用，费用源于财政。然而，从 20 世纪 80 年代开始，政府机构臃肿，干部老龄化严重，为了让老干部尽快退休，国家开始改革旧有的养老制度。1980 年 9 月《国务院关于老干部离职休养的暂行规定》颁布，1982 年 2 月，《关于建立老干部退休制度的决定》出台，确保了机关事业单位退休员工的待遇水平。从 1991 年开始，随着市场化的不断深入，国家针对城镇企业的养老保险制度进行了一系列的市场化改革，初步形成了权利与义务结合、社会统筹与个人账户相结合的现代化养老保障制度。至此，两种养老保险制度大相径庭。在计划经济体制下形成的养老保险制度，出于各种目的，根据不同的身份划定不同的养老保障群体，从而在政策设计上，区别地制定相关养老保障政策。由于历史上人为地划定不同利益群体，这种身份的分割使得现行的养老保险制度呈"碎片化"状态。

（二）制度设计的消极影响

1. 渐进式改革的路径依赖

路径依赖理论认为，早期的偶然历史事件对系统的发展轨迹产生一定的影响（尹贻梅、刘志高、刘卫东，2011）。我国自改革开放以来，走的就是"摸着石头过河"的改革道路。无论是经济领域还是社会领域，采取的都是渐进式、试点先行与双轨并行的改革方式。我国的养老保险制度改革是在经济体制改革不断推进的背景下，为顺应经济体制改革而实行的，因此，其改革方式也未能脱离总体模式。由于养老保险制度改革是以市场经济发展为背景的，那改革的突破口也必然选择了与市场结合紧密的企业。这种以路径依赖为特点的改革模式使我国渐进式养老保险制度从企业突破，却未在机关、事业单位同步推进，从而导致了我国养老保障体制出现双轨化。

2. 经济改革先于政治、社会改革的异步效应

从 20 世纪 90 年代开始，我国推进的养老保险制度改革的诱因并不是政治体制和社会体制自身发展的内在要求，而是作为我国市场经济体制转轨尤其是企业转型的配套措施。从整个宏观角度来看，政治体制、社会体制与经济体制相辅相成，政治体制为经济的发展提供良好的外部运行环境及必要的政治保证，社会体制为经济的发展提供稳定的社会环境，而经济体制的发展则为政治体制、社会体制的运行与发展提供充足的物质基础与保证。然而，自 1978 年开始推进市场化改革到现在，我国已基本上实现了经济体制的顺利转轨，而政治体制却迟迟未动，社会体制改革也推动缓慢。在此渐进式的改革模式中，政治体制和社会体制的改革始终滞后于经济发展，这种滞后的效果，直接导致了与政治体制相适应的机关、事业单位养老制度改革滞后于与经济体制相适应的企业养老制度改革（齐娜，2012）。

3. 政治因素的长期阻碍作用

在中国这种特殊的社会环境与体制背景下，政治因素在社会各个方面的运行过程中，都有着举足轻重的作用，其对我国的养老保险制度的影响也是不言而喻的。首先，一种体制形成以后，会形成某种在现存体制中有既得利益的压力集团。我国政府作为政策决策者，在养老金双轨制改革中扮演着责任人和推动者的角色，但在推进一项改革时，必然会考虑到其群体利益问题。机关事业单位人员作为改革的推行主体，势必承担着整个制度的设计公平性问题。同时，在养老金改革的过程中，其作为改革的目标与承担者，必然不愿意抛开其既得利益，改革这种维持其自身利益的制度。这种角色的矛盾性，使机关事业单位进行养老金制度改革困难重重。在制度变迁中，存在制度自我强化机制和路径依赖，一旦各种分割的制度得以建立，就会根据其自身的内部利益需求而实现自我强化，既有制度所体现的意识形态、利益格局和惯性效能，会成为下一步制度变革和完善的制约因素，影响社会保障制度体系本身的有效性和可持续性发展能力（陈

云，2011）。其次，养老金双轨制也与我国传统非正义的公共政策决议程序有关。程序正义理论认为，程序的内在价值体现在尊严、公平、信任、参与等价值追求上。以往我国的发展强调"效率优先，兼顾公平"，公平理念一直没有作为政策决策过程中的核心理念，这也是造成我国现行的养老金收入鸿沟的一个深层次原因。同时，我国传统的决策体制的决策主体单一，缺少公民参与和表达诉求的制度化安排；决策方式以经验决策为主，决策科学化程度不高，由于个人的经验有限性，过度依靠经验决定未来容易出现主观性错误；决策法制化程度低，主观随意决策和独断决策较为常见，导致决策多变、政策不稳定，决策过程不具有可预见性（周光辉，2011）。可以说，制度的价值追求以及政策过程的程序问题是养老保险制度形成路径依赖的原因，在此基础上的制度并轨改革举步维艰。

三　双轨制养老改革的困境

（一）机关事业单位的内部阻力大

从 20 世纪 50 年代以来，国家在针对机关事业单位人员和企业职工的退休金待遇方面就做了不同的安排，导致机关事业单位人员的退休金待遇远远高于企业的退休职工，也就是人们通常所说的机关事业单位人员都抱着个"金饭碗"，不需要承担任何的缴费义务，也不需要承担任何责任，就可以享受到更高的退休待遇及其他相关的福利待遇。而如今，若要针对机关事业单位进行养老金制度改革，势必会增加其人员的缴费义务，使其承担更多的社会责任，重要的是将会适度地削减其退休后的待遇水平，改革必然会带来公职人员的消极态度。因此，机关事业单位人员作为我国政策的决策者与实施者，在推行的改革涉及其自身利益时，从实践上很难完全摆脱利益驱使。尤其是在改革的过程中，政治决策的作用较之其他因素，往往更具有决定作用，那么机关事业单位人员的利益诉求更容易表达并得到解决。这给政府维护此部分人群利益提供了可能性，也给机关事业单位进行包括养老金制度在内的各项改革增加了很大的阻力和障碍（郭阳，2008）。

（二）改革的"转制成本"过高

"统账结合"的养老保险模式是在现收现付、没有任何资金积累的传统养老保险制度的基础上建立起来的，社会统筹实行现收现付，个人账户实行基金积累。这就意味着目前在职的一代人继续承担上一代人的养老责任，同时还要为自己积累养老金。由于养老保险制度建立以来的40多年间没有任何资金积累，改革以后的养老保险实行"老人老办法，中人中办法，新人新办法"（梁鸿，2000）的制度，这种制度与我国现行的养老保障制度相结合，使养老金支付上形成了巨大的资金缺口。一方面，已经离退休人员的养老金待遇保持不变，他们的养老金用每年收缴的社会统筹基金和滚存节余基金支付，然而收缴的社会统筹基金少于需要支付的退休人员的养老金，于是出现了养老金支付上的资金缺口；另一方面，在养老保险制度改革之前参加工作，改革之后退休的中年职工，以改革之前的工作年限作为缴费年限，然而实际中旧制度并没有设立个人账户积累，在他们退休后开始领取养老金时，养老保险基金从社会统筹基金中提供，这就构成了另一个养老金支付的资金缺口。这两项相加就形成了一笔数目巨大的"转制成本"（伊志宏，2000）。在此基础上，如若进一步进行机关事业单位养老保障改革，那么原来现收现付制、没有建立个人账户的机关事业单位养老保障，也必将成为另一笔数目不小的"转制成本"，给改革带来了沉重的经济负担。

（三）过渡性养老金水平难以确定

进行养老金并轨的改革过程中，必然要考虑到养老金待遇水平的问题，在公平公正原则的指导下，还要综合衡量各利益群体的诉求，以减轻改革阻力，确保改革的顺利进行。结合我国目前的实际情况，无非存在三种缓解养老金收入鸿沟的解决途径：一是"调高"，也就是对机关事业单位退休人员的收入进行适度的调节，使其与企业退休职工的退休待遇水平相协调。这一做法将会造成机关事业单位人员的退休金陡降，势必会造成这一利益群体的不满，进而影响改革的进程。二是"补低"，也就是不断调整企业退休人员的退休待遇，使其与机关事业单位人员的退休待遇持平。我国从 2005 年起，连续九年提高企业退休职工的待遇水平，尽管如此，却依然没有追上机关事业单位人员的退休待遇。由此可以看出，我国进行养老金制度改革，必须走第三条道路，即确定过渡性养老金水平，实现机关事业单位人员与企业退休人员的双调节。无论改革后地方财政负担是增加还是减小，财政补贴政策如何确定，负担如何划分，都应该把过渡性养老金水平作为事业单位养老保险制度改革的核心问题来研究，只有确定了合理的过渡性养老金水平，特别是"中人"和"新人"的待遇，才能保证改革试点工作的顺利开展（苏明、杨良初、张晓云、王立刚、程瑜，2012）。

四 对策建议

打破养老"双轨制"的难点并不在"双轨"，而在怎样寻求从"双轨"到"单轨"的合理制度路径，它既要体现改革手段自身的艺术性与智慧性，同时在新旧养老机制的过渡中，也要保证平稳的衔接（夏颐，2011）。在整个过程中，必须有统一的价值理念，顺应社会保障制度建立时的初衷，在改革的过程中坚持公平原则、适度原则和"老人老办法、中人中办法、新人新办法"原则。

首先，任何社会保障制度都天然地表现出对社会公平的追求，都经历着从缩小不公平到实现并维护公平的发展进程（郑功成，2010）。养老保障制度更是如此。由于社会背景、历史因素以及现实工具理性的推动，我国的养老金双轨制制度改革一直无法全面推动，这也极大地损害了公民对于政府维护社会公平的信心。因此，在养老金制度改革的过程中，必须始终坚持公平的原则，绝不能因为任何原因而制造新的不公平。其次，养老保险待遇水平必须与我国目前的经济发展水平和承受能力相适应（许凌，2012）。虽然社会各界对于提高养老金水平的呼声很高，但我们要时刻警醒，我国目前仍处于社会主义发展的初级阶段，过高的养老金水平将会造成我国财政的沉重负担，从而影响我国经济发展速度。因此，在改革的过程中，我们必须保证退休人员的待遇要随着经济发展水平的提高而适度增长，共享经济发展成果，同时要兼顾我国的实际情况，审慎制定养老金待遇水平。最后，"老人老办法、新人新办法、中人选择过渡办法"是整个社会保障制度改革都应遵循的根本原则（柳霞，2012），即已经退休的老一代人（包括机关事业单位和企业退休人员）按照其贡献大小、职级与工龄等享受相应的待遇；所有新参加工作的人员（所有机关事业单位和企业人员）都应平等参加基本养老保险并享受相应的待遇；还未退休的"中人"应根据相应的养老保障制度进行转移，保证其待遇水平不会下降。根据以上原则，在改革中，笔者认为可以采取以下几方面的具体措施。

（一）机关、事业单位养老金改革同步进行

在中国社保制度十几年的短暂历史中，碎片化趋势广受诟病（郑秉文，2009）。养老保险制度也同样如此，按机关、事业单位、企业、城镇居民、农民的身份的不同，分别建立起了不同的养老保障制度。不仅造成养老保险制度不统一、不规范，也带来待遇差距扩大和管理成本过高的问题，形成制度内的不公平（苏明、杨良初、张晓云、王立刚、程瑜，2012）。而且，实践证明，如果将机关单位与事业单位的养老保障改革分开进行（2009 年我国展开五省市的事业单位养老保险制度改革进展缓慢），那么改革将很难推动。我们应吸取以往的经验教训，全面启动机关事业单位养老保险制度改革，破除惯性思维与路径依赖，不要再做试点，而应像郑功成教授所说的那样"认真调研，审慎决策，果断快速推进"（柳霞，2012）。

（二）建立统一的城镇职工基本养老保险体系

古人云："不患寡而患不均。"我国当前的养老金制度所造成的不公平主要源于两个方面。首先，机关事业单位人员无须承担缴费义务，由国家财政负担；而企业退休人员则由国家、企业、个人三方负责，权利和义务相结合，造成起点的不公。其次，从养老金领取结果来看，机关事业单位人员领取全额养老金，"旱涝保收"；而企业退休人员的养老金待遇水平则受市场、社会运行等因素影响，只领取基本养老金。这种差距造成强烈的不公平感。因此，改革养老金双轨制必须要加快机关事业单位养老保险改革，建立涵盖所有城镇职工（而非按照身份、工作单位划分）的、统一的基本养老保险制度。以形成全国不分单位性质，同级别的退休人员基本养老金替代率相等的情形，进而减少人们的不公平感，增进社会和谐与稳定（张祖平，2012）。

（三）建立机关事业单位人员的职业年金制度

目前，我国机关事业单位人员退休金制度依赖于待遇确定型的现收现付制度，这一制度的弊端上文已经述及，所以有必要将缴费确定型的基金积累制度引入机关事业单位人员退休金制度，建立自愿的职业年金制度。职业年金是事业单位和行政单位为雇员或公职人员提供补充养老保险的总称，具体说来就是在国家统一监督、指导下，仅限于事业单位及政府机关依据自身实际情况，由公职人员和事业单位共同缴费组成养老保险费，以符合事业单位工作性质、公职人员的职业特点，为公职人员提供退休收入保障的养老金保险制度（游春，2012）。通过企业年金制度，为机关事业单位人员建立相应的个人账户，不仅可以减轻财政养老金支付负担，分散养老保险责任和风险，降低养老保险的替代率，同时还利于建立机关事业单位人员的福利激励，从而减少改革阻力，有助于顺利推进我国养老金制度的改革。

综上，加快推进养老金双轨制改革是实现社会公平的要求，也是实现我国养老保障制度长期稳定发展的必然选择。近年来，养老金待遇水平的不公使公众对养老金双轨制改革的呼声渐高，而国家决策层也对此作出回应。2012 年 5 月 2 日，国务院总理温家宝主持召开国务院常务会议，讨论通过了《社会保障"十二五"规划纲要》，会议确定我国将改革机关事业单位养老保险制度。同日，人保部也回应将推进机关事业单位养老保险制度改革，破除养老金企业与事业单位的双轨制。2013 年 8 月份，人社部副部长胡晓义指出，取消养老保险双轨制方向明确。种种迹象表明，我国的养老金双轨制改革势在必行。

参考文献

彭升、王巢凤,2012,《改革养老金双轨制的思路与途径》,《领导之友》第 6 期。

刘婉琳、唐瑜,2009,《关于企业与机关事业单位养老保险待遇差距问题的思考》,《中国经贸导刊》第 17 期。

王辛梓,2008,《从公平角度探讨机关事业单位养老保险制度改革》,《现代商贸工业》第 12 期。

郭阳,2008,《中国企业与行政事业单位养老待遇差距研究》,《甘肃社会科学》第 6 期。

李晶,2012,《关于当前我国养老金双轨制的发展现状与思考》,《商》第 10 期。

Arthur, W B. 1989. "Competing Technologies, Increasing Returns and Lock – In by Historical Events." *Economic Journal.* 99 (3): 116 – 131.

尹贻梅、刘志高、刘卫东,2011,《路径依赖理论研究进展评析》,《国外经济与管理》第 8 期。

赵晓男、刘霄,2007,《制度路径依赖理论的发展、逻辑基础和分析框架》,《当代财经》第 7 期。

吴敬琏,1995,《路径依赖与中国改革——对诺斯教授演讲的评论》,《改革》第 3 期。

齐娜,2012,《我国城镇养老保险双轨制的效应研究》,重庆理工大学硕士论文。

陈云,2011,《养老保险制度"碎片化"的出路》,《中国劳动》第 4 期。

周光辉,2011,《当代中国决策体制的形成与变革》,《中国社会科学》第 3 期。

梁鸿,2000,《现行农村社会保障制度评析与剖析》,《人口学刊》第 6 期。

伊志宏,2000,《当前养老保障制度存在的问题及其改革模式的选择》,《财贸经济》第 10 期。

苏明、杨良初、张晓云、王立刚、程瑜,2012,《我国事业单位养老保险制度改革研究》,《经济研究参考》第 52 期。

夏颐,2011,《"双轨制"改革:在"深水区"继续推进》,《就业与保障》第 4 期。

郑功成,2010,《中国社会保障改革与未来发展》,《中国人民大学学报》第 5 期。

许凌,2012,《我国公务员养老保险改革研究——基于公务员和企业职工养老保险并轨制的视角》,《赤峰学院学报》第 8 期。

柳霞,2012,《从"双轨制"下的利益冲突看我国养老保险制度改革——访中国人民大学教授郑功成》,《光明日报》4 月 20 日。

郑秉文，2009，《中国社保"碎片化制度"危害与"碎片化冲动"探源》，《甘肃社会科学》第 3 期。

张祖平，2012，《企业与机关事业单位离退休人员养老待遇差异研究》，《经济学家》第 8 期。

游春，2012，《事业单位推行职业年金制度的几个问题》，《保险研究》第 10 期。

失独老人的生活状况与社会福利政策的应对

姚兆余　　王诗露*

摘　要：作为计划生育政策风险产物的失独老人群体，近年来逐渐进入政府部门和学术界的视野。研究通过对其生活状况的具体考察，发现大多数的失独老人存在经济状况恶化、精神普遍抑郁、健康状况下降以及人际交往敏感封闭等困境，在生活救助、养老保障、医疗保障以及精神慰藉方面存在强烈诉求。而目前的扶助政策却发展较为滞后，存在扶助标准低、覆盖面窄、扶助形式单一等诸多问题，难以满足失独老人的现实需求。研究在总结借鉴江苏先进经验和模式的基础上，提出从经济支持、生活照料、精神慰藉三个方面设计满足失独老人需求的社会福利政策。

关键词：计划生育　失独老人　生活状况　社会福利政策

一　问题的提出

20 世纪 70 年代末，我国开始在全国范围内推行计划生育政策，经过 40 多年的发展，我国人口增长速度得到有效控制，但同时独生子女家庭的负面影响也逐渐显现。有学者推断 8%—9% 的独生子女会在 55 岁以前因患疾病或非正常原因而死亡（人口研究编辑部，2004），从本质上讲独生子女家庭是风险家庭（穆光宗，2004）。独生子女的死亡对一个家庭来说，不仅是"白发人送黑发人"的沉重伤痛，还意味着家庭结构中最重要的支

---

*　姚兆余（1965 年~）男，南京农业大学农村发展学院教授，研究方向：农村社会学和社会政策。王诗露（1988 年~）女，南京农业大学农村发展学院硕士研究生，研究方向：社会政策。

持形式——亲子支持的断裂，而这种支持很大程度上具有不可替代性。

据《2010 中国卫生统计年鉴》显示：我国每年新增 7.6 万个失独家庭，全国失去独生子女的家庭已经超过百万个。此外，也有学者运用人口统计学方法来测算独生子女伤残死亡数量及死亡概率。王广州、郭志刚等人以孩次递进人口预测方法对伤残死亡独生子女母亲人数进行了初步测算，研究估计 2007 年 49 岁以上全国死亡独生子女母亲总量在 30 万以内。死亡独生子女母亲数量在 2038 年以前持续增长，2038 年以后开始下降，峰值规模在 110 万左右（王广州、郭志刚、郭震威，2008）。姜全保、郭震威基于 2000 年中国生命表数据，使用概率方法分析了男性丧子的指标，并且比较了这些指标的城乡差异（姜全保、郭震威，2008）。查波、李冬梅对上海郊区的调查显示，幼儿阶段是独生子女死亡的高风险阶段，16 周岁后死亡的独生子女也占一定比重；农村独生子女面临的死亡风险相对较大；非正常死亡的独生子女比重高（查波、李冬梅，2005）。这些研究共同表明，失独家庭问题是真实存在的。

在这些失独家庭中，有些父母已经步入老年阶段，那么他们在缺乏亲子支持与情感依托的情况下，晚年生活是何境况？面临哪些困难？存在哪些需求？目前失独老人社会福利政策能否满足他们的需要？从政府角度来看，应如何制定和出台相关的社会福利政策来给予失独老人支持，帮助他们走出困境？本研究就是针对这些问题而展开讨论的。通过实地调查资料的分析，本研究呈现失独老人在经济、身体、精神及人际交往等方面的生活状况，并通过分析失独老人的现实需求，就如何满足失独老人的需求，改善失独老人的生活状态提供一些可行的建议和对策。

二 研究设计

（一）概念界定

本文的核心概念是失独老人。目前学术界还没有关注这一群体的生活状况，因而对失独老人这个概念也没有明确的定义。本文认为，失独老人指的是失去独生子女的老年人，准确地说是第一批响应计划生育政策的群体失去第一批独生子女的老年人，他们大多在丧失生育年龄的时期失去自己的独生子女。

（二）资料收集与分析方法

因为失独老人这一群体居住的分散性、信息的隐蔽性以及心理的敏感性，研究主要采用"滚雪球"方法寻找访谈对象，最先通过南京鼓楼区"失独妈妈"爱心驿站接触到部分失独老人，继而依靠他们提供线索认识到合格的调查对象。研究共对 12 名失独老人以半结构方式进行深入访谈，并作出比较详细的访谈记录。

在此基础上，我们对访谈资料进行分类编码。首先使用分类法，将收集到的访谈记录按照研究需要进行归类，初步建立研究体系；然后对个案进行编码分析。具体方法如下。

（1）编码标准。a. 个案的编码：用英文单词"CASE"的首字母"C"和个案排列顺序的序数来表示访谈个案，如个案 1 为"C1"。b. 案主的编码：用案主姓的汉语拼音的声母作为案主的编码。c. 话题的编码：每个问题分别用 Q1、Q2 等表示。

（2）编码方法。第一组为个案编码，第二组为案主的编码，第三组为话题的编码，比如"C1－L－Q1"表示：李（Li）姓的第一个案主（C1）对问题 1（Q1）的陈述或看法。

三 失独老人的生活状况

丧失唯一的孩子代表着一种亲密关系的中断，这是一种客观事实，对这种客观事实所带来的心理上难以承受的痛苦和生活情境的巨变，失独老人必须去接受和面对。在这种残酷的事实面前，任何家庭的成员行动、价值观、生活次序都会受到影响。因此，对失独老人生存现状的关注是本研究的重要方面。研究主要从经济、身体、心理以及社会交往四个维度对失独老人的生存状况进行考察和描述，从而深入了解失独老人所面临的现实困境。

（一）经济状况

1. 家庭收入来源

调查显示，失独老人家庭的主要收入来源是养老金与特别扶助金。[①]
近七成访谈对象表示"退休后的养老金是目前生活的主要来源"。这与此
类家庭主要成员多处于离退休状态有关（调查对象集中于城市社区）。失
独老人在丧失唯一的子女后，对工作缺乏积极性，提前退休现象普遍。目
前我国的退休政策规定，男性满 60 周岁，女性满 50 周岁退休（国务院，
1978），提前退休也仅仅限于工作岗位的危害性，或者企业岗位不足、工
作者的身体健康等客观原因，而失独父母却普遍存在主动提前退休的现
象。另外，还有一些经济较困难的家庭表示"独生子女伤残死亡家庭特别
扶助金""低保金"是其生活的主要经济来源。

2. 家庭收入状况

在家庭收入方面，失独老人群体中显示出了一定的差异。访谈对象中
33.3% 的老人的家庭月收入在 1500～3000 元，另一个主要的收入段是
3000～5000 元，占 41.6%，16.7% 的老人家庭月收入在 1500 元以下，收
入来源的有限和边缘化使得这类家庭的收入处于较低层级。只有极少数的
家庭月收入在 5000 元以上，所占比例仅为 8.3%。

（二）身体状况

调查发现，独生子女去世，对父母辈的身体健康状况有着很大的影
响。精神上的痛苦和对未来的忧虑，使失独父母患病或死亡的概率增大，
访谈对象几乎都表示了"身体状况比从前差多了"。长期的精神抑郁，老

---

① 2007 年，江苏省人口计生委与江苏省财政厅颁布了《江苏省独生子女伤残死亡家庭扶助
制度实施意见》，《意见》中规定，对女方年满 49 周岁的独生子女死亡家庭，每人每月发
放不低于 100 元的特别扶助金，2011 年 1 月起提高到每人每月不低于 150 元，2013 年提
高至每人每月不低于 500 元。

人大多产生不同程度的失眠、头痛的症状，身体机能老化，75%的老人表示视力在下降，25%的老人表示腰腿经常疼痛，16.7%的老人表示出现心脑血管疾病。

> 女儿走了后，我晚上经常睡不着觉，我心里难受，看着女儿的照片，我想她啊，不知道怎么过了。眼泪不知道淌了多少，我想过自杀，这两年头发都愁白了，腿一到下雨天就疼得不行，老伴整天待在家里，根本不出门，要么就躺在床上，要么就看看电视、听听歌，身体瘦得不得了。(C1 - Y - Q2)

> 我们现在还不算太老，走得动，以后老了病了怎么办？谁来管我们？(C2 - C - Q2)

另外，在访谈中，我们看到绝大部分的人对老化很是忧虑，他们担心自己的年龄愈来愈大，而健康状况会愈来愈差，当自己无法照顾自己，又没有子女可以照料时，他们该如何度日。

(三) 心理状况

独生子女是父母的感情寄托和家庭的希望，独生子女的死亡在瞬间剥夺了父母的感情寄托，毁灭了家庭的希望，也赔上了父母的未来，导致丧失独生子女的父母出现精神抑郁。访谈发现，这些失独老人具有相似的心理路程，从极度悲痛—后悔自责—封闭自我—绝望恐惧。

> 那天他出门前还好好的，打电话说出去办事，天气不好，他妈妈还让他别去了，车子不好开，谁知道撞在了大桥石桩上……都怪我们，没再拦着他，我们就这么一个孩子啊。他妈在出事后就很少出门了，天天闷在家里，收拾他的房间，一看到照片就哭，饭也不怎么吃，现在还是这个样子，家里简直不能待了。(C2 - C - Q3)

对家庭来说，最宝贵的往往不是财富，而是子女。子女是家庭的唯一希望和寄托，当意外发生时，所有的父母都会产生悲痛的心理，进而后悔没有照顾好孩子，不断自责。随着时间的流逝，有的家庭对子女的思念也就越深，长期的悲痛和自责将会导致自闭。对独生子女死亡家庭而言，特别是大龄独生子女的死亡，使家庭直接进入了"真空期"，生活没有欢笑，情感没有寄托，老年没有依靠，人生没有意义。这些家庭普遍出现了恐惧心理，甚至绝望。一些家庭成员在高度压力和长期的压力下，情绪受到严重影响，生活幸福感降低，甚至造成抑郁症、精神恍惚等精神疾病。

（四）社会交往状况

1. 社交范围变窄

在孩子去世后，失独老人大多选择自闭或是脱离社会，而不会主动地回归社会，仅有的社会交往也只局限于自家的兄弟姐妹，很少接触远一点的亲戚，与朋友中断联系，与同事的关系也逐渐疏远，社会交往圈呈现向内收缩趋势。

> 孩子走了后，就剩我跟老伴相依为命了，我们自己管自己，实在不行，可以找兄弟姐妹、侄子他们帮忙，再远的亲戚现在联系不多了，以前的朋友也不太想联系了，总觉得不想麻烦别人，过一天是一天吧……（C3 - Z - Q4）

2. 人际交往敏感

很多丧失独生子女的父母非常敏感，只要出现稍微涉及子女的话题，就会联想到自己的处境；甚至朋友、邻居一句礼貌性的问候"最近还好吧"，都会再次揭开他们的伤疤；此外，他们还十分自卑，害怕别人发现自己孩子去世，说自己"没子女"，用异样的眼光看自己，有些人为了躲避"知情者"，而选择多次搬家，离开熟悉的社区和环境。

> 我不想让别人知道我孩子没了，我和我先生平时都不怎么出门的，人家跟我们这些可怜人不一样，看到人家跟孩子一起快乐，我心

里太难受了，还有一些人知道了会在背后对我们指指点点，我们生怕人家知道，已经搬了三次家了……（C4－L－Q4）

3. 抱团疗伤

抱团取暖现象在失独老人群体中较为明显。许多老人在"失独"之后，通过网络、报纸和朋友介绍等途径寻找"同命人"，与这些"同命人"之间建立起联系，相互倾诉、聆听，认为只有"和自己一样的人"才能了解自己的痛苦，理解彼此的感受，才能不带任何异样的眼光。

> 我自己身体不好，家住的也比较远，来这里要换两次公交车，但每个星期六都愿意过来参加（失独老人组织）活动，就想跟大家聊聊天，听大家说说，在家整天闷着太难受了，我孩子没了10年了。我是在网上看到有这样的一个组织的，就自己找过来了，这里挺好的，大家都一样的，能互相理解。（C5－W－Q5）

> 他们都来找我，有时候跟我发"私聊"，因为我自己也是"失独"，我了解他们的感受，他们愿意跟我讲，其他人没办法了解我们真正的痛的，我自己慢慢走出来一点啦，想尽自己的一点心意帮助他们，让他们好受一点。（C6－Y－Q5）

综上所述，失独老人在经历独生子女死亡后一般会沉浸在巨大的痛苦中，体质下降，健康状况恶化；大部分的家庭经济状况受到负面影响，有相当一部分老人家庭经济困难，生活窘迫；在人际交往方面，呈现自我封闭状态，正常的社会交往减少，并且抱团取暖现象明显。

四 失独老人的生活困境

独生子女死亡对家庭的打击是巨大的，所造成的损失是不可弥补的。中国人从古至今非常重视家文化，认为一个完整的家至少包含了父母和他们的子女，以家为天下也是中国人的传统。独生子女死亡给家庭带来的损失是多方面的，具有毁灭性的，中年丧子甚至是晚年丧子是人生的最大悲痛。通过对资料的进一步分析，笔者发现失独老人群体主要面临着经济困难、身心脆弱、家庭关系恶化、养老缺乏保障等诸多困境。

（一）经济紧张，部分老人生活困难

一些被访者在接受访谈时谈到"经济的紧张"是现实生活中最大的困难。独生子女伤亡后，大部分家庭的经济状况变得较差。

由于给孩子治病、自身收入来源较少、收入低等，一些失独老人家庭储蓄几乎掏空。调研发现，老人经济状况受到子女死亡原因较大影响。访谈对象中子女因意外事故死亡的占67%，因患病死亡的占25%，其他原因占8%。部分失独老人家庭陷入贫困是因为子女生病花费了毕生的积蓄，相比遭遇意外事故死亡的家庭，这类家庭经济更加困难。

> 儿子走了几年了，剩下我，老伴还有一个孙女，她刚上初一，我以前没有工作的，没有退休工资，老伴一个月也就一千多块钱，孩子还要上学，我们还要吃饭，亲戚朋友帮一点，国家也给我们补偿一点，日子勉强过下去，就是担心以后我们不行了，孩子哪个来照顾？（C6 - S - Q6）

访谈对象中，有部分老人还承担着隔代孙子女的教育和抚养义务，这对这些家庭的经济能力提出了很大的考验。加上通货膨胀，物价上涨过快，生活成本明显增加，他们所面临的经济压力更大。另外，随着年龄的增长，失独老人健康状况下降，在养老、医疗等方面的费用支出明显增加，这对于这些困难家庭来说无疑是雪上加霜。

（二）身心脆弱，老人生活态度悲观消极

从失独老人自身来看，他们所面临的一个较大的困境是身心的脆弱性。一方面，独生子女去世后，老人们精神普遍抑郁，长期生活在痛苦的泥沼中无法自拔，健康状况受到很大的影响，随着年龄的增长，患慢性疾病甚至重大疾病的风险增加。另一方面，自身心理承受着巨大的生活压力，在丧失唯一子女后，失独家庭成为社会转型过程中一种特殊的弱势家庭，对比其他正常家庭的"天伦之乐"，他们的心理会产生"自身命不好""上天为什么这么不公平""为什么是我"等想法，有时会有种强烈的被剥夺感，甚至引发对社会的不满，心理承受能力下降，情绪十分不稳定。

> 孩子走了，把我们的心也带走了，现在的我活着就像行尸走肉，每天就这么过，我们岁数也慢慢大了，越来越老了，也没多长时间活了，就这样吧，希望死了后能跟孩子团聚。(C7 - Z - Q3)

独生子女是家庭的重心，"为了孩子"这种念头是中国绝大多数父母一生辛勤工作、努力生活的基本动力来源。而当唯一的孩子丧失了，家庭突然陷入了一种"失重"状态，父母生活中最大的精神支柱倒塌了，感觉"做一切好像都没有了意义"，生活态度较为悲观消极。

(三) 部分家庭关系恶化，家庭矛盾频发

1. 夫妻冲突

子女是夫妻关系维系的重要纽带，对家庭父母辈的婚姻有一定的维持作用。独生子女死亡事件的发生，在父母辈的生命历程中存在着直接而明显的影响，事件的发生使得独生子女家庭完整的三角形结构缺损甚至瓦解，夫妻关系破裂的隐性风险也随之增加。因为独生子女离世，而引发家庭压力，当家庭的能力无法满足家庭的需求时，往往就会引起家庭成员的关系恶化。

> 孩子走后的第二年，我和他爸爸就离婚了，两个人在一起实在过不下去了。那会儿他还在上班，每天不回家，可能怕家里的氛围吧，我整天在家里闷着，整理儿子的东西，也不做饭，也不收拾，家也没有个家的样子，两人见了面就更想孩子了，太痛了，我不想这样下去，而且他还有再要孩子的可能。他家里人让我去做试管婴儿，我去医院看了，都是年轻人在那里，我快60岁的人了，根本开不了口，我

老婆婆后来赖在家里，他们要把我赶出家，说这个家没有我的份，我简直痛不欲生，后来告到法院，法官做了公正的判决，离婚了，我分到了一半的房子钱，我家以前住在浦口的，现在我在奥体那边买了房子，一个人住，与那边断绝来往了。（C8 - H - Q7）

在个案访谈的结果中，虽然有很多夫妻面对子女离世的事件能相互支持，共渡难关，但仍有一些家庭在面对子女去世的事件时，因为相互埋怨，相互争吵，乃至感情淡化，甚至最终离婚。

2. 与子女配偶的冲突

探望孙子女或外孙子女本是老人含饴弄孙的乐事，可是，在失去独生女儿后，想见外孙的外祖父母却遭遇了"隔代探望权"缺乏法律依据的尴尬。孙子女们是这些老人血脉的延续，是他们生活的另一个希望。但因为财产继承上的争议、子女配偶新家庭的建立等，子女配偶一方拒绝让老人探望孙子女，在老人脆弱的心里又增加了一道新的伤口。

我和老伴都是南京本地人，女婿是外地农村的，和我女儿结婚后，我们卖了两套小房子给他们买了一套100多平方米的房子，女儿让我们把女婿的名字也加上了，那会儿想着就这么一个女儿，女婿算半个儿子，我们的（东西）以后还不都是他们的嘛，我自己还有一套小一点的房子，后来是女儿女婿住的。我有一个外孙子，女儿走了后，女婿又重新找了一个人，他们都住在小房子里，女婿想让我们把大房子给他们，我们不同意，想以后等外孙子大了直接留给外孙子，他就不让我们见外孙子了。我外孙子现在上初中，四年级之前一直都是我带大的，他的老师也都认识我，我和老伴只能在他放学路上偷偷看他，我想不通女婿为什么要这样做，外孙子是我的命根啊，我的东西以后不还是他们的嘛。（C1 - Y - Q7）

（四）养老缺乏有效保障

随着年龄的增长，失独老人面对丧子或丧女事件一段时间后，注意力也会从丧子或丧女的事件中转移到自己未来的生活上。在访谈过程中，八成以上的老人都自然流露出对目前或是未来生活的担忧，他们会担心自己的年岁愈来愈老、身体状况及自理能力愈来愈弱，独居可能愈来愈困难或成问题，因此关于养老的担忧成为他们关注的焦点。

> 我们现在还没有真正到老的时候，等我们真的老了，想去养老院人家也不收的，没有子女给你签字啊，出了事人家也怕担责任；还有去医院看病做手术，人家也要让你子女签字，我们已经很痛苦了，他们每提一次就是在挖我们的伤疤啊，我们的孩子没了啊，遇到大病了怎么办？谁来照顾我们呢？（C9 - D - Q6）

失独老人对养老的担心不是没有道理的，因为目前我国老年福利服务体系还不是很完善，且符合服务品质的社会养老机构也非常缺乏。目前情况下想要在医院看病做手术或是入住养老院，必须要直系亲属签字，对于失独老人来讲这是个最要害的难题。此外，除了对年老后无人照顾的担忧，年老后没有精神寄托也成为他们担心的一大问题。

五　失独老人社会福利政策存在的问题

"福利"是一个被广泛应用且拥有多重含义的概念。社会福利既可以指社会福利状态，也可以指社会福利制度。作为一种制度或政策，社会福利有广义和狭义两种理解。广义的社会福利是指国家和社会为改善国民的物质文化生活条件而依法向国民提供的各种津贴补助，公共设施和社会服务。狭义的社会福利是国家和社会为社会弱势群体提供的福利性收入和服务保障（史柏年，2004）。本文将失独老人社会福利政策界定为政府通过多种形式和途径，为失独老人提供基本生活保障和社会服务的各种制度安排。

与全国其他省份相比，江苏省较早地关注和解决失独老人的生活问题。根据《江苏省人口计生委江苏省财政厅关于印发〈江苏省独生子女伤残死亡家庭扶助制度实施意见〉的通知》（苏人口计生委〔2007〕110 号）

规定，对女方年满 49 周岁的独生子女死亡家庭，每人每月发放不低于 100 元的特别扶助金。2011 年将标准提高到每人每月不低于 150 元。2013 年再次将标准提高到每人每月不低于 500 元。江苏省还将独生子女死亡的贫困家庭纳入当地最低生活保障，其保障标准在当地农村最低生活保障标准的基础上增加 10%～20%。① 此外，各地在实践过程中还出台了新的措施和办法。如，南通市率先为全市独生子女死亡且不再生育和收养子女的夫妇办理了养老保险，每对夫妇由政府出资 18000 元进行投保，年满 60 周岁时每月可领取 180 元的社会养老金。苏州市市区积极开展"连心家园"服务。根据失去独生子女家庭的实际需求，依托社区、村服务中心因地制宜建立各类以心理慰藉为主，有资金、场地保障的"连心家园"服务载体，积极探索通过购买社会专业服务等有效形式，开展失独群体生活关怀、心理辅导、精神励志等活动。

尽管江苏省在失独家庭社会福利政策方面出台了不少政策和措施，但从调查情况来看，目前社会福利政策在满足失独老人生活需求方面还存在不少问题。

（一）扶助标准不高

尽管如此，江苏省特别扶助标准仍然偏低，不足以解决这部分群众的根本生活困难特别是养老保障等问题。

通过前文的分析，研究发现失独老人在丧失独生子女后经济状况普遍下降，有些老人家庭生活甚至举步维艰，难以维系。同一般的空巢老人家庭相比，他们缺乏子女资助这种关键性的外部经济资源供给，所以当他们出现生活困难后，最直接的就是求助于政府部门。

从生活救助方式上看，困难家庭的失独老人更倾向于接受经济救助，他们觉得当前计划生育家庭特殊扶助金的发放标准偏低，同时还应该建立扶助金和物价水平的联动机制，保证扶助金的发放标准能随着物价水平的

---

① 江苏省财政厅、江苏省人口和计划生育委员会联合发布的《关于提高独生子女伤残死亡家庭特别扶助标准的通知》（苏财教〔2013〕1 号）。

变化而进行周期性调整。

> 我们自己年纪大了，也挣不到什么钱了，说实话生活过得紧巴巴的，这几年，物价一直在涨，家里柴米油盐，样样都要花钱，农村人家里还能自己种点粮食什么的，自己能满足自己，我们住在城市里什么都要买。以前政府给的钱半年发一次，最近一个季度发一次，好一点了，但钱也就那么多，对生活帮助其实不是很大。(C9 - D - Q6)

(二) 保障范围和程度不够

现有的对独生子女死亡困难家庭帮扶措施和形式有限，政策还不完善，保障范围不够，保障程度仍然不高。目前政策方面的形式主要以经济补偿方式为主，其他社会服务较少涉及或尚未形成固定长久的保障机制，变动性较大。

在失独老人群体中流传着这么一句话"我们不怕死，我们怕老、怕病"。对于未来，大部分失独老人是没有安全感的，内心充满了不确定性。老无所依是失独老人面临最现实的问题。

> 我老伴身体不好，经常要去医院，有时候还要住院，我有段时间天天家里和医院两头跑，做饭、送饭、签字。看着人家孩子在旁边陪着父母，我就想到自己的孩子，要是他在肯定也会帮我。以后要是一个不在了，生病了还有谁来照顾？还有谁来签字呢，医院可能连看病也不给看了。现在医院看病比以前复杂多了，看哪个病？去哪个诊室？要挂哪个号？我们这个岁数的人有些根本就不懂，有时候要找哪个医生看病都不晓得。(C10 - Y - Q6)

在养老方面，除了经济压力之外，失独老人最担心的是养老照料的问题。夫妻双全的失独老人家庭目前还可以相依为命、互相照料，但倘若一方失能或离世，剩下的一方将承担巨大的生活压力，晚景更加凄凉。就算他们有经济能力可以支持他们入住养老机构，但没有子女的担保签字，想要入院变得十分困难。但是目前针对失独老人养老、医疗、生活服务、社区照料等方面的社会政策十分缺失。

（三）难以满足失独老人的精神需求

目前社会福利政策对失独老人的精神情感等特殊需求无法充分满足。独生子女死亡家庭的情感需要问题表现突出。这些失独家庭的父母都过了生育的年龄，无法通过生育再得到一个自己的孩子，失去的孩子大多为疾病或意外死亡，永远"空窠"的事实让他们无法接受。

> 逢年过节，人家过节我们"过劫"，都要躲出去的，特别是清明节、中秋节和春节这三个团圆节，太难熬了，去年除夕，我们这些人组织在一起包饺子，大家一起跨年，总比两个人孤单单在家好多了。（C11 - Q - Q3）

从失独老人生存状态来看，精神抑郁、心理脆弱是这个群体的主要特征，因此从某种程度来讲，精神需求的满足对失独老人比物质需求的满足更为迫切。

> 现在社会上一些人知道我们了，他们来关心我们，我们心里很感激的。一些大学生志愿者到我家里陪我聊天，教我学会了上网；还有爱心驿站的朋友们，每个星期大家出来聚一次，见见面，心情也会好一点。（C12 - F - Q8）
>
> 我们之前都是响应国家号召只生一个孩子，现在孩子走了，政府应该给我们一些慰问和关心，哪怕只是来看看我们，我们心里也很高兴，觉得政府和社会没有抛弃我们。（C1 - Y - Q8）

对失独老人而言，他们所需要的精神慰藉和空巢老人不同，空巢老人需要家庭内部尤其是子女的精神慰藉；而失独老人在这种慰藉来源空缺的情况下，主要转向同类群体、政府部门、社会组织以及志愿者等寻求精神慰藉。而目前在失独老人精神慰藉方面的社会服务开展较少，政府关注不足。

（四）难以满足失独老人集中养老的需求

抱团疗伤是失独老人群体中较为明显的一个特征。他们普遍认为"集中养老"是解决他们养老问题一个较好的途径。北京市在这方面已跨出第一步，2013年1月，由"爱心传递热线"与北京市民政局开展的首批"失独"老人养护基地正式启动。① 但目前江苏省这方面的政策方面比较缺失，发展相对滞后。

> 我们这群人年龄越来越大，越过越老了，人家有儿有女的还能照顾，我们以后没人照顾的，两个人哪个先走哪个有福，剩下的连个料理后事的都没有了；如果政府能有养老院专门接收我们，让我们"失独"的能住在一起，平时还能一起玩玩，聊聊天，谁身体不好了还能有个照应。（C6 - Y - Q8）

一些失独老人经济并不十分困难，但精神上的空虚、寂寞、无奈始终无法排遣，目前政策对失独老人集中居住、集中养老等诉求尚无法予以解决。

（五）忽视失独老人的自身能动性

目前失独老人社会福利政策主要是政府"自上而下"的制度安排（陈雯，2012），政府单向给失独老人传递社会服务，缺乏与失独老人群体之间的沟通机制，忽视他们自身的能动性，因此无法帮助失独老人真正走出丧子阴影，主要体现在失独老人自组织发展困难方面。

> 自从知道我们这里有活动以后，很多同命人就陆陆续续打电话给我或者直接来找我，现在我QQ群里大概有100多人了，有50多个人出来过，人多了，目标大了，搞活动也需要场地啊，我们也不搞什么非法活动……我找了好多部门，后来给上面领导写信之后，领导很重

---

① 《为失独老人排解悲伤寂寞 "爱心传递热线"失独老人养护基地在京启动》，《中国妇女报》2013年1月28日。

视，给了我现在这里的场地，但毕竟人越来越多，有些人家里比较困难，我们又没有活动经费，开展活动相当困难，我们目前也没做出什么成绩，也没资格管政府要支持。（C6－Y－Q9）

失独老人爱心组织是失独老人自发成立、自发组织的团体，对他们来讲是日常生活中最重要的情感倾诉和交流的场域，许多失独老人在这里既实现了自赎，又帮助了别人。这种依靠失独老人自身"手牵手""一帮一"的方法能够较为有效地帮助老人自己主动走出悲伤，但这类组织目前还未得到政府重视，在活动场地、经费来源、组织管理、身份认可等方面缺乏支持与引导。

六　养老需求与失独老人社会福利政策体系的构建

制定失独老人社会的福利政策，完善失独老人社会福利的供给机制和服务模式，是帮助失独老人走出困境，满足失独老人的多种需求，提高失独老人的生活质量的重要举措。基于前文对失独老人困境和需求的分析，本文从经济支持、生活照料、精神慰藉三个方面尝试构建满足失独老人生活需求的社会福利政策体系。

（一）经济支持

从长远发展来看，失独老人社会福利政策体系运行需要庞大的资金支撑，完全依赖国家财政或地方财政专项资金解决非常困难，需积极拓宽政策资金的来源渠道，加大对失独老人的经济供养水平。

（1）进一步完善特别扶助金制度，提高扶助标准。应建立特别扶助标准增长的动态机制，可参考借鉴江苏城乡低保自然增长机制：城市以省辖市为单位，农村以县（市）为单位，按当地上年度城市居民人均可支配收入和农民人均纯收入的20%至25%的比例（人民日报，2007），由各地确定扶助标准。由于不同地区的财政收入和消费水平往往存在较大差异，各地可根据实际情况，采取分级负担的方法制定差异性的补贴方案。

（2）从社会抚养费中提取专门资金，建立失独家庭关怀基金。失独家庭，作为对国家计生做出重大贡献和牺牲的群体，他们有权利从社会抚养费中获得一定的支持。学者何亚福推测全国 31 个省市每年征收的超生罚款可高达 279 亿元。① 可见社会抚养费是一笔庞大的资金，从中提取专门资金，建立失独家庭关怀基金：一部分用于建立失独家庭社会保障基金；另外一部分用于建立失独家庭精神抚慰基金。分好社会抚养费这块"蛋糕"，既可以给失独家庭送去温暖，又可以彰显政府执政为民、公平公正的社会形象。

（3）鼓励社会各界慈善捐赠，建立失独老人公益基金。一方面，鼓励社会力量积极参与到救助失独老人的行动中来。营造积极友爱的社会氛围，让更多的社会爱心人士了解失独老人群体的生活状况，鼓励支持社会机构、企业、个人进行慈善捐赠。另一方面希望有关部门重新研究修订《有奖募捐社会福利资金管理使用办法》，将社会福利彩票所募捐的部分资金用于支持人口与计划生育公益基金，或者批准发行人口与计划生育福利彩票。

（4）完善失独老人的社会保障，减轻他们的养老负担。失独老人的社会保险保障，主要包括养老保险和医疗保险两部分。通过建立完善失独老人的社会保险机制，一方面可以拓宽老人养老金的来源渠道，增加家庭收入；另一方面可以提高老人医疗费用报销比例，降低其看病费用，从而从制度层面减轻他们的养老负担。加强失独老人医疗救助，通过建立失独老人档案，为失独老人办理爱心卡，在看病的时候出示，可以减免挂号费；在基本医疗保险报销的基础上，可以再报销一部分。另外，针对家庭特别困难的失独老人，可以将他们纳入到医疗救助体系，由政府帮助他们出钱购买医疗保险，在医疗护理方面提供补贴。

（二）生活照料

老无所依是失独老人面临的重大难题，如何开展多种多样的社会服

---

① 《投资者报巨额社会抚养费去向成谜，年规模或超 200 亿元》，2012 年 4 月 30 日。

务，为失独老人提供细心周到的生活照料，值得政府部门深入思考研究和积极探索。

（1）积极完善社区照料模式。①通过社区居委会入户调查，掌握社区内失独老人的数量、年龄以及生活状况，建立社区信息档案。②针对不同家庭和年龄状况的失独老人，开展不同的社会服务。如针对年龄较大、身体状况较差的老人家庭，日常可由社区安排人员上门提供打扫卫生、洗衣做饭、购物等钟点工服务；对一些失能老人，社区可提供助诊、助浴等便利服务，同时可联络社区医疗卫生服务站，提供上门看病以及日常护理等服务。这些服务有些是无偿服务，如南京鼓楼区开展免费钟点工服务；有些是有偿服务，有偿服务可以通过政府向社区购买的方式或直接发给老人代金券的方式进行购买。

（2）大力发展机构照料模式。①放宽失独老人入住养老院的条件。通过成立失独老人服务中心或服务组织，为想要入住养老院的老人提供入院担保。②对于愿意接收失独老人的养老机构提供优惠政策，调动他们的积极性。鼓励社会组织和个人参与失独老人养老服务产业的投资。失独老人养老服务是一项公益性社会事业，其发展离不开政府的大力扶持，需要政府在规划、建设、用水、用电、用地、税收、贷款等方面提供优惠政策，在提供服务时也能获得正常的收益。③尝试建立失独老人专门的养老院或敬老院，满足失独老人集中居住的需要。失独老人有着与其他老人群体明显的差异，政府应尝试建立兴办专门为失独老人服务的养老机构，一方面他们之间有相似的经历，可以互相安慰支持；另一方面也可以相互照应，年轻照顾的年长的，体健的照顾体弱的，且不需要支付任何报酬。让这些同病相怜的孤独的人找到自己的大家庭，以便过好余生。④在养老机构中设立"心灵院长"职位。从一些精神状态相对较好、比较活跃、较早走出阴影、在失独老人群体中有较高信任度的老人做"心灵院长"，通过"心灵院长"，机构能够更好地了解老人群体的情况和实际需求，从而达到良好的沟通。

（三）精神慰藉

调查显示，失独老人群体对精神关爱、精神慰藉方面有着强烈的需求。政府应通过多种渠道、方式，为失独老人群体开展丰富多样的精神文化活动，提高他们的生活质量和幸福指数。

（1）提供固定的活动场所和一定的活动经费支持。目前大多数的失独老人群体没有固定的活动场所，他们大多是自发性或分散性地找地方活动，因此在参与组织活动方面的积极性较低。另外，失独老人的组织活动经费缺乏，导致一些活动无法或不能较好地开展。政府应以社区、社会组织为平台，为失独老人提供固定的活动场所，并建立相关活动经费申请机制。

（2）整合多种资源，积极组织失独老人开展丰富多样的精神文化活动。①整合社区居家养老服务中心、志愿者等资源，组织策划符合失独老人需要的社区文化活动，如合唱团、扇子队、交谊舞队，丰富老人的精神生活。②组织失独老人出行旅游活动，帮助他们在大自然中放松身心。如苏州城区给予失独老人园林游览优待。③组织失独老人献爱心活动，让他们在帮助别人过程中帮助自我。如南京"人间大爱"QQ群组织老人编织围巾、毛衣，为贫困山区的孩子以及孤寡院老人献爱心活动，通过这些活动老人获得了一定的自我满足感。

（3）提供心灵疏导服务，改善失独老人的心理状态。如苏州开展的"连心家园"精神慰藉服务、南京鼓楼地区的"心灵茶吧"活动等，通过心灵疏导的方式，释放老人的心理悲痛和压力，提高他们的精神状态。

结　语

伴随着计划生育政策的继续实施，我国老龄化的程度不断加深，失独老人的数量会逐年增加，失独老人的问题也会越发突出。失独老人作为计划生育政策后遗症的产物，从社会保障权的角度来看，他们有权要求国家、社会给予相应的社会服务和保障，国家和社会也有责任和义务对这个群体做出制度性的安排，保障他们的生活和权益。而目前失独家庭扶助制度发展滞后等因素，导致单纯依靠政府提供简单经济补偿无法满足失独老人现实需求，应尽快通过社会福利政策体系的建设和完善来解决失独老的各种困境，满足他们多样化的需求。

参考文献

人口研究编辑部，2004，《对成年独生子女意外伤亡家庭问题的深层思考》，《人口研究》第 1 期。

穆光宗，2004，《独生子女家庭本质上是风险家庭》，《人口研究》第 1 期。

王广州、郭志刚、郭震威，2008，《对伤残死亡独生子女母亲人数的初步测算》，《中国人口科学》第 1 期。

姜全保、郭震威，2008，《独生子女家庭丧子概率的测算》，《中国人口科学》第 6 期。

查波、李冬梅，2005，《上海市郊区独生子女死亡情况调查》，《人口与计划生育》第 8 期。

史柏年，2004，《社会保障概论》，高等教育出版社。

陈雯，2012，《从"制度"到"能动性"：对死亡独生子女家庭扶助机制的思考》，《中共福建省委党校学报》第 2 期。

《江苏建立城乡低保增长机制》，《人民日报》，2007 年 11 月 18 日第 5 版。

医疗与工伤

中国医疗保险制度整合研究[*]

王超群　李　珍　刘小青[**]

摘　要：本文从实践和理论角度，探讨了我国城乡三大医疗保险制度的整合。国际医疗保障制度实践显示，以家庭为单位参保是世界各国的通行做法。原因是，医疗风险的冲击对象是家庭而非个人、家庭成员间的医疗待遇差距引致道德风险、医疗保险自愿参保的运行效率低于强制参保等。而将城镇居民和农民合并为同一医疗保险制度存在城乡居民内生的异质性、医疗卫生资源的上浮、逆向再分配的可能等严重问题和障碍。本文建议，职工医疗保险取消个人账户，其资金用以将城镇居民以职工家属身份纳入职工医疗保险；由同一个部门管理各类医疗保险基金、医疗救助基金和公共卫生基金等公共的医疗基金；由各地区根据经济发展水平决定是否将城镇人口和农村人口的医疗保险制度合二为一。

关键词：医疗保险　制度整合　国际比较　理论分析

当前，实现整合是我国三大医疗保险制度的紧迫任务。2012 年 3 月，《"十二五"期间深化医药卫生体制改革规划暨实施方案》提出，"完善基本医保管理体制……有条件的地区探索建立城乡统筹的居民基本医疗保险制度"。同年 11 月，十八大报告提出，"统筹推进城乡社会保障体系建

---

　*　本文受卫生部研究项目"中国基本医疗保险制度发展研究"资助，项目编号：3401202600。

**　王超群，男，华中师范大学公共管理学院，研究方向为医疗保障制度、医疗费用增长及控制。李珍，女，中国人民大学公共管理学院社会保障研究所所长，研究方向为养老保险制度、医疗保险制度。刘小青，中国人民大学公共管理学院社会保障研究所博士研究生，研究方向为医疗保险制度管理体制。

设……整合城乡居民基本养老保险和基本医疗保险制度"。十八届三中全会报告决定"建立更加公平可持续的社会保障制度……整合城乡居民基本养老保险制度、基本医疗保险制度"。

目前，主流整合建议是"三步走"战略：先合并新型农村合作医疗（以下简称"新农合"）与城镇居民基本医疗保险形成居民基本医疗保险，之后再与城镇职工基本医疗保险合并，形成区域性国民健康保险，最后建立全国性国民健康保险（郑功成等，2008；仇雨临、翟绍果，2009；何文炯，2010；仇雨临、翟绍果、郝佳，2011；郑功成，2011；刘春生、代涛、朱坤、张小娟，2012；王俊华、任栋、马伟玲，2013）。

研究者认为，先整合新农合和城镇居民医疗保险的原因是，二者同质性较高，筹资水平、财政补助和偿付比例比较接近，更容易合并（胡大洋，2008；陈建胜、王小章，2011；赖志杰，2012）；能够统一管理体制，提高效率，有效发挥医疗保险第三方监督机制（邓微、朱雄君，2011）；解决重复参保、重复补贴和重复建设问题（王东进，2010）；提升农民医疗保障水平，实现权利公平、机会公平、规则公平等（仇雨临、黄国武，2012）。

但是，新农合和城镇居民医疗保险整合进展十分缓慢。审计署对2790个县的审计显示，2011年底，189个县实施了整合，仅占6.8%[①]。即便如此，试点地区出现了"一体多元"的城乡居民医疗保险制度，即一个制度，多种费率，多种保障水平（刘继同，2007；陈健生、陈家泽、余梦秋，2009；王翔，2011），可归纳为"一体化""分层选择式""制度分设管理体制统一"和"制度分设经办统一"等四种模式（仇雨临、翟绍果、郝佳，2014）。这不但使得制度异常复杂和碎片化，还可能导致农民逆向补贴城镇居民。

已有研究侧重国内试点经验，未能回顾国际经验和展开理论分析。本文第一部分基于实践角度，考察全球医疗保障制度类型，归纳三种整合方

[①] 数据来源：中华人民共和国审计署，http：//www. Gov. Cn/Zwgk/2012－08/02/Content_2196871. Htm。

式；第二部分基于理论角度，分析以家庭为单位参保的必要性以及整合新农合和城镇居民医疗保险的障碍与问题；第三部分基于国内现实，探讨我国三大医疗保险制度整合的策略，并比较两种整合策略的利弊；最后，得出本文的结论。

一　全球医疗保障制度的整合方式

根据美国社会保障署编写的《全球社会保障：1995》一书，本文整理了各国医疗保障制度类型（见表1）：64个国家缺乏医疗保障制度，66个国家为社会医疗保险类型，26个国家为国家卫生服务类型，2个国家（新加坡和马来西亚）为个人账户类型，7个国家为国民提供有限的免费医疗。

表1　全球165个国家医疗保障制度一览

制度类型	国家个数	占比（%）
缺乏医疗保障制度	64	38.79
社会医疗保险制度	66	40.00
国家卫生服务制度	26	15.76
其他（个人账户/有限的免费医疗）	9	5.45
合　计	165	100

注：本文仅将参保人缴费/税并享受医疗服务费用补偿或者直接免费享受医疗服务定义为医疗保障制度。许多国家参保人及其家属仅获得生病或生育期间的收入损失补偿，而不享受医疗服务费用补偿，本文将之排除在医疗保障制度之外。1995年，全球有101个国家建有提供收入损失补偿的社会保险。

资料来源：美国社会保障署，《全球社会保障：1995》，华夏出版社，1996。

医疗保障制度整合涉及不同人群的筹资、待遇及管理的协调，其中，关键是解决非正规就业人员（农民）和非就业人员（城镇居民）的筹资问题。纵观各国医疗保障制度类型，有三种解决方式：家庭联保、国家卫生服务和单独建制。

（一）家庭联保

家庭联保是在医疗保险制度下，以家庭为单位参保，由就业参保人员缴费/税，其家属免费参保并享受与参保人相同或低于参保人的医疗保障水平。家庭联保具有悠久的历史，早在欧洲工业化早期，大量互助基金就为参保成员及其家属（遗属）提供因生病、工伤和残疾等导致的收入损失补偿（丁建定，2000）。

在66个建有社会医疗保险的国家和地区中，只有6个国家的参保人的家属不享受参保人所享受的医疗保险待遇，分别为多米尼加（Dominica）、孟加拉、加蓬、缅甸、瑞士和泰国。其余60个国家和地区中，只有12个国家如中国、多米尼加共和国（Dominican Republic）、厄瓜多尔、萨尔瓦多、危地马拉、肯尼亚、奥地利、洪都拉斯、印度、巴基斯坦、秘鲁和乌拉圭的参保人的家属享受的医疗保险待遇低于参保人，其余48个国家和地区的家属享受的医疗保险待遇与参保人相同。

在这48个国家和地区中，只有8个国家的家属或者有限定范围（美国、埃及和伊朗），或者享受期限低于参保人（西班牙和委内瑞拉），或者参保人需要额外缴费（阿根廷、中国台湾地区和法国），其余40个国家参保人的家属不需要缴费，也没有资格条件限制，保障水平也与参保人一样。

可见，在建立社会医疗保险制度的国家，实行家庭联保是通行做法。《全球社会保障：1995》一书显示，许多国家为不同人群单独建立了医疗保险制度，形成制度"碎片化"，但各个医疗保险制度均实行家庭联保。比如，法国、德国、希腊、波兰、西班牙、土耳其等国均为农民、农业工人及其他群体单独建立了医疗保险制度；奥地利、比利时、巴西、加蓬、挪威、斯洛伐克等国为公共部门雇员、船员、自雇者、军人等群体单独建制。

（二）国家卫生服务

二战结束后，英国率先建立起国家卫生服务（National Health Service, NHS），国家卫生服务通过税收筹资为公民提供免费医疗服务，全体城乡人口享受同等保障。某种程度上，国家卫生服务也应该被认为是以家庭为单位参保的，但更强调家庭成员是基于公民权而免费获得医疗服务。1995

年，全球 26 个国家建有国家卫生服务，集中在高收入国家，如英国、瑞典、加拿大、挪威等国。

不论是家庭联保还是国家卫生服务，其实质均是同一家庭的成员享受同等（或略低）的保障水平。就城镇人口而言，就是将就业者及其家属纳入同一个制度，而非将二者分离。至于农民家庭，可能与城镇居民家庭同属一个制度，也可能单独建制，取决于一国的特定历史及其发展阶段。

（三）单独建制

发展中国家非（正规）就业人员的收入不透明且很低，政府由于财力有限，无力实行国家卫生服务以保障全体国民。为实现对非（正规）就业人员的全覆盖和一定程度的保障，近些年，一些发展中国家通过财政补贴为非（正规）就业人员单独建立医疗保险制度，其保障水平低于正规就业人员。单独建制意味着将城镇正规就业人员及其家属以外的居民和农村居民整合到一个制度。比如，泰国 2001 年实施的"30 铢计划"（30 Baht Scheme），墨西哥 2004 年实施的"大众医疗保险计划"（Popular Health Insurance，PHI）即是如此。

2004 年，泰国"30 铢计划"参保人数占总人口的 75.2%（Hughes and Leethongdee，2007），人均医疗支出相当于社会保障和工伤计划（正规就业者）的 6/7，相当于公务员福利计划的 2/3（张奎力，2008）。由于每次就诊仅需 30 铢（约合人民币 6.5 元），其余全部免费，导致就诊量猛烈增加，许多医院人满为患。而泰国对医疗机构实行按人头付费。2001 ~ 2006 年财年，由于财政压力，政府同意的人头费与所需的人头费差距越来越大。而且，即使是政府承诺的人头费往往也不能全部到位，尤其是在初级保健定点机构一级（Hughes and Leethongdee，2007）。这导致医院大量赤字，许多医疗机构面临倒闭（Towse，Mills and Tangcharoensathien 2004）。

2003 年，墨西哥医疗保险覆盖率仅为 46.5%。同年 4 月，立法决定建立全民社会健康保护制度，于 2004 年 1 月 1 日实施。新制度由公共和私营部门就业人员及其家属医疗保险计划以及剩余人群的 PHI 三部分组成，计划于 2011 年实现全民覆盖。其中，PHI 实行自愿参保，资金主要来源于联邦和州转移支付，剩余部分来源于参保人的保险费。2010年，全民社会健康保护制度覆盖率为85.6%（OECD，2012），未能实现全民覆盖。研究者对PHI评估后认为，未来2~3年里，PHI参保家庭和州政府都将面临日益增加的支付保险金的困难；健康基础设施和医疗人力资源不足以提供健康服务包所规定的服务（Laurell，2007）。2007年3月，墨西哥联邦审计办公室公布了2005年对PHI的审计结果，发现根据精算评估，2005年，PHI将赤字10.41亿美元，2010年，赤字将达到74.92亿美元（Laurell，2007）。

我国于2003年和2007年分别建立了新农合和城镇居民医疗保险制度。目前，中国也正经历着泰国和墨西哥所遭遇的财政负担急剧上升、就诊量迅速增长和基层医疗服务人员供给不足等问题。表2显示，2011年，我国政府对新农合和居民医疗保险的补贴接近2200亿元。根据国务院要求，2015年，新农合和城镇居民医疗保险人均财政补贴标准最低为360元，财政补贴将接近4000亿元。

表2 历年财政对新农合和城镇居民医疗保险补贴总额

年 份	新农合		城镇居民医疗保险		
	参保人数 （万人）	政府补贴 （元）	参保人数 （万人）	政府补贴标准 （元）	政府补贴总额 （亿元）
2007	72623.7	325.9	4291	40	17.2
2008	81517.6	655.7	11826	80	94.6
2009	83309.0	741.6	18209.6	120	218.5
2010	83560.0	1053.5	19528.3	120	234.3
2011	83163.1	1727.8	22116.1	200	442.3

资料来源：新农合数据来源于卫生部农村卫生管理司《新型农村合作医疗信息统计手册（2007~2011）》；城镇居民医疗保险数据来源于《2007年劳动和社会保障事业发展统计公报》、《2008年度人力资源和社会保障事业发展统计公报》、历年《中国统计年鉴》。城镇居民医疗保险政府补贴标准来源于历年政府工作文件。

尽管财政补贴剧增，表3显示，城镇居民医疗保险和新农合的人均筹资和补偿水平仍只相当于职工的1/8。若要实现与职工相同的筹资和补偿水平，仅2011年，政府还需补贴至少15000亿元，财政上显然难以承受。

未来 30 年，我国城市化率仍将低于 70%（曹桂英、任强，2005；宋丽敏，2007）。统计数据显示，2001～2011 年，我国城镇就业人口负担系数在 0.9～1，农村就业人口负担系数在 1.4～1.5。随着农民工的市民化，城镇就业人口负担系数会高于 1。假定城镇每位就业人员负担的非就业人数为 1，则新农合和居民医疗保险合并后的参保人数占总人口的比重将为 65%（30%＋70%/2）。也就是说，如果合并新农合和居民医疗保险，未来 30 年，财政需要对占总人口 65% 以上的城乡居民提供补贴，无疑会加剧财政压力。

表 3 三大医疗保险人均筹资与补偿水平

2011 年	新农合	居民医疗保险	职工医疗保险（含个人账户）
参保人数（万人）	83163.1	22116.1	25227.1
基金收入（亿元）	2047.6	594.2	4945.0
基金支出（亿元）	1710.2	413.1	4018.3
人均筹资（元）	246.2	268.7	1960.2
人均补偿（元）	205.6	186.8	1592.8

资料来源：2011 年、2012 年《中国统计年鉴》。

二 城乡医疗保险制度整合的理论分析

总体而言，建有医疗保障制度的国家中，绝大多数均实行以家庭为单位参保，同一家庭的成员享受同等（或略低）的保障水平，只有少部分发展中国家为实现全民覆盖才为非（正规）就业人员单独建制。那么，为何绝大多数国家实行的是家庭联保？合并新农合和城镇居民医疗保险存在何种问题与障碍？

（一）家庭联保的必要性

1. 医疗风险的冲击对象是家庭而非个人

医疗风险并非仅对个人产生冲击，而是对患者整个家庭产生冲击。

只要家庭中有一个成员没有医疗保险或者医疗保险保障水平较低，整个家庭就难以应对医疗风险，从而抑制整个家庭的消费意愿。中国城镇家庭一般储蓄了约30%的可支配收入，以为可能的医疗支出提供自我保险（Nabar，2011）。据调查，尽管过去十年我国医疗保障的覆盖面不断扩大、保障水平不断提高，2003年、2008年和2011年，我国遭遇灾难性卫生支出的城镇家庭的比例仍分别为9.0%、11.3%和10.9%，并未显著下降（Meng，Xu and Zhang，et al. 2012）。主要原因就是许多城镇家庭中的成员缺乏医疗保险或者医疗保险保障水平过低。家庭联保可以大幅提高职工家属（一老一小）的医疗保障水平，有效降低灾难性卫生支出的发生率，有助于提升城镇家庭应对医疗费用的能力，释放消费意愿，促进内需。

2. 家庭成员间的医疗待遇差距引致道德风险

家庭成员面临同样的医疗服务价格，如果家庭中不同成员的医疗保障水平差距过大，会诱导低保障水平的家庭成员假借高保障水平的家庭成员之名享受高的医疗保障水平，产生道德风险。在一部分人有医疗保障而另外一部分人没有医疗保障的情况下，无法避免体制外人员以各种方式侵蚀体制内医疗资源的问题（葛延风、贡森，2007）。同理，在一部分人医疗保障水平高而另外一部分人医疗保障水平低的情况下，也无法避免各种道德风险。

3. 医疗保险自愿参保的运行效率低于强制参保

由于收入不透明、非（正规）就业人员众多以及管理能力不足等因素，中国和墨西哥均没有选择强制非（正规）就业人员参保，而是选择了提高福利补贴、改善服务质量和加大宣传的办法，来诱导居民自愿参保。自愿参保的结果是，低风险的人不愿意参保，从而降低了基金分散风险的能力。墨西哥即是如此，被抚养人口多的家庭投保比例更高，近期有过医疗检查、有较高自费支出的人更愿意参保，降低了制度的信任度和持续性（穆尼奥茨、张录法，2009）。研究显示，我国新农合的筹资成本曾占到基金总收入的 10% ~ 30%（武志宏，2007；徐冲，2008；林小志、李士雪、李亚曼，2008）。而正规就业人员参保则是强制的，家庭联保后城镇居民自动强制参保，强制参保效率高于自愿参保（李珍、王平，2010）。

应指出，尽管新农合是以家庭为单位参保，但采取的却是自愿参保的方式。实际上，强制农民缴纳参合费用在技术上并不存在问题。比如，我国为每户农民均建立了"三农"补贴账户，理论上可以强制从该账户上扣除新农合的个人缴费。除"三农"补贴账户外，目前，农户一般均在农村信用合作社开户存款，亦可以此账户为基础强制农户缴纳合作医疗费。出于历史原因，有学者指出（郑功成，2011），应在保障程度提高的基础上，逐步实现新农合强制参保。

4. 家庭联保促进医疗保险扩面

由于患病概率不确定，即医疗保险补偿不确定，而职工医疗保险的人均缴费远高于居民医疗保险，这可能诱导城市（非）正规就业人口选择参加居民医疗保险。实行家庭联保，就业者个人缴费全家免费参保，有助于促进城镇就业人员参加职工医疗保险，促进职工医疗保险扩面。此外，由于自愿参保难以避免参保人员的逆向选择，因此不可能实现全覆盖。实行家庭联保，强制要求所有就业人员及其家属参保，解决了低风险的职工家属不参保的逆向选择问题，有助于实现全覆盖。

此外，前文已经指出，实行家庭联保，政府对城镇居民医疗保险的补贴也将取消或降低，从而减轻了政府财政负担。

（二）合并城乡居民的障碍与问题

前文指出，合并城乡居民导致制度"一体多元"，使得制度异常复杂和碎片化。并且，制度的保障水平低，财政负担重，难以缩小家庭成员的保障水平差距，且自愿参保效率低下。除此之外，还存在更严重的障碍和问题。

1. 城乡居民内生的异质性

已有研究认为新农合和城镇居民医疗保险同质性较高，如筹资水平、财政补助和偿付比例上比较接近。这些同质性的根源是二者均是由外在的政府财政补贴形成的福利性低水平医疗保障制度。而二者的异质性却是内生的，尤其是城乡医疗服务价格差距很大。限于数据，表 4 中一、二、三级医院性质为公立医院。2011 年，公立医院诊疗人次约为 20.5 亿人次，民营医院仅 2.1 亿人次。因此，公立医院能够反映城市居民人均医院医疗服务价格。可见，城市医疗服务价格大大高于农村。

表 4　城乡医院和门诊次均医疗费用差距

类型	级　别	诊疗人次 （万人）	业务收入 （万元）	次均医疗服务 价格（元）	城乡差距
医院	三级医院	89807.8	61305485	682.63	7.25
	二级医院	99198.5	39084747	394.01	4.18
	一级医院	15336.5	1993932	130.01	1.38
	社区卫生服务中心	40950	4059217	99.13	1.05
	（街道和乡镇）卫生院	87753.7	8267540	94.21	1.00
门诊	社区卫生服务站	13703.7	638349	46.58	2.91
	村卫生室	179206.5	2871119	16.02	1.00

资料来源：2012 年《中国卫生统计年鉴》。

此外，仇雨临、翟绍果指出，城乡医疗卫生服务的可及性差距也很大，包括卫生技术人员、医疗机构及病床数、医疗服务实际利用率和医疗服务距离可及性等（仇雨临、翟绍果，2009）。最后，城镇居民和农民的收入差距、人群特征、面临的医疗风险因素以及对医疗风险的认知和偏好等均差距巨大。这些异质性反映在我国巨大的城乡医疗支出差距上。21 世纪以来，我国城乡收入差距维持在 3 倍以上，城乡人均医疗支出差距维持在 3.5 倍左右。

2. 医疗卫生资源的上浮

将城乡居民合并在同一制度中，会诱导农民流向城镇的高层级医疗卫生机构，推动医疗资源上浮，降低农村未来医疗服务的数量和质量，增加医疗保险基金的负担。对广东省 D 市职工、城镇居民和农民一体化的医疗保险制度的分析显示，一体化的城乡医疗保险制度和保障水平的提高，推动了参保人在就诊时向上流动：大多数参保人（52.3%～53.6%）选择三级医疗机构就医，其次是二级医院，仅有15%左右的参保人选择在一级及以下的基层医疗机构就医（李亚青，2013）。

3. 逆向再分配的可能

医疗保险是否导致逆向再分配，取决于医疗保险制度的具体设计，涉及筹资、负担、服务可及性和服务利用率等多个方面（顾昕、高梦滔、姚洋，2006）。在广东省 D 市和江苏省常熟市（刘春生、代涛、朱坤、张小娟，2012）这两个政府给予医疗保险制度大量财政补贴的富裕城市，新农合和居民医疗保险制度整合没有出现逆向再分配问题。而在成都等城乡居民医疗保险统筹地区，卫生服务利用的不公平性已经显现（于德志，2013）。由于城镇居民对医疗服务需求的数量和质量高于农村居民，合并二者容易出现农村居民补贴城镇居民（李珍，2012）。

三　中国医疗保险制度的整合核心及其策略

当前，我国医疗保险制度整合应该区分管理职能、经办资源、保险基金即管理部门的整合与保障对象、筹资标准、待遇水平即制度框架的整合。前者是指不同人群的医疗保险制度及基金由同一个部门管理，各项制度及基金仍并存，短期内即可实现整合；后者则不但管理部门统一，不同人群的筹资标准和保障水平也实现均等化，是变多个制度为一个制度，由于福利刚性，医疗保障水平较低群体的待遇快速上升，导致短期内筹资压力巨大，整合难度较大。

我国医疗保险制度整合当务之急是实现管理部门统一。国际上 171 个国家和地区的医疗保障管理体制情况的分析显示，84%的国家和地区由一个部门单独管理（占 72%）医疗保障制度。[1] 统一管理部门，既能

---

[1]　资料来源：中华人民共和国国家卫生和计划生育委员会，http://www.Moh.Gov.Cn/Wsb/01100213/201304/3c509d9c5c0a4a579515ab822d8679e3.Shtml。

避免因职能分散在不同部门而引致的政策不协调，又能提高医疗保险基金对医疗服务供方的制约能力。

然而，我国除三大医疗保险分立外，还存在医疗救助、公共卫生及其他政府卫生支出（如人口与计划生育事务支出）等公共的医疗基金。这些公共基金没有形成合力，难以形成有力的医疗服务购买主体，无法遏制医疗费用快速上涨。因此，当前我国医疗保险制度整合不但要统一管理部门，整合三大医疗保险基金，还要整合其他公共的医疗基金。

在统一管理部门、整合全部公共医疗基金、城镇和农村医疗保险均实行以家庭为单位参保的基础上，可以考虑是否合并城镇人口的医疗保险制度和新农合。鉴于目前我国仍存在"一个中国三个世界"的格局，[①] 城镇人口的医疗保险制度是否与新农合合并，应由各地区根据经济发展水平决定。具体来讲，对于北京、上海、天津等"第一世界"的省、市，建立统一的区域性国民健康保险的时机已经成熟，可以着手实施；对于安徽、江西、广西、贵州、云南、西藏和甘肃等"第三世界"的省市，缺乏足够财力和制度基础，城镇和农村均以家庭为单位参保，各自建立一个医疗保险制度，由同一个部门管理；对于其余"第二世界"的省市，允许其在部分发达地区试办区域性国民健康保险。

研究显示，城镇实行以家庭为单位参加医疗保险、合并城镇职工医疗保险和城镇居民医疗保险后，职工家属的筹资来源于取消后的职工医疗保险个人账户以及当前政府的财政补贴（建议将财政补贴按人头固定下来，此后不再增加），在财力上是充足的，但应采取措施应对取消个人账户可能引致的负面影响（王超群，2013）。

为清晰反映主流医疗保险制度整合思路与本文提出的整合策略的差异，表5基于十八大报告"全覆盖、保基本、多层次、可持续"以及"增强公平性、适应流动性、保证可持续性"的要求，对二者做简要比较。可见，本文提出的方案更有利于实现全覆盖、提高保障水平、缩小待遇差

---

① 新华网，http://News. Xinhuanet. Com/Herald/2010 – 08/10/Content_ 13992706. Htm。

距、保障财务可持续和促进流动性。

表5 两种整合策略的比较分析

	合并新农合和城镇居民医疗保险	合并城镇职工和城镇居民医疗保险
全覆盖	城乡居民医疗保险自愿参保,人口众多,实现难度大,效率低	城镇居民跟随职工强制参保,仅农民自愿参保,可集中人力、财力解决
保障水平	城乡居民人口众多,通过财政补贴短中期内难以大幅提高保障水平,实现保基本	取消个人账户保家属,家属保障水平大幅提高,政府可集中财力提高新农合保障水平
待遇差距	取消个人账户后职工保障水平迅速提高,城乡居民和职工保障水平差距进一步扩大,中长期内难以缩小	居民与职工保障差距显著缩小,随城镇化提高,新农合人均财政补贴会快速增加,农村与城镇医疗保障差距日趋缩小
可持续性	城乡居民医疗保险严重依赖财政补贴,财政负担沉重,城镇化提高可缓解财政负担	个人账户保家属,仅新农合需财政补贴,财政负担随城镇化提高快速下降
流动性	有助于提高流动性	有助于提高流动性

四 结论

本文基于实践角度,发现以家庭为单位参保是世界各国医疗保障制度的通行做法,大部分建立医疗保障制度的国家,职工和城镇居民被纳入同一制度,而农民是否被纳入则取决于一国的特定历史及其发展阶段。本文的理论分析显示,以家庭为单位参保的原因是,医疗风险的冲击对象是家庭而非个人、家庭成员间的医疗待遇差距引致道德风险、医疗保险自愿参保的运行效率低于强制参保等。不过,在部分发展中国家,为实现全民覆盖,单独为城镇居民和农民建立了医疗保险制度,但导致财政负担急剧上升、就诊量迅速增长和基层医疗服务人员供给不足等问题。同时,为城镇居民和农民单独建制还存在城乡居民内生的异质性、医疗卫生资源的上浮、逆向再分配的可能等严重问题和障碍。

本文的结论和建议是:(1)不论城镇还是农村,实行以家庭为单位参保更符合医疗保险制度运行规律,职工医疗保险要取消个人账户,其资金用以将城镇居民以职工家属身份纳入职工医疗保险；（2）当前医疗保险制度整合的核心是实现管理部门统一，由同一个部门管理三大医疗保险基金，同时还要整合医疗救助、公共卫生及其他政府卫生支出（如人口与计划生育事务支出）等公共的医疗基金，以形成购买合力，遏制卫生费用快速上涨；（3）在统一管理部门、整合全部公共医疗基金、城镇和农村医疗保险均实行以家庭为单位参保的基础上，应由各地区根据经济发展水平决定是否实现城镇人口和农村人口的医疗保险筹资标准和保障水平的均等化。

参考文献

郑功成等，2008，《中国社会保障改革与发展战略：理念、目标与行动方案》，人民出版社。

仇雨临、翟绍果，2009，《城乡居民医疗保障体系的二元三维态势和统筹发展思路》，《河南社会科学》第 6 期。

何文炯，2010，《从"制度全覆盖"走向"人员全覆盖"——社会医疗保险需要解决三大问题》，《中国医疗保险》第 1 期。

仇雨临、翟绍果、郝佳，2011，《城乡医疗保障的统筹发展研究：理论、实证与对策》，《中国软科学》第 4 期。

郑功成，2011，《中国社会保障改革与发展战略（医疗保障卷）》，人民出版社。

刘春生、代涛、朱坤、张小娟，2012，《常熟市居民基本医疗保险运行效果分析》，《中国社会医学杂志》第 2 期。

王俊华、任栋、马伟玲，2013，《新型农村合作医疗迈入全民基本社会医疗保险体系的可行性研究》，《江苏社会科学》第 1 期。

胡大洋，2008，《全民医保目标下的制度选择》，《中国药物经济学》第 1 期。

陈建胜、王小章，2011，《由"城乡统筹"迈向"城乡一体化"——基于德清县基本医疗保障制度的研究》，《浙江社会科学》第 1 期。

赖志杰，2012，《医保城乡统筹路径探析——基于海南省的调研》，《中国国情国力》第 10 期。

邓微、朱雄君，2011，《实现湖南省城乡居民医疗保险统筹发展的若干思考》，《湖南社会科学》第 5 期。

王东进，2010，《切实加快医疗保险城乡统筹的步伐》，《中国医疗保险》第 8 期。

仇雨临、黄国武，2012，《从三个公平的视角认识医疗保险城乡统筹》，《中国卫生政策研究》第 2 期。

刘继同，2007，《统筹城乡卫生事业发展与全民医疗保险制度建设的核心理论政策议题》，《人文杂志》第 2 期。

陈健生、陈家泽、余梦秋，2009，《城乡基本医疗保障一体化：目标模式、发展路径与政策选择——以成都市城乡基本医疗保障统筹试点为例》，《理论与改革》第 6 期。

王翔，2011，《对医疗保障城乡统筹的建议和思考》，《中国卫生经济》第 10 期。

仇雨临、翟绍果、郝佳，2014，《城乡医疗保障的统筹发展研究：理论、实证与对策》，《中国软科学》第 4 期。

丁建定，2000，《从济贫到社会保险 英国社会保障制度的建立（1870~1914）》，中国社会科学出版社。

Hughes D. , Leethongdee S. 2007. "Universal Coverage in the Land of Smiles：Lessons from Thailand's 30 Baht Health Reforms." *Health Affairs*, 26（4）：999 – 1008.

张奎力，2008，《国外医疗卫生及其框架内的农村医疗卫生制度研究》，华中师范大学博士学位论文。

Towse A. , Mills A. , Tangcharoensathien V. 2004. "Learning from Thailand's Health Reforms." *BMJ*：*British Medical Journal*. 328（7431）：103.

Laurell A. C. 2007. "Health system reform in Mexico：a critical review." *International Journal of Health Services*. 37（3）：515 – 535.

曹桂英、任强，2005，《未来全国和不同区域人口城镇化水平预测》，《人口与经济》第 4 期。

宋丽敏，2007，《中国人口城市化水平预测分析》，《辽宁大学学报》（哲学社会科学版）第 3 期。

Nabar M. 2011. Targets, Interest Rates, and Household Saving in Urban China. Working Paper WP/11/223. Washington DC：International Monetary Fund.

Meng Q, Xu L, Zhang Y, et al. 2012. "Trends in Access to Health Services and Financial Protection in China Between 2003 and 2011：a Cross – Sectional Study." *Lancet*, 379：805 – 14.

葛延风、贡森，2007，《中国医改：问题·根源·出路》，中国发展出版社。

玛莎·米兰达－穆尼奥茨、张录法，2009，《墨西哥的全民医疗保险改革》，《经济社会体制比较》第 4 期。

武志宏，2007，《新农合，耗费几何？》，《中国卫生产业》第 3 期。

徐冲，2008，《各地探索简化"新农合"手续和破解筹资难的做法》，《新重庆》第 1 期。

林小志、李士雪、李亚曼，2008，《新农合筹资面临问题的应对研究》，《社区医学杂志》第 2 期。

李珍、王平，2010，《新型农村合作医疗的社会保险学分析》，《华中师范大学学报》（人文社会科学版）第 3 期。

郑功成，2011，《中国社会保障改革与发展战略（医疗保障卷）》，人民出版社。

仇雨临、翟绍果，2009，《城乡居民医疗保障体系的二元三维态势和统筹发展思路》，《河南社会科学》第 6 期。

李亚青，2013，《医疗保险制度整合是否有利于弱势群体——基于双重差分模型的实证分析》，《财经科学》第 2 期。

顾昕、高梦滔、姚洋，2006，《诊断与处方：直面中国医疗体制改革》，中国社会科学出版社。

刘春生、代涛、朱坤、张小娟，2012，《常熟市居民基本医疗保险运行效果分析》，《中国社会医学杂志》第 2 期。

于德志，2013，《医改专题研究》，人民卫生出版社。

李珍，2012，《2020 年：我国社会医疗保障制度安排的展望》，《经济日报》8 月 29 日第 13 版。

王超群，2013，《城镇职工基本医疗保险个人账户制度的起源、效能与变迁》，《中州学刊》第 8 期。

农村基层医疗卫生机构综合改革：一条改革新思路[*]

张奎力[**]

摘　要：转变基层医疗卫生机构的运行机制，必须进行以破除以药养医机制为核心的一系列体制机制的综合性、根本性变革。如今，农村基层改革的路径选择上有一种占主流地位的思路，即坚持政府主导、回归公益性。循此改革思路，新医改将可能再次面临"基本不成功"的命运。在农村基层医疗卫生机构综合改革实施过程中，不妨尝试一条"去行政化"的改革新路，破除行政性垄断并实行"重新管制"，让政府和市场各居其所、相得益彰。在此前提下，进行合理的农村基层医疗卫生机构体制机制构建。

关键词：基层医疗卫生机构　综合改革　去行政化　重新管制　基本药物制度

一　引言

以药养医机制是多年来基层医疗卫生机构重要的运行机制。这一机制导致基层医疗卫生机构偏离公益性方向。不彻底破除以药养医机制，就难以使基层医疗卫生机构回归公益性，难以从体制机制层面解决看病贵、看病难问题。要转变基层医疗卫生机构的运行机制，就必须进行以破除以药养医机制为核心的一系列体制机制的综合性、根本性变革。然而调查中我

* 本文受到中国博士后科学基金资助（资助编号：20110490519），在写作过程中有幸得到中国社会科学院民族学和人类学研究所王延中研究员的指导，在此深表感谢！
** 张奎力，中国社会科学院社会学研究所在站博士后、河南农业大学副教授。

们发现，一些基层医疗卫生机构只是简单地实行药品零差价销售，没有按照国务院补偿机制文件要求实施综合改革，机构仍旧在原有的体制机制下运行，看病贵、看病难问题没有得到有效破解，人们没有从中得到真正的方便和实惠。基本药物制度不仅制度设计本身存在不少弊端，更重要的是要认识到它并非一剂灵丹妙药，仅仅服用了它就可以治愈身染重疴的医疗卫生体制。如果我们不采取果断有效的措施，扭转机制建设滞后局面，将严重影响医改的深入推进和实际效果。地方医改经验也显示，基层医疗卫生机构改革可谓牵一发而动全身，只有进行综合、系统、全面的改革，才能建立起新的体制机制。因此，推进与基本药物制度相配套的一系列体制机制综合改革势在必行。

在推进农村基层医疗卫生机构综合改革的路径选择上，当今流行着一种具有浓厚官方色彩的观点和思路——坚持政府主导、回归公益性。孙志刚（2011：9－13）认为，实施综合改革，以下五个方面不可或缺：管理体制、用人机制、分配机制、药品采购机制和补偿机制；通过五项改革旨在实现"三个回归"：基层医疗卫生机构回归公益性、医务人员回归到看病防病的角色、药品回归到治病的功能。刘文先（2011：42－46）在总结安徽基层医改经验时认为，安徽医改是一次以政府为主导、以广大群众利益为导向的制度变革，是去"市场化"和"公益性"的回归。李玲（2008：56－58）也认为，公立医院是维护医疗卫生事业公益性的主力军，维护公立医院的公益性是医疗卫生体制改革的关键。在这种改革思路的指引下，政府强化了对于基层医疗卫生机构全方位的直接行政管制，由此造成各种行政性垄断和不当行政管制。如果不能在打破垄断和解除不当管制上有所作为，那么新医改将可能再次面临"基本不成功"的命运。因此，农村基层医疗卫生机构综合改革不妨尝试一条"去行政化"的改革新思路，并且在这一思路指导下进行合理的体制机制设计。

二　管理体制改革：管办分离与法人治理结构

公立医院管理体制改革涉及三个不同层次：一是政府行政管理体制改

革；二是医院组织改革或医院治理改革；三是医院内部管理体制改革。作为公立医疗机构的重要组成部分，农村基层医疗卫生机构综合改革也不外乎从这三个层面展开。

（一）政府行政管理体制改革

政府行政管理体制改革包括两个层次，即对公立医院的行业监管或宏观管理（管办分离中的"管"）和对公立医院的运行管理或微观管理（管办分离中的"办"）。政府行政管理体制改革的实质就是实行"管办分离"，将对公立医院的微观管理权下放给医院本身，政府专注于公立医院的宏观管理。从世界范围来看，目前各国政府管理公立医院的模式可以分为两大类：一类是政府直接管理公立医院（又称为"管办合一"模式），另一类是政府间接管理公立医院（又称为"管办分离"模式）（蔡江南、徐昕、封寿炎，2008：54－56）。"管办合一"模式中，"单一政府机构"又是非常典型的计划经济管理模式。我国绝大多数公立医院的管理模式基本上就属于这种类型。① 相对于"单一行政机构"的管理方式，"分离行政机构"代表了一种进步。"管办分离"模式根据公立医院的组织形式可以分为公立医院集团和单一医院法人两种具体的管理形式。公立医院集团管理，即政府通过整合的公立医院集团董事会，对公立医院进行间接管理。因此这种模式也可以说成是在董事会（监事会）领导下的院长负责制。英国、澳大利亚、新加坡等国就组建了这样的公立医院集团。可是在美国、德国等国家，公立医院并没有重组成为医院集团，而是单个公立医院作为一个公共实体，在保证自身公立地位的同时，在法律上同政府脱钩，另外成立独立自主的管理委员会。政府通过管理委员会对医院的经营活动保持某种程度的控制权。总之，世界各国政府将公立医院的举办权和管理权分离，这是一个普遍的发展趋势。不同国家的不同之处在于，分离后医院的管理权流向了哪里？是流入另一个政府机构（或准政府机构），还是流入

---

① 不同之处在于，由于我国目前公立医院的收入主要靠自己创收，而不是来自政府预算，因此公立医院已享有相当程度的经济独立性。但是，我国公立医院离"独立经营的法人"还有很大距离，它不具备一些重要的经营管理权限，如人事权和定价权。

企业化的医院管理集团或医院本身？从各国的实践经验和教训来看，公立医院的管理权直接交给企业化的医院（或集团）更能够提高医院的经营效率，并且能够更好地满足病人和社会的需要。

由于我国长期以来"管办合一"，暴露出来的弊端也很多，如公立医院产权主体缺位、职责分散和多层级多委托人的委托代理问题，以及公立医院缺乏明晰的权益界定，国有资产产权、政府监管权和法人经营权之间存在缺位、越位和不到位等问题。因此，必须实行以"管办分离"为核心的政府行政管理体制改革，弱化其直接提供医疗卫生服务的微观管理职能，强化其在卫生筹资、监管等方面的宏观管理职能。一方面，将分散在各个政府部门的政府职能集中统一，形成大卫生管理格局，使得对卫生行业的管理及对公立医院的管理更加统一有效。对农村基层医疗卫生机构而言，政府行政管理体制改革的方向应是改变在"公益性"幌子下不断加强其行政控制力的趋向，为捆绑在农村基层医疗卫生机构身上的各种行政性束缚松绑，还原其"带有公益特征"① 的医疗卫生服务提供主体的身份和地位。另一方面，政府需要重点发挥作用的领域包括巩固和拓展新农合的覆盖面、提高保障范围和水平、完善医保付费机制建设。此外，通过加强监管来提高农村基层医疗卫生服务的供应能力，可以采用的监管手段包括合同考核制度、绩效指标体系和数据信息系统等。

（二）公立医院治理改革

公立医院管理体制改革涉及的第二个层次是医院治理改革。该层次改革的实质在于如何处理权力在政府（所有者）与医院（经营管理者）之间

---

① 需要引起注意的是，医疗卫生服务是否具有公益性特征，与医疗卫生机构是否具有公益性完全是两码事。公益性不是基层医疗卫生机构的天然属性，医疗卫生公益性也并不必然只能由公立医疗机构来实现。如果我们赋予医疗卫生公益性一个明晰的含义，那么它应该指的是基层医疗服务的普遍可及性（居民看病方便，）和可负担性（居民看得起病）。根据这个定义，要实现医疗卫生服务的公益性，一是让医疗机构自主发展，切实增加医疗服务有效供给，解决看病难问题；二是让所有居民能够以可承受的价格看病，解决的是看病贵问题。从这个意义上看，关于公立医疗卫生机构"回归公益性"的说法是站不住脚的。

的划分。医院治理结构具体可以采取四种不同的组织形式：预算组织、自主组织、法人组织和私人组织。这四种组织形式之间的关系反映了医院的治理权从政府行政机构手里逐步下放给医院的不同程度，政府对于这些组织从直接管理逐步过渡到间接管理。当改革的方向从权力集中到权力分散时，又称为市场化的组织改革，具体表现为自主化、法人化和私有化三种方式（Preker and Harding，2003：29－32）。

我国公立医院管理体制改革就是一种市场化的组织体制改革，涉及以上两种中间形式的医院组织形式，即自主组织（事业法人）和法人组织（公司法人）。目前我国的公立医院基本上处于预算组织与自主组织之间的状态，享有的自主权还非常不充分（蔡江南，2011）。在经济上，公立医院享有相当大的自主权，主要靠自己创收而不是政府预算来生存和发展；但另一方面，在人事权和其他一些重大管理权上又受到政府的很多约束和限制，无法真正发挥医院自我管理的作用。因此，我国公立医院改革的方向是向自主组织和法人组织转变。需要指出的是，自主化和法人化改革是程度不同的放权改革，并不存在孰优孰劣的问题，而是与国情适不适合的问题。因此，到底适用于哪种方式的改革应该从纵向的时间维度和横向的地理维度来衡量。从纵向的时间维度看，由于我国大多数公立医院还处在界于预算组织与自主组织之间的混合状态，政府监管的不充分与医院自主权的不充分并存；在这样的情况下，可以考虑分两个阶段循序渐进地推进公立医院治理结构改革，即自主化改革阶段和法人化改革阶段。从横向的地理纬度看，可以考虑在经济较为发达、公立医院数目较多的地区进行治理结构的法人化改革；而在欠发达地区，由于管理人才不足，难以进行治理结构的法人化改革，应重点完善自主化改革，理清政府和公立医院的责权关系。无论哪种方式的治理结构改革，其目的都是通过改善政府对公立医院的治理，在不损害公立医院社会功能的情况下提高公立医院的绩效（李卫平、黄二丹，2010：1）。但是根据国际经验及发展趋向来看，自主化阶段改革为法人化阶段改革创造必要条件，建立公立医院法人治理结构是改革的正确方向和必然趋势，因而也是我国公立医院治理改革的制度目标和理性取向。

《关于公立医院改革试点的指导意见》提出，要明确政府办医主体，科学界定所有者和管理者责权，探索建立以理事会为核心的多种形式的公立医院法人治理结构，明确在重大事项方面的职责，形成决策、执行、监督相互制衡的权力运行机制。鉴于管办分离的两种形式，设立公立医院理事会也对应的有两种形式：一种是公立医院集团的理事会，一种是内置于公立医院作为独立的公共实体的理事会。作为最基层的公立医院，农村基层医疗卫生机构更适合采取第一种形式，即建立以县为单位的医院集团理事会。① 该理事会的主要职责是制定全县范围内的医疗卫生机构的总体经营策略，监督政策的执行情况。理事会由政府部门代表（如县政府、发改委、国资委、卫生部门、财政部门）、社会相关利益方的代表（如医院管理层、医保部门、专家学者等）和民意代表（如人大代表）组成，然后再由理事会和非执行理事通过公开招聘等方式选拔任命各医院院长，由其来负责医院的日常经营管理事务。医院集团理事会作为独立的法人实体，通过完善法人治理结构，实现资源共享、技术交流、成本控制等策略，从而达到提高医疗服务效率的目标。除了建立医院集团理事会，也须设立由政府各个有关部门代表、医疗卫生专业技术人员或卫生政策研究人员代表和当地医疗消费者代表等组成的监事会（医院本身的管理人员和职工不得担任监事会成员），负责监督审理医院理事会决议和监督医院管理层执行决策的情况。

（三）医院内部管理体制改革

第三个层次是医院内部管理体制改革。医院内部管理体制改革的实质在于如何处理权力在医院内部各部门之间的分配，有效提高内部的管理绩效。改革的主要内容包括医院人事制度和收入分配机制改革。而这些改革

① 山东省胶南市在2006年对全市政府办乡镇卫生院的人员、设备、资产等基本情况进行调查摸底，将乡镇卫生院的人员、业务、经费等上划到市卫生局管理；在此基础上，进行了市镇村一体化改革。改革的实质是通过市镇村一体化管理模式的改变，提高基层卫生资源的利用效率。这种县乡村一体化改革与本文所提倡的治理结构改革具有根本的差别。最大的不同之处在于它仅仅优化了卫生资源的利用流程，并未涉及医疗卫生机构法人治理结构的变革。

所要解决的就是通过建立有效的激励和约束机制提高医务人员的积极性，并进而提高医疗服务的经济效益和社会效益。

1. 人事制度改革：全员劳动合同制

在基层医改中，各地纷纷效仿"安徽模式"，改革人事制度，建立竞争性的用人机制。总的来看，基层医疗卫生机构人事制度改革主要从两个方面展开：一是选好院长，进行公开公平竞争，择优聘任，并实行任期目标责任制；二是对医务人员和其他工作人员，根据岗位的要求，在核定资质之后，实行竞争上岗、全员聘用，建立能上能下、能进能出的用人机制。应该说，建立竞争性的用人机制，对于调动医务人员的积极性、改善人才队伍结构，具有积极意义。但是，由于上述改革仍旧是在行政化的事业单位管理体制之下进行的，用人竞争仅仅局限于事业单位编制的"鸟笼"之内，从而导致改革的不彻底性。

要进行彻底的人事制度改革、有效调动起医务人员的积极性，正确的选择就是引入劳动力市场机制和人力资源管理制度，让医务人员成为自由执业者，让院长成为职业经理人。在医院管理者和医务人员角色转变的前提下，推动建立起全员劳动合同制。针对乡镇卫生院，其具体实施措施如下。

第一，切实落实乡镇卫生院的用人自主权。如今，乡镇卫生院的管理者对于工作人员的雇用、解雇、升职和报酬缺乏控制权。政府办乡镇卫生院在性质上属于事业单位。事业单位中的"编制内"或"正式工"的数量是以地方政府的行政决定为基础的，涉及计划部门（关于岗位数量）、人事部门（关于流动和升职）和卫生部门（部门管理责任），几乎不考虑实际的工作需要。对于正式工管理的僵硬规定，使得乡镇卫生院管理者难以做出一些有关员工规模和技能组合的关键决定，造成人员需要和人事安排相脱节。同时，也限制了乡镇卫生院管理者对部分工作人员的奖惩安排。因此，有必要提高乡镇医疗机构管理者在人事方面的自主权，由乡镇卫生院根据实际情况自主定编定岗，并逐步过渡到取消对乡镇卫生院的行政性人事编制管理。

第二，推动"多点执业"，实现医务人员的自由流动。对于医务人员来说，新医改最大的突破在于多点执业的合法化。多点执业的合法化，不但能够使医生们靠自己的医术获取较高的收入，方便患者就近接受诊疗服务，更重要的是医生的身份将发生重大变革——医生们不再是"国家干部"，而成为自由执业者；由此乡镇卫生院行政化的事业单位体制将出现一个缺口，计划体制时代遗留下来的人事制度将发生重大变革，转型为市场化的人力资源管理体系（顾昕，2009：12 - 15）。因此，多点执业的实质就是要解放医生，使乡镇卫生院不能把医生当成独有资产控制起来，从而实现医生无论是纵向上还是横向上的自由流动。尤其需要强调的是，多点执业并不是"点对点"的关系，而是"点对面"的关系，是一个人与一个团队的内在一体关系。对农村社区来说，多点执业就是要在农村基层建立以专家名医为旗帜的医疗团队，通过医疗团队把大量常见病、多发病和慢性病患者留在基层处置，同时把真正的重危病人选送到上级医院诊疗。

第三，充分实现养老等社会保障的社会化。不少医务人员之所以留恋"国家干部"的身份，不仅是由于残存着陈旧的等级观念，更重要的还在于这个身份能带来高福利和高社会保障水平。打破社会保障的单位制，实现养老、医疗等社会保障的社会化，能够为包括乡镇卫生院在内的事业单位体制改革扫除障碍。尤其针对一些在竞聘中落聘人员，除要妥善安置分流外，社会化的社会保障方式也能够解除他们的后顾之忧。

人事制度改革赋予乡镇卫生院用人自主权，而要真正发挥人事自主权带来的积极作用，推动卫生院劳动生产率提高，还必须实行强激励性的收入分配制度。

2. 收入分配改革：强激励分配机制

为体现出分配机制的"激励性"，新一轮基层医改更加倚重"考核"工具——根据管理绩效、基本医疗和公共卫生服务的数量和质量、服务对象满意度、居民健康状况改善等指标对基层医疗卫生机构进行综合量化考核，并将考核结果与资金安排和拨付挂钩。目的在于坚持多劳多得、优绩优酬，合理拉开收入差距。概括起来说，就是要对基层医疗卫生机构实行

"三核"，即"核定任务、核定收支、绩效考核补助"的激励约束机制。

在各地基层医改的实践当中，以安徽为代表的大多数省份都已大张旗鼓实行"收支两条线"。[①] 应当说，"收支两条线"的做法固然可以隔断医生"以药养医"的逐利冲动，但是由于它缺乏有效激励的天然不足，无法打破"平均主义和大锅饭"怪圈。对此，原卫生部副部长黄洁夫早在2009年"两会"期间就已鲜明指出，实行"收支两条线"改革将回到计划经济医院的老路上去，将不能保证医疗行业的积极性、创造性和竞争性，改革将走入死胡同。顾昕（2011：114 - 116）认为，这套以"三核"为核心的补偿模式，必然导致平均主义和大锅饭现象重现；收支两条线本质上是一种计划经济，难逃失败的命运。

如果说"全额收支两条线"的思路在竞争不可能或者不充分的地区可以适用于城乡社区卫生服务体系的话，那么"差额收支两条线"的思路则是完全不现实的。因为要实行"差额收支两条线"，必须至少要满足以下条件：一是绩效考核体系科学；二是政府行政部门在绩效考核时信息对称；三是政府对于绩效考核工作动力十足。以上三条要想全部满足几乎是不可能的。况且，这里假定政府行政管理者及其选定的考核者全部都是廉洁公正人士。但是，这样的游戏规则无疑赋予了政府行政部门以极大的权力，也就会给他们带来危险的诱惑，凭空拓展了大量寻租的空间。如果实施"收支两条线"改革，政府将成为最大的"院长"，医院要用钱、用多少都是政府说了算，可能带来权力寻租与腐败，医院院长则会把主要精力放在讨好政府官员上，而不是用心经营医院。

激励理论表明，激励机制也是一个筛选机制，能力高者及愿意努力工作者倾向于选择强激励方案，而能力弱者及更愿意工作安稳者倾向于选择弱激励方案。公立医疗机构中的行政等级制度使得留在基层医疗机构的医生必然是最差的医生；而"收支两条线"及与之如影随形的"定岗定编定

---

① "收支两条线"有两种形式："全额收支两条线"和"差额收支两条线"。前者是指公立
医疗机构的收入全部上缴政府，其支出由政府下拨；后者指政府对公立医疗机构实行核
定收支、以收定支、超收上缴、差额补助的财务管理方式。当前在各地风靡一时的"收
支两条线"基本上采取的是后一种形式，即"差额收支两条线"。

工资标准"导致的弱激励机制又会进一步挤走好医生，同时抑制医生努力提高自身业务、努力工作的积极性（朱恒鹏，2012：1-12）。

因此，若要基层医疗卫生机构和医务人员形成一种强激励分配机制，首先需要放开准入限制，形成自由执业的、以私营诊所为主体的初级医疗卫生服务供给格局。提供包括公共卫生服务在内的初级卫生保健的全科医生以个体或合伙执业为主体，这样其收入与提供服务的数量和质量密切相关，从而能够保证收入激励的灵活有效性。为了解决这种强激励分配机制之下医务人员可能存在的过度医疗问题，以下两味"药方"显然不可或缺：一是赋予患者"用手投票"和"用脚投票"的权利。"用手投票"的权利也就是患者用货币为医疗服务标价的权利。当患者拥有这种用货币投票的权利时，那些成本低、质量高的医疗机构及医生就能够因袭到更多的患者，得到更好的价格，从而获得更多的盈利，这就使得医疗机构及医生有降低成本、提高质量的内在动力。而"用脚投票"，就是患者拥有自由选择就医的权利。如果有多个医疗机构可供选择，那么一旦一家医疗机构价格过高或者质量太差，患者就会选择别的医疗机构或医生。这就使得医疗机构和医生有降低成本、改善质量的内在压力。二是医保方通过选择使用适宜的支付方式来调节经济激励。比如，可以采取以按人头付费为主的混合支付方式，这样医疗机构和医生就会有激励多提供健康教育、预防保健之类的服务来维护居民的健康，获取更多的人头费。

三　补偿机制改革：以医保支付为主的多渠道补偿

借鉴国际经验，我国公立医院补偿机制需要进行三个方面的改革：一是政府财政直接补偿方式改革，二是医疗保险支付方式改革，三是医疗价格形成机制改革。而公立医院补偿机制改革的关键在于医保支付究竟应该占多大比重，以及医保付费方式如何选择。

（一）政府财政直接补偿方式改革

政府财政直接补偿部分目前所占医院收入的比重很小（近年来这一比

例维持在8%左右)，并且这种为数不多的财政补偿也主要投入在了在编人员的基本收入和退休人员的养老金。因此，改革的方向是在保持现有政府补偿水平的前提下，让政府财政补偿人员与经费脱钩，而与医院承担的社会公益性服务挂钩，同时根据医疗卫生发展的需要，对医院的基本建设和大型设备的投资给予补偿。相对于创收能力较强的二、三级公立医院来说，乡镇卫生院的自我筹资能力较弱，尤其是实施基本药物零差率之后，乡镇卫生院面临着非常大的收支缺口，因而也更为依赖政府财政补助。据北京大学中国卫生发展研究中心的统计，2007～2010年，财政补助收入占乡镇卫生院的总收入比例在提高，中心乡镇卫生院、一般乡镇卫生院分别提高12.4%和13.3%，达到33.6%和38.3%。但是，由于乡镇卫生院历史欠账较多、短时间内很难从根本上完成对体系的完善，乡镇卫生院可持续发展能力仍然较为脆弱。可以认为，如果仍然维持目前的财政投入结构，那么再多的财政补助也无法让乡镇卫生院充满生机和活力。理性的选择应该是变财政预算为政府购买，由政府购买乡镇卫生院提供的基本医疗和公共卫生等公益性医疗卫生服务。另外，为了增强乡镇卫生院的服务提供能力，还需要在硬件和软件两个方面进行补偿，即在硬件上补偿乡镇卫生院基本建设和设备购买支出，在软件上补偿以全科医生培养为主的人才培养支出。

（二）医疗保险支付方式改革

除了提高医保支付的比重、降低患者的自付水平，更为关键的一点是改革医保支付方式，让补偿标准和水平更具有可控性和可预见性。关于这一点实际上也成为我国城乡医保体系近年来的工作重心之一。人力资源和社会保障部在2011年6月发布指导性文件（《关于进一步推进医疗保险付费方式改革的意见》），推进医保付费改革。在2012年全国卫生工作会议上，陈竺表示要把支付制度改革作为体制机制改革的关键抓手，大力推进。

在新农合支付制度改革中，需要树立起"谈判协商、风险共担"的价值理念，以及在该理念指引下建立起谈判协商机制和混合支付制度。所谓谈判协商机制，是指在医疗服务购买过程中，医疗保险经办机构以协商谈判的方式来协调与医疗服务提供方之间利益关系的一种互动机制。医疗保险谈判的基本框架包括谈判主体定位和谈判层次、谈判原则、谈判内容、谈判规则和程序、谈判结果的应用以及谈判的争议处理等六个方面。建立混合支付制度具体包括以下三点：一是普通门诊采取定点制和转诊制，二是普通门诊采取按人头付费为主的混合付费制，三是非普通门诊服务采取按病种付费为主的混合付费制。

（三）医疗价格形成机制改革

医保支付改革需要 3~5 年的时间效果才能显现，达到医保机构、医疗机构和患者三方的平衡。为了遏制眼下公立医院药价虚高、医疗费用飞涨的问题，作为过渡性的办法，应进行医疗价格形成机制改革。我国长期以来的医疗卫生价格体系实行高度行政化的集中控制，人为地将医疗服务价格定价低于其成本，使得医院被迫从药品和检查收入中获得补偿，最终形成了广受诟病的"以药养医"机制。医疗服务价格与药品、检查价格之间的扭曲必须得到调整和纠正，这就需要改革价格形成机制。应当改革由政府单方面行政定价的机制，形成由医疗服务方参与的社会协商定价机制（蔡江南，2011：33-38）。根据医疗成本的变化，考虑从医疗服务供求双方的利益，对医疗价格继续不断的调整和变化。

在农村基层医疗卫生机构，理顺价格机制的一个着力点是提高医疗服务价格。农村基层医疗卫生机构因取消药品加成减少的收入，理应通过提高偏低的医疗服务价格来获得补偿。如果医疗服务价格收费合理，能够弥补服务成本开支，甚至略高于服务成本，那么农村基层医疗卫生机构就不存在基本药物零差率销售后的补偿难题（刘军民，2010：53-55）。但为了避免"拆东墙、补西墙"的社会质疑，调整后新增的费用、绝大部分可由医保基金来补偿。调整合并设立一般诊疗费并纳入医保支付范围，不但理顺了现有医疗服务价格、药品和检查价格之间的扭曲局面，而且在不增加患者自付额的前提下弥补了基层医疗卫生机构药品零差率销售所导致的收支不平衡，进一步增强了基层医疗卫生机构补偿机制的稳定性和可持续性。因而有利于调动基层医疗机构、医务人员的积极性以及基本药物制度建设顺利推进。

四　基本药物采购改革：市场化的集中采购机制

根据国际经验，基本药物制度的供应共有四种模式：一是分散化采购，医疗机构根据目录自行组织基本药物的采购和配送；二是市场化集中采购，使用基本药物的医疗机构基于市场竞争自发选择各种集中采购配送模式；三是政府集中采购，政府定期进行基本药物的集中采购，然后将配送外包给公立或民营机构；四是垄断性公共供应，公共部门垄断基本药物的生产、采购和配送。市场化集中采购模式是世界各国改革基本药物供应保障体系的主要选择。世界卫生组织认为，建立基本药物供应保障体系的组织原则应该是：处理好公共部门和私人部门之间的平衡问题，鼓励药品生产和配送体系中的公私混合（public – private mix），在公共部门实施药品良好采购规范（good pharmaceutical procurement practices），充分发挥私人部门从事公共卫生事业的效率作用，发挥集中化体制（centralized system）中的规模经济作用。同时，一个良好的供应体系，必须能够保证有效地使用政府购买药品的资金，并使国民获得最大限度的可及性（WHO，1988：41 – 46）。更进一步，世界卫生组织在2004 年世界卫生报告中指出，"公共—私人—NGO 混合的思路（public – private – NGO mix approach）"是为越来越多的国家所采用的政策选择（WHO，2004：6）。可见，无论是国际趋势还是来自世界卫生组织的建议，均清晰指向市场化集中采购模式。建立市场化集中采购机制，需要着重从采购主体、采购方式和途径、采购质量保障以及监督管理等方面进行制度构建。

（一）采购主体多元化

我国医疗机构的药品集中采购主体经历了从医疗机构自主到卫生行政

部门为主导的历史过程。① 首先，从以往政府采购招标的经验来看，如果由卫生行政部门作为采购主体，代替医疗机构等招标单位进行采购，最容易发生的问题就是二者间的相互包庇、权责不清，发生扯皮现象。其次，卫生行政部门集中采购不但握有强大的购买垄断力，而且又拥有行政权力，如果缺少科学、公正、透明的程序以及强有力的监管，则容易发生腐败和寻租行为。再次，从两者的委托—代理关系来看，以卫生行政部门为采购主体，采购的单位不是付费单位，它缺乏采购性价比高的药物的激励和动机。此外，在"管办不分"的情况下，卫生行政部门与医疗机构是"一家人"（有人曾把二者之间的关系形象地比喻为"老子"和"儿子"），它仍是医疗机构的利益代表；从药品市场上买卖双方的实力对比来看，医药企业的卖方劣势地位依然没有多大改善。因此，以卫生行政部门为主导与以医疗机构为主体的采购没有本质的区别，二者都不适合作为采购的主体。

那么，谁才是基本药物采购的合适主体呢？由于基本药物的最终消费者是患者，而患者的药物费用绝大部分来自医疗保险部门（尤其是我国已经步入"全民医保"的时代背景下，2012 年医保政策范围内住院医疗费用支付比例将提高到 70% 以上），因而按照"谁采购谁付费"的采购原理，医保部门才适合承担采购主体的任务。如果由医保部门作为集中采购的采购主体，由于它是采购药品费用的最终埋单者，自然会对要购买的药品进行精挑细选，保障每支付的一分钱都物有所值。它不但关心药品的价格，更关系药品的质量。这是由于如果药品的性价比不高，反而会造成患者医药费用的增加，医保部门的支出也会随之增加。因此，由医保部门进行采购会使药品价格和质量得到较好的平衡（刘庆婧，2010：34）。就长远来看，随着"以药养医"机制的破除和新的运行机制得以建立，医疗卫生机

---

① 2009 年新医改方案提出基本药物的集中采购由政府主导，并未具体指定哪个部门作为主导部门；2010 年《建立和规范政府办基层医疗卫生机构基本药物采购机制的指导意见》明确采购责任主体是由省级卫生行政部门确定的采购机构（采购机构在各地的称呼不尽相同，但大都冠以"省药物采购服务中心"之名，"中心"是隶属于各省卫生厅的事业单位）。可见，当前的集中采购就其性质而言仍属于卫生行政部门为主导的政府集中采购。

构会将精力放在如何提高服务质量吸引患者上，它会主动采购性价比高的药物，所以可以重新恢复其采购主体的身份。除了医疗机构，保险机构、流通企业或消费者协会等组织也可以扮演优秀代理人的角色，呈现采购主体的多元化。

（二）采购方式和途径多样化

国际上运用于药品采购的主要方式有四种：公开招标、邀请招标、竞争性谈判采购及直接采购。不同的采购方式各有其优势与不足，使用条件也不尽相同（见表1）。公开招标采购是我国集中采购的主导方式。邀请招标是对公开招标的补充，在投标人较少、产品购买困难时可采用该方式进行采购，以满足医疗机构对价低、量小的抢救药品的需求。谈判采购是在公开招标中投标产品是独家时常采用的一种采购方式，在谈判时以一个区域（如一个省）的量作为基数，可以获得比单一医疗机构更多的折扣。直接采购（或直接挂网），是在经过多个招标采购周期后，对价格较为稳定的药品或部分常用药、廉价药采取的一种采购方式。采购方式的多样性，可以满足不同使用条件下选择不同采购方式的要求，是深化和完善药品集中采购制度的主要内容之一。

表1　不同药品采购方式的比较

采购方式	优　点	缺　点
公开招标	投标者众多 易获得较低价格 新竞争者易进入	招标、评标工作量大 供应商选择和质量控制难度大
邀请招标	投标者相对较少 价格较低 供应商需要资格预审 质量容易控制	投标者少，选择面有限 必须由供应商资格决定前期评审
谈判采购	供应商较有名气 评审工作较少	价格相对较高
直接采购	简单、快捷	价格较高

资料来源：WHO. 2002. *Practical Guildelines on Pharmaceutical Procurement for Countries with Small Procurement Agencies*. Manila：World Health Organization。

此外，有必要参照香港特区的做法，① 采用多种采购途径，满足临床需求。目前政策要求全部基本药物品种都要签订合同，但实际上用量较小、价格便宜、用量不稳定的药品各省全年的使用量难以估计和统计，签订合同意义不大。建议由各省结合实际情况，按照"80∶20 规则"，对采购金额占总金额 80% 左右的药品（品种数约占 20%）实行合同采购管理；对采购金额占 20% 左右的药品（品种数约占 80%）由省级招标机构确定采购价，与药品生产企业形成采购手册，医疗机构按照采购手册自行非合约采购；对介于上述采购金额之间的药品，由省级招标机构提供全省估算用量作为供货商报价及供货预算的参考，采用邀请招标、谈判采购等方式，实行非合约采购（闫峻峰，2011：1855 – 1957）。

（三）采购药品质量保障全程化

如何保障基本药物的质量安全及百姓的用药安全，不仅是医药行业的最大关注点，也是社会各界关注的焦点。那么怎样才能使基本药物采购遵循"质量优先、价格合理"原则并落到实处呢？这就需要改革和完善"双信封"招标制度，在基本药物招标采购时引入临床评价指标、在使用时加强日常监管以及发生不良行为时进行市场清退。也就是说，对基本药物的事前筛选环节、到事中的使用以及事后的纠错环节，建立基本药物质量安全的全方位、全程化保障体系。

1. 招标采购引入临床评价指标

药品质量的主要评价指标有两种：一种是质量层次指标，另一种是临

---

① 香港依据支出金额的大小，分为 3 种药品采购途径：一是对每年支出超过 100 万港币、用量稳定、可承诺使用量的药品采用"中央"供应合同采购；二是对每年支出介于 5 万 ~ 100 万港币的药品采用"中央"统筹报价的采购方式；三是对每年支出低于 5 万港币的药品依从采购与物料管理手册由医院直接采购。香港采购药品支出金额与数目所占的份额符合"80∶20 规则"。"中央"供应合同采购药品数目为 821 种（26%），支出金额为 2681.69 百万元（81.1%）；"中央"统筹报价（直接采购）为 709 种（22.5%），支出金额为 418.74 百万元（12.7%）；医院直接采购为 1445 种（45.8%），支出金额为 198.14 百万元（6.0%）；其他为 180 种（5.7%），支出金额为 6.82 百万元（0.2%）。采购支出结果按照"抓大放小"的原则，80% 以上的支出金额通过"中央"供应合同完成。

床评价指标。质量层次指标通常是各地比较通用的指标，该指标虽然简单易行，但是在实践中存在不少问题。其中一个问题就是该指标不适合于基本药物。基本药物都是临床使用多年、具有一定临床经验的仿制药品，而高价的原研药、优质优价药等不被纳入基本药物的范畴。因此基本药物的质量按照原研药、专利药的区分是毫无意义的。

对于基本药物而言，重要的是采购到最具性价比的药品，即临床效果好而价格相对低廉。在评价基本药物成本效果分析中，其效果包括了临床评价和安全评价。由于基本药物的用药都是具有多年临床经验的药品，因此从临床指标进行评价来判断其药品质量比质量层次指标更具有可信度。这种评价方法与药物经济学对药品进行成本效用分析时对效用所包含的指标维度的定义是相同的。因此，采用药物经济学的评价对于基本药物的质量评定大有裨益（刘庆婧，2010：39）。如果用药物经济学评价的指标来为药品质量工作服务，在全国建立起统一的科学评价体系，那么各地在进行药品集中采购的质量筛选时将有章可循。

相对于质量层次指标，临床评价指标是更加适宜和科学的指标。引入适宜、科学的指标意义在于在对药品质量筛选时能有一个好的评判依据，并不意味着它能够解决药品质量不高的问题。药品的质量是生产出来的，而不是招标招出来的；药品质量不高的问题也不是因为招标而产生的，也不会因为招标而消失。集中招标采购的实质是将需求集中起来，采用批量作价的方式，实现产品购买价格的降低。但是在一些地方，招标采购对质量的控制演变成了对质量标准的区分，甚至成为价格的尺度。这事实上等于让招标承受了难以承受之重。要保障基本药物的质量，还需在坚持科学的指标前提下建立监管和惩治机制。

2. 建立全方位、全程化监管机制

医疗卫生领域的监管主要回答三个问题：监管机构（谁来监管）、监管对象（监管什么）和如何监管。具体到基本药物，就是要保障药品质量，建立起日常监管和市场清退机制，这也需要从三个方面着手。

一是由谁来监管？监管主体除了政府机构，即药品监督管理部门和各省药物采购服务中心，还包括其委托的独立评估机构（如医保经办机构、医师协会等）进行外部监管；此外，还要赋予公众监督权，建立畅通、便捷的药品质量监督与反馈渠道，使药品质量问题时刻暴露于公众"雪亮的眼睛"之下。

二是监管什么？不但要加强对于药品生产企业的日常监管和GMP① 的飞行检查力度，使其按照质量要求生产中标基本药物，而且要加强药品经营企业基本药物配送的日常监管，使其按 GSP② 要求及时供应中标基本药物。

三是如何监管？要完善基本药物电子监管系统，利用药品电子监管网和基本药物信息条形码，实行中标基本药物的动态、实时和全过程监管。不但省级药品监管部门要加强对基本药物质量的抽检，而且要充分利用临床信息，收集医生、药师和患者的意见，接受社会监督。关于监管结果，对严格保证基本药品生产质量的药品生产企业和及时配送药品的经营企业实施奖励（包括物质上的和精神上的奖励）；对出现供应质量不达标或供应不及时的企业，建立不良记录公示及市场清退制度。

参考文献

孙志刚，2011，《实施综合改革加快基层医改新机制建设》，《行政管理改革》第 10 期。

刘文先，2011，《安徽基层医改：回归公益性的制度创新》，《行政管理改革》第 6 期。

李玲，2008，《让公立医院回归社会公益的轨道》，《求是》第 7 期。

蔡江南，2011，《中国公立医院法人治理结构改革——基本理论与实现路径》，中国医改评论网，8 月 11 日，http：//www. Chinahealthreform. Org/Index. Php/Professor/

① GMP 即 Good Manufacturing Practice，是一种特别注重制造过程中产品质量与卫生安全的自主性管理制度。它是一套适用于制药、食品等行业的强制性标准，要求企业从原料、人员、设施设备、生产过程、包装运输、质量控制等方面按国家有关法规达到卫生质量要求，形成一套可操作的作业规范，帮助企业改善卫生环境，及时发现生产过程中存在的问题，加以改善。

② GSP 即 Good Supplying Practice，被称为"药品经营质量管理规范"。它是指在药品流通过程中，针对计划采购、购进验收、储存、销售及售后服务等环节而制定的保证药品符合质量标准的一项管理制度。其核心是通过严格的管理制度来约束企业的行为，对药品经营全过程进行质量控制，保证向用户提供优质的药品。

Caijiangnan/30 – Caijingnan/1387 – 2011 – 08 – 11 – 07 – 43 – 44. Html.

蔡江南、徐昕、封寿炎，2008，《公立医院需要什么样的管办分离》，《中国医院院长》第 14 期。

亚历山大·S．普力克、阿普里尔·哈丁，2011，《卫生服务提供体系创新：公立医院法人化》，李卫平、王云屏、宋大平译，中国人民大学出版社。

李卫平、黄二丹，2010，《公立医院治理的制度选择》，《卫生经济研究》第 7 期。

顾昕，2009，《解放医生：医疗服务行政化的突破口》，《瞭望东方周刊》第 18 期。

朱恒鹏，2012，《基层医改的逻辑》，中国医改评论网，1 月 12 日，http：//www. Chinahealthreform. Org/Index. Php/Professor/Zhuhengpeng/33 – Zhuhengpeng/1454 – 2012 – 01 – 12 – 02 – 49 – 53. Html.

顾昕，2011，《流行学术偏向令公立医院身陷泥潭》，《中国医院院长》第 22 期。

蔡江南，2011，《我国公立医院治理结构改革的实现路径》，《中国卫生政策研究》第 10 期。

刘军民，2010，《药品零差率的综合补偿之道》，《中国卫生》第 6 期。

中国经济体制改革研究会医改课题组，2008，《医保机构 vs 卫生行政部门：谁来实行基本药物的集中采购》，《中国医改评论》第 11 期。

WHO. 1988. *How to Develop and Implement a National Drug Policy：Guidelines for Developing National Drug Policies.* Geneva：World Health Organization，pp. 41 – 46.

WHO. 2004. *Epuitable Access to Essential Medicines：A Framework for Collective Action，Policy Perspectives on Medicines.* Geneva：World Health Organization，pp. 6.

晓丘，2009，《药品集中采购的改革不能头疼医头、脚疼医脚》，《医药经济报》3 月 30 日。

刘庆婧，2010，《我国基本药物集中采购制度分析》，天津大学硕士学位论文。

闫峻峰，2011，《香港特区药物采购策略与内地基本药物采购机制比较》，《中国药房》第 20 期。

农民工市民化进程中的工伤保险制度研究

游 春 康 营*

摘　要：本文通过对农民工市民化的现状和制约因素分析来阐述农民工工伤保险的现实意义。首先，简述农民工工伤保险制度的背景、意义与目的。其次，通过对农民工工伤保险的现状分析，指出现行农民工工伤保险制度存在的一些问题，例如农民工参保比率较低、企业逃保漏保现象严重等，并针对问题分析产生原因。最后，从法律制度建设、政府和企业等方面提出建立和完善农民工工伤保险制度的建议。

关键词：农民工市民化　工伤保险制度　社会保障

一　问题研究背景、意义及目的

（一）背景

1. 农民工市民化现状

农民工主要是指户籍仍在农村，进城务工和在当地或异地从事非农产业并以工资为主要收入的劳动者。农民工市民化泛指农民工逐步向市民转化的过程，当前农民工市民化问题已经成为社会各界关注的热点。随着我国工业化、城镇化进程加快，农民工的数量在逐年增加，在当前劳动力市场结构中，农民工已经成为现代产业结构中不可缺少的主体。据国家统计

---

* 游春（1973.4~　），男，江苏建湖人，高级经济师，管理学博士，现为中国社会科学院社会学研究所博士后。康营（1988.12~），女，江苏沛县人，现为南京财经大学保险硕士研究生。

局调查显示，2011 年全国农民工总量达到 25278 万人，比上年增加 1055 万人，增长 4.4%。

目前学术界对农民工市民化的现状主要有三种代表性的观点，一是王春光的农民工"半市民化"状态。它是指农村人口虽然进入了城市但并没有完全成为城市居民的现象，具体表现为"六化"：就业非正规化、居住边缘化、生活孤岛化、社会名声污名化、发展能力弱化、社会认同内卷化。二是陈丰的农民工"虚城市化"。该现象是指农民工由于缺乏户籍制度以及相关制度的接纳，导致其没有改变农民身份，难以形成城市认同感和归属感而成为游离于城市之外的特殊群体的状况，主要表现在五个方面：职业与社会身份不一致、农民工的合法权益得不到有效保障、农民工子女受教育权不平等、就业与生存状况恶劣、缺乏城市社会的认同感和归属感。三是刘传江的农民工"市民化是农民市民化的第二阶段"。他指出农民工城市化要分两个阶段：第一阶段农村剩余劳动力到城市务工的过程即农民非农化；第二阶段从城市农民工到产业工人和市民的职业和身份变化过程即农民工市民化，目前依然举步维艰。

2. 农民工工伤保险

农民工市民化的制约因素主要有：僵化的社会制度、各社会阶层的偏见和歧视、农民工自身素质（主要指知识水平）较低和技能缺乏、农民工社会保障体系不健全。由此可见，建立健全农民工社会保障体系是解决农民工市民化问题的一个有效措施。调查表明，农民工进城之后要么多集中在工作环境差、污染严重、危险系数高、职业病发生概率高的行业或企业，如建筑、制造、煤炭、化工等行业或企业，要么多集中在劳动报酬不高的工作岗位，如餐饮、家政、娱乐和保安等。"底层化"岗位、"低收入"待遇和"低安全"环境导致农民工沦为社会风险抗体中的弱势群体。且由于农民工流动性强，没有城镇户口，并不被承认为产业工人等，他们被定位在游离于城镇居民之外的边缘人群和弱势群体，不享受工伤保险的待遇。而农民工务工时多在建筑、煤矿和制造业等高风险、职业病多发的行业。因此，积极探讨农民工工伤保险问题有利于完善农民工社会保障制度，具有现实意义。

（二）农民工工伤保险的制度意义及目的

研究农民工工伤保险制度的重要意义主要与工伤保险本身所具有的意义有重大联系。工伤保险是指在劳动者工作中或在规定的特殊情况下，遭受意外伤害或患职业病导致暂时或永久丧失劳动能力以及死亡时，劳动者或其遗属从国家和社会获得物质帮助的一种社会保险制度。工伤保险是社会保险体系不可缺少的重要组成部分。

1. 建立和完善农民工工伤保险制度是推动农村社会保险制度建立并顺利完成城乡社会保险制度接轨的突破口

我国要实现全面建设小康社会的目标，就必须统筹城乡发展，落实科学发展观。实行工业反哺农业、城市支持农村的方针，建立健全统筹城乡发展的体制和制度，促进工农、城乡协调发展，使城乡人民共享改革发展成果，逐步走共同富裕的道路。从根本上改变城乡二元结构，必须实行有利于调动农民工积极性和维护农民工权益的政策措施。建立和完善农民工迫切需要的工伤保险制度是具有可实施性的选择，这既可以推动农村社会保险制度的建立，也可以为城乡社会制度接轨准备条件。

2. 建立农民工工伤保险制度是农民工自身的迫切需求

调查资料显示，农民工以男性为主，40 岁以上农民工所占比重逐年上升，由 2008 年的 30% 上升到 2011 年的 38.3%，三年中农民工平均年龄由 34 岁上升到 36 岁，农民工中已婚者占 73.4%。这反映了外出务工的农民工大多数是家里的主要收入来源。工伤事故造成的巨大医疗支出是他们难以承受的，同时也会给整个家庭带来经济困难。建立针对农民工的工伤保险制度，可给这个特殊群体带来经济保障和心理保障。

3. 建立和完善农民工工伤保险制度是实现社会公平、维护社会稳定的重要手段

农民工收入水平低、流动性强、自身素质普遍不高，已经成为社会动

荡的重要因素。根据农民工自身特点建立和完善农民工工伤保险制度，让农民工平等地享受法律和社会赋予的权益，分享城市发展成果，不仅可以促进社会公平、国民收入平等分配的实现，还可以从一定程度上提高农民工素质，从而减少社会动荡因素，进而维护社会健康稳定的发展。

4. 建立和完善农民工工伤保险制度，有利于进一步推动农村经济发展

按照市场供需调节合理转移分配这些剩余劳动力，用现代社会保障制度代替传统社会保障制度，使这一群体彻底脱离与土地的关系，有利于土地的规模化经营，有利于提高农业的生产效率，推动农业及农村经济的发展。

对农民工城市化进城中的工伤保险制度的研究发现，首先，能够降低农民工工伤事故率，解决农民工工伤事故发生后缺乏救治问题，有利于构建社会主义和谐社会。其次，比较农民工工伤保险制度模式，有助于创新农民工工伤制度模式理论及实践。再次，分析现行农民工工伤保险制度现状，有助于找出造成农民工工伤保险制度困境的原因。最后，分析农民工工伤保险补偿制度及模式，有助于完善农民工工伤补偿制度。

鉴于工伤保险制度的重要意义和研究分析农民工工伤保险制度的意义，研究分析农民工工伤保险制度的主要目的包括：通过对农民工工伤保险的现状分析，找出农民工工伤保险制度运行中存在的问题，并从农民工自身需求、工伤保险制度供给及政府在工伤保险中的责任等方面，揭示农民工工伤保险制度运行低效的原因。最后，从根源出发，提出建立和完善农民工工伤保险制度的建议。

二　国内外工伤保险制度研究综述

目前国内外学者对工伤保险制度的建立和完善非常重视，特别是国外的工伤保险制度，工伤保险制度已具体实施很长时间，研究成果和实际经验丰富，在工伤保险模式、基金管理、机制建设等方面都积累了很多成功经验，我国可选择借鉴适合安全生产的工伤保险模式。

（一）国外工伤保险制度研究综述

国外的工伤保险制度，作为社会保障体系的重要组成部分，已经实施了相当长的时间。概括来说，西方工业国家工伤风险保障机制，主要经历了三种模式：一是职业危害补偿与雇主责任制。即高风险岗位的工人会获得一部分的风险津贴，英国首先采用了这种方式。二是工伤保险制度。即在雇主责任制的基础上发展强制性的公共保险制度，实质上是纯商业保险加上政府管理的一种工伤保险制度形式，世界上最早实行工伤保险的是德国俾斯麦政府。三是工伤赔偿与安全生产相结合的一体化体系，即在职业伤害税制、工伤保险费率处罚机制的基础上发展起来的预防、康复与补偿三方结合的模式，这是目前最完善的工伤保险制度。

在当今世界各国不同的保险模式中，最具有典型意义的有两种：第一，德国工伤保险模式。职业保险协会，亦称同业公会，具有职业安全卫生的行业管理职能，具体负责事故预防、职业康复和工伤补偿三方面的管理工作。这种保险模式使工伤保险从国家行为转变为企业行业协会行为，实际上把事故预防与企业和职工具体利益直接联系起来，事故的预防、处置、赔偿以及安全投入资金来源有了保证，并且，也使企业摆脱了事故保险负担，减少了劳动争议，提高了企业竞争力，最终改善了社会、企业与职工之间的关系。第二，美国高度管制工伤保险模式。很长一段时间内，都是由政府把握管理机制尺度评估保险成本，这实质上是一种由政府完全管制而少有市场自然调节的方式。但近年来，美国政府在费率厘定方面的作用逐渐减弱，保险成本变化难以准确估计，政府管制目前有放松或解除倾向。

（二）国内工伤保险制度研究综述

目前，许多学者对于农民工社会保障体系的建立已经达成共识，但是在该体系的模式和路径的选择上存在很大分歧，归纳起来，主要有以下几点意见：第一，把农民工纳入现行的城镇社会保障体系中。农民工应该属于"城镇工人"，而不是"农民"，应当和城镇工人一样参加城镇社会保障体系，而不是将城镇工人和"农民工"分开差别对待。该做法可以体现社会保障的公平及公正。第二，建立独立的农民工社会保障体系。参照城镇社会保障制度，首先建立农民工工伤保险制度，其次建立医疗保险制度，最后再考虑建立农民工社会救援制度，逐步对农民工实行分类保障。第三，将农民工纳入农村社会保障体系中。根据不同地区的经济发展程度选择不同的社会保障内容，建立正式保障与非正式保障相结合的农村社会保障体系，并逐步向城乡一体化的社会保障体系过渡。第四，分层分类分阶段将农民工纳入一种可持续的社会保障计划中。当前农民工社会保障制度的建设任务，是制定符合农民工以及我国制度环境实际并切实可行的过渡性方案。以上四种观点，最具代表性的是主张从农民工的不同类型出发，建立项目有别的过渡性社会保障制度。

很多学者对农民工工伤保险制度进行了研究。孟繁元、田旭和李晶（2006），杨文德（2007）指出我国农民工工伤保险参保率较低、企业逃保漏保、争议处理体制繁琐、农民工缺乏工伤预防和康复等问题，并从体制、思想观念、立法和执法等方面寻找造成农民工工伤保险制度发展困境的原因，并据此提出应当取消城乡二元划分，强化政府在农民工工伤保险制度建设中的重要职能等建议。胡务（2006）从成都和上海这两个城市的综合保险角度分析农民工工伤保险，并指出综合社会险在一定程度上解决了农民工参加工伤保险的问题，但仍存在不足之处，工伤保险待遇低，甚至不能起到保障农民工的作用。邓秋柳和刘海珍（2008）认为现阶段农民工工伤保险制度的建设应从政府职能和法制建设、基金建设、工伤预防和康复机制等方面多管齐下，重点加强政府的法制职能建设。此外，还有一些学者运用了实证分析方法，来研究农民工工伤保险制度的建设。李朝晖（2007）对湖南中湘地区太平永江村矽肺病农民工家庭及该村主要务工所在地——三江煤矿的生产环境及矽肺病农民工赔偿情况做了实地调查，并通过对企业工伤保险风险自留和参保风险转移经营成本比较，对农民工工伤经济损失与参保或企业私自理赔的保障水平进行比较，认为有必要实施强制性参保，并提出运用激励措施来提高企业参保率，采用适当合理费率制度以减小农民工工伤保险基金缺口。

总的来说，我国学者普遍认为我国农民工工伤保险制度不完善，学者们提出应当进一步加强政府在推进农民工工伤保险制度中的作用，完善工伤保险费率制度，实施工伤保险补偿、工伤预防和工伤康复"三位一体"的模式。

三　农民工工伤保险现状

（一）关于农民工工伤保险的法律法规

从《中华人民共和国劳动保险条例》到《工伤保险条例》，我国的工伤保险制度日益完善，在社会主义建设中发挥的作用日益明显。我国现行的《工伤保险条例》是 2004 年 1 月 1 日生效实施，并于 2010 年 12 月 20 日修订后重新公布、修订的部分，自 2011 年 1 月 1 日生效。该条例对农民工参加工伤保险做出了明确的规定。2004 年 6 月我国劳动和社会保障部出台了《关于农民工参加工伤保险有关问题的通知》，同年，北京市也颁布了《北京市外地农民工参加工伤保险暂行管理办法》并于当年 9 月 1 日起执行，上海、广东等地也相继出台了类似规定。2006 年 1 月 31 日国务院在《关于解决农民工问题的若干意见》中明确规定，要依法将农民工纳入工伤保险范围。劳动和社会保障部 2006 年 5 月 17 日发布《关于实施农民工"平安计划"加快推进农民工参加工伤保险工作通知》，进一步强调用人单位要为农民工缴纳工伤保险，力图用三年左右的时间，将矿山、建筑等高风险行业的农民工基本纳入工伤保险制度范围之内，并通过相应措施保障该计划的实施。2007 年 9 月 7 日劳动和社会保障部颁布《关于进一步做好中央企业工伤保险工作有关问题的通知》，由此可见，我国对于农民工工伤保险的问题是相当重视的。

（二）农民工工伤保险参保情况分析

截至 2011 年 6 月底，全国农民工参加工伤保险的人数为 6555 万人，比上年底增加 255 万人。这意味着，雇主或单位为农民工缴纳工伤保险的比例为 23.6%，比上年略减。但是从输入地看，东部地区为 27%，中部地区为 14.8%，西部地区为 17%，不同地区的农民工社会保障状况差异仍较大，中西部地区的农民工参保比例比较接近，落后于在东部地区务工的农民工。

表1　2011年不同行业外出农民工参加工伤保险的比例

单位：%

行　　业	养老保险	工伤保险	医疗保险	失业保险	生育保险
制造业	14.1	28.0	17.8	7.5	4.8
建筑业	4.3	14.1	6.4	2.2	1.6
交通运输、仓储和邮政业	24.4	32.6	27.7	15.1	10.4
批发和零售业	15.1	17.7	16.3	9.6	7.7
住宿和餐饮业	7.3	11.8	9.0	3.8	2.5
居民服务和其他服务业	12.4	16.4	13.7	6.4	4.5

数据来源：2011 年我国农民工调查监测报告（中华人民共和国国家统计局）。

从表1来看，农民工参加工伤保险的总体比例虽然较其他保险较高，但是对于从事风险高、工作环境差、职业病发病率高的建筑业和制造业等的农民工来说，其参保比率还远远不能达到要求。

（三）农民工工伤保险制度模式

我国工伤保险制度模式的特点是行政部门出政策，管理权在行政部门，工伤认定也归行政部门管理，经办权属于行政部门，监督权同样在行政部门，这种官设、官管、官办、官监督体制是典型的公共管理模式。

农民工工伤保险制度中存在的问题及原因

从以上对农民工工伤保险的现状分析来看，我国在农民工工伤保险制度建立和发展中存在一系列的问题，具体表现为以下几个方面。

1. 有关农民工工伤保险的法律法规不完善

现行的法律法规政策中，虽然涉及农民工工伤保险的不少，但是至今没有一部综合的关于农民工社会保险的全国性专门法律法规，全国性立法中对农民工社会保险的规定也很少且很笼统。

2. 农民工参加工伤保险的比率不高，企业逃保漏保现象严重

据调查显示，农民工签订劳动合同的比例略有提高，但是仍有一半以上的农民工没有签订劳动合同。分行业来看，从事建筑业的农民工没有签订劳动合同的比例最高，占 73.6%，从事制造业的占 49.6%，从事服务业的占 61.4%，从事餐饮业和批发零售业的分别占 64.6% 和 60.9%。总体来看，从事高危行业的建筑业的农民工没有签订劳动合同的比例仍居高不下，农民工的权益不能得到保障，一旦发生工伤事故，农民工无法依法取得应有的赔偿。

3. 缺乏"预防—康复—补偿"的有效机制

一直以来，我国工伤保险都一直偏重伤残等级的鉴定、工伤补偿的处理，对预防和康复没有特别的要求，在工伤预防和工伤康复方面的投入也很少，这一点在农民工身上体现得尤为明显。正是由于我国现行制度没有职业康复和社会康复方面较为完善的规定，所以，一些不法企业和用工单位就以此为借口逃避责任，危害农民工合法权益。

4. 农民工工伤维权程序复杂，拖延时间长

农民工在遭受工伤事故或者患有职业病后，不仅要忍受身心的痛苦，还要面对工伤认定难，获得工伤赔偿难的问题。

问题存在的原因分析

1. 企业过度追求自身的经济利益

企业是自主经营、自负盈亏、独立核算的市场主体，是一个"经济人"，他们的目的就是追求经济利益最大化。理论上企业追求的利益最大化与农民工追求的利益最大化这两者应该是一致的。只有企业发展了，企业有了经济利益，农民工才会受益。但是，在实际生产生活过程中，农民工工伤保险保

费要求企业缴纳部分比率，企业逃避法律义务，又因为农民工临时性、周期性和季节性的就业方式，导致企业不愿为其职工购买工伤保险。

2. 农民工流动性大，工作不稳定，管理体制上欠缺

作为保障对象的农民工规模巨大且构成复杂。农民工的工作完全由劳务市场需求调节，与所供职的企业或雇主没有长期的固定契约关系，两者之间的雇佣关系往往随着一个项目或者业务完成而结束，这一关系一旦结束，就需要重新找工作，农民工经常在企业之间流动。而现行的工伤保险主要是建设保险基金统筹管理，不适合这种流动性很大的农民工，工伤保险制度忽略了农民工构成的复杂性。所推行的工伤保险基金区域统筹与农民工跨省区流动存在尖锐矛盾，农民工调换工作岗位后没有办法转移和保持工伤保险关系，农民工很难真正享受农民工工伤保险待遇。

3. 工伤保险理赔程序繁琐，人员设置不足影响程序公正性及索赔时间

根据《工伤保险条例》第23条规定："劳动能力鉴定由用人单位、工伤职工或者由其直系亲属向设区的市级劳动能力鉴定委员会提出申请，并提供工伤认定决定和职工工伤医疗的有关资料。"上述规定表明，工伤认定程序实质上是劳动能力鉴定程序的前置程序，没有工伤认定就无从启动劳动能力鉴定程序。经历工伤认定程序之后，农民工应该享受什么层次的工伤待遇还需要进行劳动能力鉴定。在这方面，《工伤保险条例》第25条规定："设区的市级劳动能力鉴定委员会应当自收到劳动能力鉴定申请之日起60日内作出劳动能力鉴定结论，必要时，作出劳动能力鉴定结论的期限可以延长30日。劳动能力鉴定结论应当及时送达申请鉴定的单位和个人。"由此可见，农民工发生工伤事故之后的工伤鉴定和劳动能力鉴定程序比较繁琐，经历时间较长，农民工不能及时有效地获得应有的赔偿，这也是部分农民工不愿参加工伤保险的一个原因。

4. 生活、医疗成本过高影响参保积极性

在城镇生活打工的农民工不仅从事的职业具有事故发生概率高的特

点，其收入一般也不高。再加上农民工所在的城市大部分都是消费很高的城市，例如深圳、北京、上海等，他们在这些城市生活、医疗成本相当高，农民工为了生活及以后的医疗成本，往往选择将收入储蓄起来，而不是购买工伤保险。

5. 农民工整体文化素质不高，自我保护意识不强，安全意识不高

2011 年国家统计局调查显示，农民工以初中文化程度为主，在农民工中，文盲占 1.5%，小学文化程度占 14.4%，初中文化程度占 61.1%，高中文化程度占 13.2%，中专及以上文化程度占 9.8%（见表 2）。

表 2　2011 年农民工的文化程度构成

单位：%

	全部农民工	本地农民工	外出农民工	30 岁以下青年农民工
不识字或识字很少	1.5	2.1	0.9	0.3
小学	14.4	18.4	10.7	5.9
初中	61.1	59.0	62.9	59.8
高中	13.2	13.9	12.7	14.5
中专	4.5	3.2	5.8	8.6
大专及以上	5.3	3.4	7.0	10.9

数据来源：2011 年我国农民工调查监测报告（中华人民共和国国家统计局）。

从表 2 农民工文化程度可以看出，农民工对于工伤保险了解甚少，农民工常常由于眼前利益而忽视了对自己的保护。而且大部分农民工的法律意识淡薄，不知道怎么用法律来维护自己的权益，不要求与用工单位签订劳动合同。所以，一些农民工在务工期间出现工伤事故后，大部分不愿意通过法律程序解决人身赔偿问题，而愿意选择私自协商解决。

完善农民工工伤保险制度的建议

1. 针对农民工制定特定的工伤保险条款

根据农民工的特点制定相关法律条例，并严格要求用工单位和企业按

照所颁布的法律条例执行。我国应该在不断完善地方工伤保险制度改革的基础上，提高农民工工伤保险的法律层次，使我国的农民工工伤保险工作步入法治化的轨道。加强劳动用工备案制度建设，逐步发挥备案系统在用工管理、决策支持等方面的基础作用。

2. 简化理赔程序，确保农民工合法权益的及时实现

首先，在农民工能提供初步证据时，由劳动保障部门介入调查，若用人单位拒不接受调查，可以支持农民工主张成立。其次，企业与农民工就工伤事故事实发生争议时，可以采用行政程序，最大限度地减少农民工维权成本，并遏制用人单位恶意通过拖延程序逃避法律责任。再次，在现有工伤认定程序的基础上，合理增加人员配置、进一步提高工伤认定人员素质、实行复审人员回避制度等配套措施，进而缩减工伤认定、劳动能力鉴定时间。最后，通过制度创新实行工伤保险基金先行垫付制度。即无论用人单位是否为农民工缴纳工伤保险费，劳动者一旦被认定工伤后，劳动者持有关单据可以领取相应的医疗费。如果企业为其缴纳保险费，通过实行工伤保险基金先行垫付后，在劳动者伤残等级确定后由工伤保险基金根据伤残等级实施多退少补。如果企业未缴纳工伤保险费，社会保险保障部门在进行先行垫付后可以向用人单位予以追偿，追缴用人单位欠缴的工伤保险费及滞纳金，并对其做出相应的行政处罚。

3. 科学合理地细化工伤保险费率和浮动费率

通过借鉴其他国家工伤保险的保险费率厘定方法和浮动费率制度，深入调查研究工伤事故发生率、发生行业、工伤保险费率支持概率，并借鉴商业保险意外伤害险费率厘定的科学之处，进一步完善现有工伤保险收费比例、工伤保险浮动费率，以减轻企业的负担，增强企业参保和工伤预防的积极性。此外，各地区应该根据本地区农民工就业和工伤事故发生情况制定和完善相关法律法规，例如郑州市人力资源和社会保障局 2011 年 7 月 1 日起在全市范围内实行工伤保险浮动费率，重庆市 2007 年实行工伤保险浮动费率机制，并于 2012 年修订《工伤保险浮动费率暂行管理办法》。

加强政府在农民工工伤保险制度建设中的重要作用

1. 政府应该改革户籍管理制度完善制度安排

在现行的工伤保险制度中，农民工之所以没有享受到与其他城镇职工同等的待遇，根本原因就在于国家在一些最基本的制度上没有给予公正的待遇，农民工和城市居民在工伤保险的享有权上，存在事实上的不平等，这也增加了农民工市民化的困难。因此，各地政府必须从制度入手，逐步变革现行的工伤保险权不平等享有制度，给农民工以国民待遇。

2. 提供政府财政支持

对农民工工伤事故的抑制需要强有力的经济支撑，需要大量的风险预防成本，政府应当出资直接干预控制，应当增加安全投入在 GDP 中的比重。政府的财政支持具体可以体现在：支持农民工职业安全环境的改善；公共财政支持农民工安全培训机制建设；对全员参保、及时足额缴纳工伤保险基金或没有发生重大伤亡事故的企业实行奖励和工伤保险基金调剂返还制度，对企业的安全生产设施实行激励性补贴；提供农民工职业健康监护的社会福利；加强工伤风险保障基金支持力度。

3. 加强政府对农民工安全生产监督管理

首先，加强企业安全生产监督管理、降低农民工工伤事故发生概率。其次，对用人单位在雇用农民工时的各种不规范现象，采取及时有效的监督手段予以纠正及惩处。最后，建立专门的、统一的非营利性机构，负责农民工工伤保险基金管理、事故调查、医疗鉴定等，并对工伤风险准备金集中管理分配。

4. 建立工伤风险预防机制

完善有效的工伤预防制度安排是保障工伤保险制度体系有效性的重要前提。而且，工伤预防应该比工伤赔偿和康复更为基本，更应受到重视，因此，政府可以完善工伤预防政策，和工伤预防管理体系。

5. 优化"预防—康复—补偿"模式结构

进一步整合已有资源，优化制度结构，对"预防—康复—补偿"模式进行深入改革，坚持"工伤预防优先"，健全"工伤康复指导"，确保"经济补偿充分"，为农民工建立多层次、全方位的工伤保障长效机制。借鉴和研究其他国家工伤预防方面的成功经验，增加工伤预防、工伤康复和工伤补偿方面的经费投入和加强工作力度，切实保障农民工的合法权益。

加强社会和企业责任

1. 加强对农民工职业伤害的法律援助

农民工作为弱势群体，在工伤事故发生后，往往处于孤立无援的境地，政府应当建立专门面向农民工职业伤害的法律援助机构，其主要职能是面向全体农民工，为他们提供诉讼代理、法律咨询，代拟法律文书，指导非诉讼调解，提供法律性指导意见等法律援助。

2. 加强工伤保险政策宣传，并针对农民工进行相关教育

加强工伤保险政策宣传，促进农民工政策认知，同时，加强对工伤保险政策制定、运行、技术支持、监管与评估等方面的科学研究。创新宣传形式和加大宣传力度，增强农民工及企业对工伤保险的认知。具体措施有：通过在农民工劳动就业服务市场建政策宣传栏并派发宣传手册，帮助农民工了解工伤保险政策；借助社会组织、研究机构等对企业管理人员和农民工进行政策宣传与培训辅导；完善工伤保险政策政务公开网站，细化政策信息，建立问答互动平台，借助电子政务，节约农民工获取信息的交易成本，提升农民工和企业对工伤保险的认知。

3. 结合利用商业险优势，鼓励社会组织参与工伤保险经办和服务

德国和法国等发达国家的经验表明，充分发挥社会组织的作用，授予

其相应的权限和职能，能有效使它们结合企业和职工的利益，将各方共同关心的职业安全工作做好。为了避免官办一体的公共管理模式的弊端，我国应该借鉴国外先进经验，采取工伤保险管、办分离的模式，即由商业保险公司运行工伤保险，由政府相关部门进行监督和财政支持。

农民工自身应该加强相关知识学习

农民工应该阅读相关书籍并主动积极参加企业和社会组织的宣传教育，对已经发生的工伤事故，主动向社会提供的法律援助单位请求援助，通过法律手段保障自己的合法权益。

参考文献

莫艳青，2009，《城市农民工市民化问题研究综述》，《长春工程学院学报》第 3 期。

孟繁元、田旭、李晶，2006，《我国农民工工伤保险存在的问题及对策分析》，《农业经济》。

杨文德，2007，《农民工工伤保险制度的困境和出路》，《中州学刊》第 5 期。

胡务，2006，《外来工综合社会保险透析》，四川大学出版社。

邓秋柳、刘海珍，2008，《完善我国农民工工伤保险制度的思考》，《财经理论与实践》第 5 期。

李朝晖，2007，《农民工工伤保险供给与需求相关实证分析》，《人口与经济》第 5 期。

张开云、吕惠琴、许国祥，2011，《农民工工伤保险制度：现实困境与发展策略》，《广西民族大学学报》第 1 期。

于欣华、霍学喜，2008，《农民工工伤保险困境分析》，《北京理工大学学报》（社会科学版）第 6 期。

吴丽萍，2009，《农民工工伤保险中的政府责任》，《兰州学刊》第 5 期。

李朝晖，2007，《论农民工工伤风险保障运行模式的构建》，《经济问题探索》第 12 期。

李朝晖，2007，《农民工工伤保险制度重构与创新研究——"预防 – 康复 – 补偿"工伤保险模式探讨》，《金融与经济》第 11 期。

后 记

本文集是中国社会学会社会政策研究专业委员会 2013 年学术年会暨第九届社会政策国际论坛的论文选编。

社会政策国际论坛已经进行到第九届了。

第九届的学术活动与以往的不同之处,是在全国上下全面落实党的十八大报告精神的背景下召开的。十八大报告提出了我国 2020 年全面建成小康社会的战略目标,尤为强调要坚持公平正义的基本原则,努力改善民生,加强和创新社会管理,大力发展各项社会事业。这对于中国社会政策学界是一个重要的利好信息。

在这一背景下,2013 年 7 月,中国社会学会社会政策研究专业委员会的会员单位代表,理事会成员和来自国内各高校和科研部门从事社会政策及相关领域研究和教学的学者与博士生,还有来自欧洲、美国、韩国、我国香港和台湾等国家与地区的社会政策研究专家共 130 多人汇聚复旦大学,以"朝向更加公平的社会政策"为主题进行会议研讨,共同交流社会政策发展中新的理论与实践。

与会学者认为,在当代各国,社会政策已成为一个重要的公共领域,同时也是一个非常复杂的行动领域。在经济全球化、人口老龄化的背景下,世界各地的社会政策发展中都面临着共性与个性并存的难题,需要通过更多的理论研究和实践探索去逐步解决。在我国优化和发展社会政策的过程中,既需要基于本土的实践和理论探索,也需要借鉴各国的经验。

本书从社会政策理论、社会组织、社会工作与社区服务、反贫困与社会救助、社会福利与老年服务、医疗与工伤等角度选编了第九届论坛的论文,并将英国肯特大学社会政策教授 Peter Taylor - Gooby 有关欧洲福利国家的社会政策应对新的社会风险做出调整和改变的论文放在首篇，他山之石可以攻玉，希望中国社会政策学界能从中受益。

本次论坛举办期间，中国社会学会社会政策研究专业委员会召开了理事会，确定了第十届社会政策国际论坛暨专委会年会的筹备和理事会换届选举等工作。

要说明的是，鉴于本书容量有限，一些优秀论文未能入选。另，中国社科院社会学所博士后马原协助进行了文集编辑工作，特此致谢。

杨　团　关信平

2014 年 4 月 5 日

图书在版编目（CIP）数据

当代社会政策研究.9，朝向更加公平的社会政策／杨团主编.
—北京：社会科学文献出版社，2014.8
ISBN 978 - 7 - 5097 - 6171 - 7

Ⅰ. ①当…　Ⅱ. ①杨…　Ⅲ. ①社会政策 - 文集　Ⅳ. ①C916 - 53

中国版本图书馆 CIP 数据核字（2014）第 134446 号

当代社会政策研究（九）
——朝向更加公平的社会政策

主　　编／杨　团
副 主 编／房莉杰

出 版 人／谢寿光
出 版 者／社会科学文献出版社
地　　址／北京市西城区北三环中路甲 29 号院 3 号楼华龙大厦
邮政编码／100029

责任部门／社会政法分社　（010）59367156　　　责任编辑／谢蕊芬
电子信箱／shekebu@ ssap. cn　　　　　　　　　责任校对／安瑞匣
项目统筹／童根兴　　　　　　　　　　　　　　责任印制／岳　阳
经　　销／社会科学文献出版社市场营销中心　（010）59367081　59367089
读者服务／读者服务中心　（010）59367028

印　　装／北京季蜂印刷有限公司
开　　本／787mm×1092mm　1/16　　　　　　印　　张／19.75
版　　次／2014 年 8 月第 1 版　　　　　　　　字　　数／297 千字
印　　次／2014 年 8 月第 1 次印刷
书　　号／ISBN 978 - 7 - 5097 - 6171 - 7
定　　价／69.00 元